神示の宇宙

出口王仁三郎著

月を背負う出口王仁三郎(昭和8年10月22日、亀岡天恩郷智照館にて)

神素盞鳴尊の神姿 出口王仁三郎
（昭和8年10月22日天恩郷智照舘にて）

月宮殿と出口王仁三郎（昭和3年頃）

出口王仁三郎（昭和5年1月8日天恩郷智照館）

更生浴衣を着た出口王仁三郎（昭和6年7月14日高天閣前）

海原の国のこと〲守り坐す瑞の三霊の月天使はも

月天使

久かたの天津み国をとこしゑに照らして守らす日天使はも

日天使

七曜を大本として一年を十月に分ち地上を照さむ

七曜の大本

闇の世を普く照らす無量智の月光神が警世の太鼓うつ

月光神の太鼓

天地開明

言霊神也

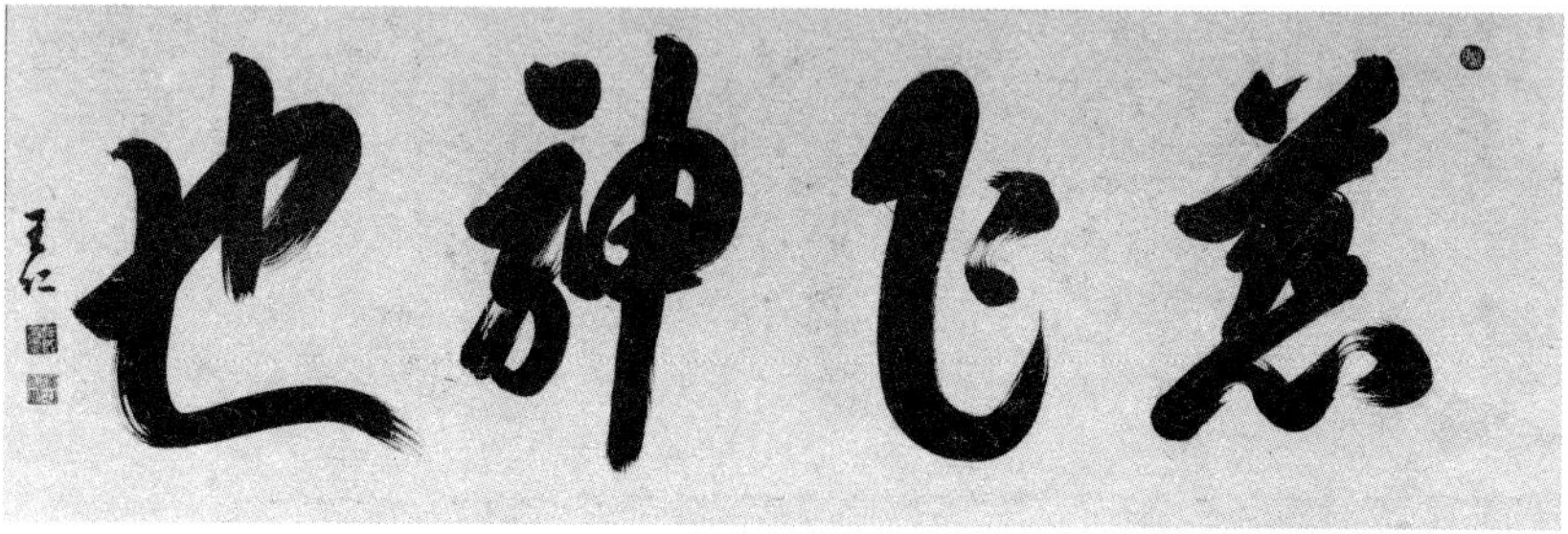

慈心神也

まえがき

大正・昭和の初めに示された「天地の剖判」「宇宙真相」は、出口王仁三郎（出口聖師）が口述する『霊界物語』（「ミロクの世への経綸の書」「最後の審判の書」）の筆録者、それに読者からあまり理解されていなかったようです。勿論《もちろん》、宇宙に関する資料も材料も乏しい時代で、夢のような宇宙観に多くは戸惑っていたと思われます。

著者は、「自分の述ぶる宇宙観に対して、ただちに現代の天文学的知識をもって臨むとも、にわかに首肯《しゅこう》し難き点少なからざるべし」「後のため宇宙の真理解き明かす」と、宇宙創成の大略が、後世の学者専門家のために述べられております。

科学では、極微《きょくび》世界、つまり電子が発見されてより、大正時代のアインシュタインの相対性原理説から宇宙創成に関する研究が進み、物質的には神の領域に近づきつつある。

特に近代の科学は、この宇宙創成、ビックバンなどの仮説・観測・研究・実験から、ニュートリノ、ヒッグス粒子の実験やリニアコライダーという大型加速器の実験構想、宇宙・電波望遠鏡、神の数式の発見等、新しい宇宙理論へと広がっている。それ故、本書は霊界から見た宇宙創成の原文を掲載しました。この中には、現代科学では理解できない「霊・力・体」、「三元八力」、「大宇宙の統一」など重要問題が沢山ありまが、宇宙全般について宗教の説く霊と、科学の重きをおく物質との結合が全てここに集約されているといっても過言ではありません。

「三大学則」

一、天地の真象《しんしょう》を観察して真神《しんしん》の体《たい》を思考すべし。

二、万有の運化《うんか》の毫差《ごうさ》なきを視《み》て真神の力《ちから》を思考すべし。

三、活物《かつぶつ》の心性《しんせい》を覚悟して真神の霊魂《れいこん》を思考すべし。

【神力と人力】

一、宇宙の本源は活動力にして即ち神なり。

二、人は活動力の主体、天地経綸《てんちけいりん》の司宰者《しさいしや》なり。活動力は洪大無辺にして宗教、政治、哲学、倫理、教育、科学、法律等の源泉なり。

三、人は神の子神の生宮《いきみや》なり。而して又神と為り得るものなり。

四、人は神にしあれば神に習いて能《よ》く活動し、自己を信じ、他人を信じ、依頼心を起すべからず。

五、世界人類の平和と幸福のために苦難を意とせず、真理のために活躍し実行するものは神なり。

六、神は万物普遍の活霊《かつれい》にして、人は神業経綸の主体なり。霊体一致して茲《ここ》に無限無極の権威を発揮し、万世の基本を樹立す」

（『霊界物語』第67巻・第6章「浮島の怪猫」）

宇宙の活動力は神、この神の慈悲慈愛により創造された大宇宙は、地球のために、地球は人類のための大組織体です。宗教や科学の入り口は違っても、本来究極するところは真神の懐に到着します。

宇宙根源の神は、天之御中主大神《あめのみなかぬしのおほかみ》（神力）、高皇産霊神《たかみむすびのかみ》（霊の祖神・霊素）、神皇産霊神《かむみむすびのかみ》（体の祖神・体素）つまり「火水《かみ》」（＝抽象的な意味。）であり、陰陽・霊体《れいたい》・火水《かすい》の二元の結合で、物質の尺度で測ることの出来ない神力です。これを造化の三神、主神、天帝《てんてい》、父なる神と称え、言霊《ことたま》学上神素盞嗚大神《かむすさのをのおおかみ》と奉称します。

神は太初《はじめ》に霊界を創造し、この霊界の移写として現界を創生します。霊界と現界は相似の形をなし、次元は違うものの本来的には霊界と現界には区別がありません。この現界が霊界であり、霊界が現界です。これを「顕幽《けんゆう》一致」と云い出口聖師の文献によく出てきます。それから「型《かた》」の思想というものがあります。大宇宙の縮図が太陽系天体です。そして太陽系天体の縮図が地球、そして人間は宇宙の縮図であって、いわば組織的、霊性的に共通点があります。本書は、「顕幽一致」「型」についての説明は省いておりますが、宇宙を総合的に語る場合にはこれが必要です。

本書は、神秘に充ちる宇宙の真相から、万物発生の根本原理、神の経綸と科学の合致に触れることができれば幸甚です。

★第一編は、『大本略義』に「神観」が客観的に示されるのでこれを掲載しました。真神の神格、神の活動力、時間空間、神の現界への現れ方などが略解されます。

★第二編は、『霊界物語』第一巻・第三編「天地の剖判《ぼうはん》」から「日地月の発生」「大地の修理固成」を掲載しております。

明治三十一年（1898）旧二月九日、丹波穴太《あなお》の高熊山で修行したときの霊界からの宇宙見聞で、大正十年（1921）十月二十日に口述されます。須弥仙山《しゅみせんざん》（宇宙の中心にある架空の山）から見た天地の剖判で、日地月星辰の発生、人間はじめ動植物の発生、大地の変動、アフリカ、南北アメリカ、太平洋の出現、大陸から日本国の分離、天界地上の乱れ、国祖《こくそ》神、素盞嗚《すさのを》神の隠退に至る数十億年間の概要が断片的に描かれております。文章は、随筆でも論文でもない、物語独特の口述です。これからの宇宙総合論の基本原理です

★第三編は、『霊界物語』第四巻「宇宙真相」を掲載しました。この「神示の宇宙」の表現は複雑で、霊界観と科学から生れた宇宙組織です。一見おとぎ話のようにも見える宇宙ですが、近年発表される宇宙研究と類似点が発見される注目の「神示の宇宙」です。

★第四編は、昭和八年（1933）十月四日から口述の「天祥地瑞《てんしようちづい》」第一章「天之峯火夫《あまのみねひを》の神」～第一五章「国生みの旅」から抜粋掲載しております。この「天祥地瑞」は「霊国」の世界で、天国（地球）を生み出すところの霊界で、記紀《きき》に示される天之御中主大神《あめのみなかぬしのおおかみ》より以前の神々の世界が非常に厳粛に口述されております。

天もなく地もなく宇宙もなく、大虚空中《だいこくうちゆう》に宇宙万有の大根元の一点の、《ほち》が顕《あらわ》れ、大極元となりて「ス」の言霊が発生し、この⦿《ス》の活動の発展により七十五声が生まれ、天界が

出来上がります。神々（宇宙森羅万象《しんらばんしょう》）が生れ、国生み（国土開発）、神生み（神柱の誕生）の神業が開始される、神代のご因縁が述べられます。

そして初発の紫微天界《しびてんかい》の顕れが、数百億万年後の現在へと移写するかも知れない、という『霊界物語』の一節です。

★第五編は、著者が語る宇宙の断片です。

★第六編は、青年座談会と出口聖師の側近、大国美都雄氏の『真偽二道』からの抜粋です。広島に投下された原爆の威力を確かめるために派遣され、土を調査し持ち帰ります。そして戦後間もなく開かれた京都帝国大学第一回目の科学講座を受講し、その結果を出口聖師に報告する。

二〇〇九年十二月

みいづ舎編集

もくじ

第六編　座　談　会

第一編　大本略義

大本略義

大正五年九月　出口瑞月　口述

(一) 真神

大本《おほもと》の真意義《しんいぎ》を根本的《こんぽんてき》に理会《りかい》せんが為《ため》には、是非《ぜひ》とも宇宙《うちゅう》の独一真神天之御中主神《どくいつしんしんあめのみなかぬしのかみ》注(一)に就《つ》きて、判然《はんぜん》した観念《かんねん》を有《ゆう》する事《こと》が必要《ひつよう》である。これが信仰《しんこう》の真髄骨子《しんずいこつし》となるのであって、この事《こと》の充分徹底《じゅうぶんてってい》せぬ信仰《しんこう》は、畢竟迷信《ひつきようめいしん》に堕《だ》してしまう。但《ただ》し神《かみ》に就《つ》きての誤《あやま》らざる観念《かんねん》を伝《つた》える事《こと》は、実《じつ》に至難中《しなんちゅう》の至難事《しなんじ》である。その神徳《しんとく》が広大無辺《こうだいむへん》であると同時《どうじ》に、その神性《しんせい》は至精至妙《しせいしみょう》で、いかに説《と》いても、どう書《か》いても、これで充分《じゅうぶん》という事《こと》は、人間業《にんげんわざ》では先《ま》ず望《のぞ》まれない。

されば本邦《ほんぽう》の皇典《こうてん》『古事記《こじき》』にも、単《たん》に造化《ぞうか》の第《だい》一神《しん》として、劈頭《へきとう》に御名称《ごめいしょう》を載《の》せてあるに過《す》ぎぬ。『古事記《こじき》』の筆録者《ひつろくしゃ》たる太朝臣安万侶《おおのあそみやすまろ》注(二)は、序文《じょぶん》の初《はじめ》に、「それ混元既《こんげんすで》に凝《こ》り、気象《きしょう》未《いま》だ効《あらわ》れず。無名無為《なもなくわざもなし》。誰《た》か其形《そのかた》を知《し》らむ」と書《か》いてある。『日本書紀《にほんしょき》』の方《ほう》では、本文《ほんぶん》に天之御中主神《あめのみなかぬしのかみ》の御名称《ごめいしょう》さえ載《の》せず、単《たん》に此《こ》の神《かみ》の性質《せいしつ》の一小部分《しょうぶぶん》を捕《とら》え、「古天《いにしえにてん》地《ち》いまだ剖《わか》れず、陰陽《めお》分《わか》れず、渾沌《まろかれたること》雞子《とりのこ》の如《ごと》し」などと書《か》いてある。これも決《けっ》して態《わざ》と書《か》かぬのではなく、書《か》き度《た》くても、とても窮屈《きゅうくつ》な漢文《かんぶん》などで書《か》きこなす事《こと》が出来《でき》なかったのであろう。

○

天之御中主神《あめのみなかぬしのかみ》という御名称《ごめいしょう》は、本邦所伝《ほんぽうしょでん》のものであるが、無論此神《むろんこのかみ》は、日本専有《にほんせんゆう》の神《かみ》ではなく、世界各国《せかいかっこく》で種々雑多《しゅじゅざった》の名称《めいしょう》を付《ふ》して呼《よ》んでいる。注(三)太極《たいきょく》、天《てん》、注(四)梵天《ぼんてん》、注(五)エホバ、ゴッド、注(六)ゼウス等《など》を初《はじ》め、他《ほか》にも種々《しゅじゅ》ある。そして是《これ》に対《たい》する観念《かんねん》も、浅深大小《せんしんだいしょう》、決《けっ》して一様《よう》ではないようだが、畢竟我皇典《ひっきょうわがこうてん》の天之御中主神《あめのみなかぬしのかみ》を指《さ》すものである。ただ此神《このかみ》の徳性《とくせい》が余《あま》りに微妙《びみょう》、幽玄《ゆうげん》、広大無辺《こうだいむへん》なるが為《た》めに、大抵《たいてい》の経典《きょうてん》は、辛《かろ》うじて神徳《しんとく》、神性《しんせい》の一小《しょう》片端《かたはし》を捕《とら》うるに止《とど》まり、世界中何処《せかいじゅうどこ》を捜《さが》しても、此神《このかみ》に就《つ》きて円満正鵠《えんまんせいこう》な観念《かんねん》を伝《つた》え得《え》たものは一《ひとつ》も無《な》い。

哲学者《てつがくしゃ》・科学者《かがくしゃ》は、多《おお》く神《かみ》という事《こと》を嫌《きら》い、全然神《ぜんぜんかみ》と絶縁《ぜつえん》しているが、豈量《あにはか》らんや、彼《かれ》等《ら》畢生《ひつせい》の努力《どりょく》も研究《けんきゅう》も、実《じつ》は天之御中主神《あめのみなかぬしのかみ》の神業《しんぎょう》の一小部分《しょうぶぶん》を覗《のぞ》いているようなものに過《す》ぎない。

今日《こんにち》、天之御中主神《あめのみなかぬしのかみ》の真解《しんかい》が、曲《まが》りなりにも企及《ききゅう》し得《う》るように成《な》ったのは、「大本言霊《おほもとげんれい》注（七）学《がく》」を以《もっ》ての『古事記《こじき》』の説明《せつめい》、及《およ》び『大本神諭《おほもとしんゆ》』中《ちゅう》に見出《みいだ》さるる此神《このかみ》の解釈等《かいしゃくなど》の賜《たまもの》である。

注（一）**天之御中主神**　「記紀神話」では天地初発の神。ここでは宇宙の大元霊をさす。

（二）**太朝臣安万侶**　（?〜723）。元明天皇（第四三代・707〜715）の命をうけて、稗田阿礼が誦む日本の古い時代の物語を筆録して奈良時代初期の和同五年（712）に『古事記』を編纂する。

（三）**太極**　中国の易学でいう観念で、万物の根元、宇宙の本体をいう。

（四）**梵天**　バラモン教で、宇宙の最高原理であるブラフマン（梵）を神格化したもの。色界の初禅天に住する仏法の守護神。

（五）**エホバ**　ヤハウエイ（ヤーウエイ）。古代イスラエルの唯一絶対の神名。ヘブライ語でYHWHの四つの子音からなる語。ユダヤ人はこの神名がけがされるのを恐れて「アドナイ」（我が主）と呼び、正式な読み方が忘れられた。一六世紀ごろ、母音を付けて「エホバ」と読まれたが、現在は「ヤハウエ」と推読する。

（六）**ゼウス**　ギリシャ神話の主神。天界に君臨し、神々の長として絶大な支配権をもつ。クロノスとレアの子。ワシを聖鳥とし、手に王笏（おうじゃく）、雷霆（らいてい）を持つ。アテナ・アポロンなどの神々、及びヘラクレス・アルゴスら英雄たちの父。ローマ神話では、ユピテル（英語でジュピター）。

（七）**大本言霊学**　大本の言霊学。言霊学は、音律、音則に意味を求めて、神、人、万物の声音を理解する方法。

（二）神と宇宙

簡単《かんたん》に述《の》べると、天之御中主神《あめのみなかぬしのかみ》は、無限絶対《むげんぜったい》、無始無終《むしむしゅう》に宇宙万有《うちゅうばんゆう》を創造《そうぞう》する全《ぜん》一大祖《だいそ》神《しん》、宇宙《うちゅう》の大元霊《だいげんれい》であるが、是《こ》れ丈《だけ》書《か》いたのでは、一《ひとつ》の定義《ていぎ》たり符牒《ふちょう》たるに止《とど》まり、その神徳《しんとく》、神性《しんせい》に就《つ》きての明白《めいはく》な観念《かんねん》がとても読者《どくしゃ》の脳裡《のうり》に浮《うか》ぶ訳《わけ》に行《い》かぬ。是非《ぜひ》とも、詳《くわ》しく説明《せつめい》せねばならぬ。

〇

自分《じぶん》は今《いま》、此神《このかみ》を説《と》くに、「宇宙《うちゅう》の大元霊《だいげんれい》」なる文句《もんく》を使用《しよう》したが、此神《このかみ》と宇宙《うちゅう》とを引離《ひきはな》して、まるで別個《べつこ》の無関係《むかんけい》のものの如《ごと》く考《かんが》えられては困《こま》る。此神《このかみ》は、決《けつ》して宇宙《うちゅう》の外《そと》に在《あ》るのではない。宇宙《うちゅう》の外《そと》に何者《なにもの》かが存在《そんざい》するという事《こと》は、吾人《ごじん》の意識《いしき》し得《う》る限《かぎ》りでない。さりとて、神《かみ》はまた宇宙《うちゅう》の内《うち》に在《あ》るのでも無《な》い。宇宙《うちゅう》の内《うち》に在《あ》る以上《いじょう》は、少《すく》くとも、宇宙《うちゅう》と相対的《そうたいてき》となり絶対《ぜったい》という事《こと》は出来《でき》ない。宇宙《うちゅう》の外《そと》にも在《あ》らず、又宇宙《またうちゅう》の内《うち》にも在《あ》らずというのでは、どうしても此《こ》の神《かみ》は宇宙《うちゅう》と合一状態《ごういつじょうたい》にあらねばならぬ。換言《かんげん》すれは、天之《あめの》御中主神《みなかぬしのかみ》は宇宙《うちゅう》の本体《ほんたい》それ自身《じしん》であらねばならぬ。

〇

ただ此宇宙《このうちゅう》という言葉《ことば》は、いかにも純理的《じゅんりてき》、形式的《けいしきてき》な、学術的臭味《がくじゅつてきくさみ》のある語《ご》でその中《なか》に生命《いのち》が無《な》い。いかにも冷《ひやや》かな感《かん》を与《あた》える。天之御中主神《あめのみなかぬしのかみ》が形骸《けいがい》を髣髴《ほうふつ》せしむる事《こと》は出来《でき》ても、渾然《こんぜん》として大成《たいせい》せる一個《こ》の霊活妙体《れいかつみょうたい》を髣髴《ほうふつ》せしむる温味《ぬくみ》が乏《とぼ》しい。例《たと》えば、霊魂《れいこん》が脱出《ぬけだ》して了《しま》った殻《から》の肉体《にくたい》の様《よう》な感《かん》を起《おこ》させるのが、宇宙《うちゅう》という文字《もじ》の欠《けつ》点《てん》である。自分《じぶん》がこの語《ご》を使用《しよう》するのは、説明《せつめい》の必要上《ひつようじょう》、万止《ばんや》むことを得《え》ざるが為《た》めである。読者《どくしゃ》は飽《あ》くまで、活機凜々《かつきりんりん》たる神霊原子《しんれいげんし》が充実《じゅうじつ》し切《き》り、磅礴《ほうはく》（＝ひろく満ちふさがる様子。）し切《き》った至大天球《しだいてんきゅう》、無始無終《むしむしゅう》、永劫不滅《えいごうふめつ》に活動《かつどう》して至仁《しじん》、至愛《しあい》、至正《しせい》、至大《しだい》、稜威《みいづ》を以《もっ》て天地《てんち》、日月《じつげつ》、星辰《せいしん》、神人《しんじん》、その他万有《たばんゆう》一切《さい》を創造《そうぞう》せらるる全《ぜん》一大祖神《だいそしん》という観念《かんねん》を失《うしな》わぬ様《よう》に希望《きぼう》する。

斯《か》く考《かんが》えると、他《た》の文字《もじ》を以《もっ》て言《い》い表《あら》わすよりも、矢張《やは》り天之御中主神《あめのみなかぬしのかみ》と申上《もうしあ》げる事《こと》が穏当《おんとう》であると感《かん》ずる。又《また》『大本神諭《おほもとしんゆ》』の如《ごと》く、ずっと平《ひら》たく、親《したし》み敬《うやま》って、「天之御先祖《てんのごせんぞ》様《さま》」と申上《もうしあ》ぐるも、至極結構《しごくけっこう》であると思《おも》う。どうしても人間《にんげん》の感情《かんじょう》は、其所《そこ》まで向上《こうじょう》し醇化《じゅんか》せねば駄目《だめ》だ。

(三) 霊　力　体

既《すで》に天之御先祖様《てんのごせんぞさま》である、吾々自身《われわれじしん》の肉体精神《にくたいせいしん》とても、吾々《われわれ》の生《せい》を養《やしな》う動物植物《どうぶつしょくぶつ》とても、生物《せいぶつ》でも無生物《むせいぶつ》でも、吾々《われわれ》の耳目《じもく》に触《ふ》るるものの一切《さい》、吾々《われわれ》の理智想像《りちそうぞう》の及《およ》ぶ限《かぎ》りのものの一切《さい》は、悉《ことごと》く此御先祖様《このごせんぞさま》から分与《ぶんよ》せらるるのである。換言《かんげん》すれば、此《こ》の神《かみ》は「霊《れい》・力《りょく》・体《たい》」の総本体《そうほんたい》である。

○

霊《れい》と体《たい》とは、天之御中主神《あめのみなかぬしのかみ》が、その絶対一元《ぜったいげん》の静的状態《せいてきじょうたい》から動的状態《どうてきじょうたい》に移《うつ》らるる時《とき》に、必然的《ひつぜんてき》に発揮《はつき》せらるる二元《げん》の呼称《こしょう》である。

霊体《れいたい》という代《かわ》りに、陰陽《いんよう》、水火《すいか》、その他《た》の文句《もんく》も使用《しよう》されるが、全然同一義《ぜんぜんどういつぎ》を以《もっ》て使《し》用《よう》されるのであると承知《しょうち》して宜《よろ》しい。又力《またりょく》とは霊体《れいたい》二元《げん》の結合《けつごう》の瞬間《しゅんかん》に発生《はっせい》するもので、霊《れい》のみで力《ちから》なく、又体《またたい》のみでも力《ちから》はない。霊体《れいたい》二元《げん》が揃《そろ》うから、力《ちから》が出来《でき》る。無論《むろん》、霊体《れいたい》二元《げん》の配合如何《はいごういかん》によりて、発生《はっせい》する力《ちから》が非常《ひじょう》に違《ちが》う。人間《にんげん》が人為的《じんいてき》に生物《せいぶつ》だの無生物《むせいぶつ》だのと区別《くべつ》していても、実《じつ》は霊体《れいたい》の配合《はいごう》が違《ちが》い、従《したが》ってその発揮《はっき》する力《ちから》に雲泥《うんでい》の相違《そうい》が生《しょう》じていると云《い》うに過《す》ぎない。

兎《と》に角《かく》、宇宙間《うちゅうかん》は「霊《れい》・力《りょく》・体《たい》」が充《み》ち充《み》ちて、斯《か》くの如《ごと》く活機凛々《かっきりんりん》としている。その総本体《そうほんたい》が天之御中主神《あめのみなかぬしのかみ》である。宇宙間《うちゅうかん》に発生《はっせい》する万有《ばんゆう》一切《さい》は、皆《みな》、小天之御中主神《しょうあめのみなかぬしのかみ》である。これを放《はな》てば万有《ばんゆう》であるが、これを捲《ま》き収《おさ》むれば、天之御中主神《あめのみなかぬしのかみ》に帰一《きいつ》する。

◯

天之御中主神《あめのみなかぬしのかみ》の総本体《そうほんたい》は、広大無辺《こうだいむへん》であるから、吾々人間《われわれにんげん》が、いかなる霊智霊覚《れいちれいかく》を以《もっ》てしても、その全体《ぜんたい》を視《み》、その全豹《ぜんぴょう》を察《さっ》する事《こと》は出来《でき》ない。所謂《いわゆる》、無限絶対《むげんぜったい》、無始無終《むしむしゅう》である。併《しか》し乍《なが》ら、此《こ》の神《かみ》の縮図《しゅくず》たる小天之御中主神《しょうあめのみなかぬしのかみ》は、天地間《てんちかん》に充《み》ち充《み》ちている。粟《あわ》一粒《つぶ》も小天之御中主神《しょうあめのみなかぬしのかみ》である。霊《れい》と体《たい》と力《りょく》とが渾然《こんぜん》として融合《ゆうごう》して、一個独特《こどくとく》の機能《きのう》を発揮《はっき》している。活眼《かつがん》を開《ひら》いて素直《すなお》な心《こころ》で対《たい》すれば、悟《さと》りの種《たね》は随時随所《ずいじずいしょ》に充満《じゅうまん》している。それが即《すなわ》ち「神《かみ》の黙示《もくじ》」注（一）であるのだ。

神の黙示

一、天地《てんち》の真象《しんしょう》を観察《かんさつ》して、真神《しんしん》の体《たい》を思考《しこう》すべし。

一、万有《ばんゆう》の運化《うんか》の毫差《ごうさ》なきを見《み》て、真神《しんしん》の力《ちから》を思考《しこう》すべし。

一、活物《かつぶつ》の心性《しんせい》を覚悟《かくご》して、真神《しんしん》の霊魂《れいこん》を思考《しこう》すべし。

天地《てんち》の真象《しんしょう》、万有《ばんゆう》の運化《うんか》、活物《かつぶつ》の心性《しんせい》、これは誠《まこと》に不変不易《ふへんふえき》の活経典《かつきょうてん》と称《しょう》すべきである。吾々《われわれ》は実《じつ》に此活経典《このかつきょうてん》に対《たい》して、真神《しんしん》の真神《しんしん》たる所以《ゆえん》を悟《さと》る事《こと》に努力《どりょく》せねばなるまい。

―注（一）神の黙示　「神の黙示」三か条を「三大学則」とよび、教えの根本原則の一つ。―

(四) 時間と空間

吾々《われわれ》が宇宙全一《うちゆうぜん》大祖神《だいそしん》に就《つ》きて正《ただ》しき観念《かんねん》を得《え》た暁《あかつき》には、かの学者《がくしや》の頭脳《ずのう》を悩《なや》ます時間《じかん》、空間《くうかん》の問題《もんだい》の如《ごと》きも、容易《ようい》に解決《かいけつ》し得《う》るのである。此神《このかみ》が万有《ばんゆう》一切《さい》を捲《ま》き収《おさ》めて、これを帰一《きいつ》し、未《いま》だ活動《かつどう》を起《おこ》さざる時《とき》、即《すなわ》ちその静的状態《せいてきじようたい》にありては、無論《むろん》、時間空間《じかんくうかん》を超越《ちようえつ》している。時間《じかん》、空間《くうかん》が無《な》いのではなく、さればとて又有《またあ》るのでもない。その観念《かんねん》が起《おこ》るべき因由《いんゆう》が無《な》いのだ。

時間《じかん》、空間《くうかん》の観念《かんねん》が起《おこ》って来《く》るのは、少《すくな》くとも此神《このかみ》の本体《ほんたい》から、霊《れい》と体《たい》との相対的《そうたいてき》二元《げん》が顕《あら》われてからの事《こと》である。神典《しんてん》で云《い》えば、高皇産霊神《たかみむすびのかみ》、神皇産霊神《かみむすびのかみ》の二神《しん》が顕現《けんげん》して、活動《かつどう》を起《おこ》されてからの事《こと》である。即《すなわ》ち此神《このかみ》の活動《かつどう》がなければ、時間《じかん》もなく、空間《くうかん》もない。縦令《たとえ》あっても、之《これ》を量《はか》るべき標準《ひようじゆん》もなく、又《また》これを量《はか》るべき材料《ざいりよう》もない。無論《むろん》、無《む》限絶対《げんぜつたい》なる此神《このかみ》の属性《ぞくせい》があるから、時間《じかん》、空間共《くうかんとも》に無限《むげん》であり、無始無終《むしむしゆう》であらねばならぬ。外《そと》に向《むか》って無限《むげん》であると同時《どうじ》に、内《うち》に向《むか》っても、また無限《むげん》である。至大外無《しだいがいな》く、至小内無《ししようないな》しである。

○

以上説《いじようと》く所《ところ》に由《よ》って、略《ほ》ぼ天之御中主神《あめのみなかぬしのかみ》に就《つ》きて正《ただ》しい概念《がいねん》は得《え》られる事《こと》と思《おも》う。即《すなわ》ちその静的状態《せいてきじようたい》から考察《こうさつ》すれば、此神《このかみ》は「霊《れい》・力《りよく》・体《たい》」を帰一《きいつ》せる所《ところ》の宇宙《うちゆう》の大元霊《だいげんれい》である。一元《げん》の虚無《きよむ》というてもよろしく、又絶対的実在《またぜつたいてきじつざい》というてもよい。次《つぎ》に、その動的状態《どうてきじようたい》から考察《こうさつ》すれば、此神《このかみ》は、随時随所《ずいじずいしよ》に「霊《れい》・力《りよく》・体《たい》」の微妙神秘《びみようしんぴ》なる配分《はいぶん》を行《おこな》い、無限《むげん》の時《じ》間空間《かんくうかん》にわたりて、天地《てんち》、日月《じつげつ》、星辰《せいしん》、神人《しんじん》、その他万有《たばんゆう》一切《さい》の創造《そうぞう》に任《にん》ぜらるる全《ぜん》一大《だい》祖神《そしん》である。

○

此神《このかみ》の静的状態《せいてきじようたい》、帰一状態《きいつじようたい》は、一《ひ》と通《とお》り正《ただ》しい観念《かんねん》を得《え》れば、それで充分《じゆうぶん》とすべきである。

何《なん》となれば、此神《このかみ》は既《すで》に已《すで》に無限《むげん》の時間《じかん》、空間《くうかん》にわたりて活動《かつどう》を開始《かいし》されており、再《ふたた》び太初《たいしょ》の静的状態《せいてきじょうたい》に逆行《ぎゃっこう》さるる心配《しんぱい》は絶無《ぜつむ》だからである。よし万々一《まんまんいつ》、逆行《ぎゃっこう》さるる事《こと》がありとしても、その場合《ばあい》には万有《ばんゆう》一切《さい》は全滅《ぜんめつ》し、随《したが》って吾々人類《われわれじんるい》も渾沌《こんとん》の裡《り》に痕跡《こんせき》さえ失《うしな》って了《しま》い、心配《しんぱい》するにも心配《しんぱい》すべき手懸《てがかり》が無《な》いことになって来《く》る。誠《まこと》に詰《つま》らない。実際問題《じっさいもんだい》としては、此神《このかみ》の動的状態《どうてきじょうたい》の理会体得《りかいたいとく》が何《なに》よりも肝要《かんよう》である。

人間《にんげん》は、天地経綸《てんちけいりん》[注(一)]の衝《しょう》に当《あた》るべき使命《しめい》があるから、此神《このかみ》が過去《かこ》に於《お》いて、いかなる活動《かつどう》を為《な》されたか、又将来《またしょうらい》に於《おい》て、いかなる目標《もくひょう》に行進《こうしん》せらるるか、少《すく》くともその大綱《たいこう》に通暁《つうぎょう》せねば本当《ほんとう》でない。が、就中肝要《なかんずくかんよう》なる事《こと》は、現在此神《げんざいこのかみ》が、いかなる経綸《けいりん》の実行実施中《じっこうじっしちゅう》であるかの問題《もんだい》で、これを理会体得《りかいたいとく》して、御神業《ごしんぎょう》の助成《じょせい》に努力《どりょく》するにあらずんば、人間《にんげん》の人間《にんげん》たる価値《かち》は無《な》い。

天之御中主神《あめのみなかぬしのかみ》の御神業《ごしんぎょう》は、大体《だいたい》に於《おい》て二方面《ほうめん》に分《わか》れている。一は理想世界《りそうせかい》たる神霊界《しんれいかい》の大成《たいせい》、一は現実世界《げんじつせかい》たる人間界《にんげんかい》の大成《たいせい》である。

○従来《じゅうらい》は、宇宙《うちゅう》の未製品時代《みせいひんじだい》で、理想世界《りそうせかい》が真《しん》に理想世界《りそうせかい》の域《いき》に達《たつ》せず、屡々《しばしば》変調《へんちょう》に陥《おちい》っていた。人間界《にんげんかい》の乱雑乖離《らんざつかいり》に至《いた》りては、殆《ほと》んど言語道断《ごんごどうだん》で、同胞《どうほう》の殺《ころ》し合《あ》い、国《くに》の奪《と》り合《あ》いを演《えん》じて、敢《あえ》て怪《あやし》むを知《し》らぬどころか、自分達《じぶんたち》の全《ぜん》一大祖神《だいそしん》の存在《そんざい》まで打忘《うちわす》れていた。

瑞　の　子

玉の井の里に生れし瑞の子が月見の里に魂を照らせり

（………）

現在《げんざい》に及《およ》びて、天之御中主神《あめのみなかぬしのかみ》は、大々的整理《だいだいてきせいり》を施《ほどこ》して、神人両界《しんじんりょうかい》の大成《たいせい》を期《き》せらるる事《こと》に成《な》り、明治《めいじ》廿五年《ねん》を以《もっ》て、此神《このかみ》の御神勅《ごしんちょく》は先《ま》ず国祖国常立尊《こくそくにとこたちのみこと》注(二)に降《くだ》った。

爾来今《じらいいま》に至《いた》りて三十有余年《ゆうよねん》、祖神御経綸《そしんごけいりん》の歩武《ほぶ》（＝わずかの距離。あしどり。あゆみ。）は、神人両界《しんじんりょうかい》に跨《またが》りて、寸毫《すんごう》の齟齬《そご》（＝くいちがい。ゆきちがい。）なく、遅滞《ちたい》なく、粛々《しゅくしゅく》として進行《しんこう》し来《きた》り、大正《たいしょう》七年《ねん》十一月《がつ》、その大準備《だいじゅんび》の完成《かんせい》と同時《どうじ》に、国祖《こくそ》は大本教祖《おほもときょうそ》の肉《にく》の宮《みや》から神去《かむさ》りまして、残《のこ》る後半《こうはん》の大神業《だいしんぎょう》を豊雲野尊《とよくもぬのみこと》注(三)に譲《ゆず》られた。五年越《ねんご》しの欧州戦乱《おうしゅうせんらん》の如《ごと》き、開闢《かいびゃく》以来《いらい》の大事変《だいじへん》の様《よう》だが、実《じつ》は、真《まこと》の大変動《だいへんどう》は今後《こんご》に起《おこ》る。それが済《す》めば宇宙《うちゅう》の間《あいだ》が始《はじ》めて全部整理《ぜんぶせいり》される。独《ひと》り現世界《げんせかい》ばかりでなく、神界《しんかい》の奥《おく》の奥《おく》まで、天地《てんち》、日月《じつげつ》、星辰《せいしん》の状態《じょうたい》まで一変《ぺん》する。それが、大本《おほもと》で教《おし》ゆる処《ところ》の「大正《たいしょう》の維新《いしん》」注(四)、二度目《どめ》の「世《よ》の立替《たてかえ》立直《たてなお》し」の真意義《しんいぎ》である。これに比《ひ》すれば、従来《じゅうらい》の所謂維新《いわゆるいしん》だの革命《かくめい》だのは、何《いず》れも姑息《こそく》で、不徹底《ふてってい》で、児戯《じぎ》に近《ちか》いものである。

「大正《たいしょう》維新《いしん》」「世《よ》の立替立直《たてかえたてなお》し」、文字《もじ》はいかにも有《あ》り触《ふ》れた月並至極《つきなみしごく》のものであるが、その内容《ないよう》は実《じつ》に大《おお》きい。天地《てんち》の根本《こんぽん》から、悠久長大《ゆうきゅうちょうだい》なる歳月《さいげつ》にわたりて、待《ま》ちに待《ま》たれた大転換期《だいてんかんき》、大完成時代《だいかんせいじだい》に到着《とうちゃく》したのである。天之御中主神《あめのみなかぬしのかみ》の大神業《だいしんぎょう》に、漸《ようや》く目鼻《めはな》が付《つ》く時《とき》なのである。言《い》わば大地《だいち》、太陽《たいよう》、太陰《たいいん》、列星《れっせい》を始《はじ》め、あらゆる神《かみ》も人《ひと》も、何《なに》も彼《か》も、この大神業《だいしんぎょう》を完成《かんせい》せんが為《た》めに準備《じゅんび》し置《お》かれたのである。

（……）

注（一）**天地経綸**　主神の一切の仕組。大宇宙の創造から「みろくの世」（世界平和）建設に至る、顕、幽、神、三千世界救世の大経綸。

（二）**国祖国常立尊**　主神（造化の三神）により創造された大地の修理固成を命じられた人体をもつご神名。

（三）**豊雲野尊**　地上の修理固成を命じられた国祖国常立尊を補佐するときのご神名。ここでは開祖出口直昇天から王仁三郎に全権が移譲される。

（四）**大正の維新、二度目の世の立替立直し**　一度目は神代の天の岩戸開きを意味する場合と、明治維新を意味する二つの説がある。ここでは明治維新につぐ大正維新の変革。明治維新は「王政復古」（天皇復古）であり、大正維新は「祭政復古」

―を提唱、後「昭和維新」と改称する。―

(五) 一元と二元

自分《じぶん》は、前章《ぜんしょう》に於《お》て、天之御中主神《あめのみなかぬしのかみ》が宇宙《うちゅう》の独一真神《どくいつしんしん》で、「霊《れい》・力《りょく》・体《たい》」の総本体《そうほんたい》である所以《ゆえん》を説明《せつめい》したが、本章《ほんしょう》に於《お》ては、此神《このかみ》の動的方面《どうてきほうめん》、即《すなわ》ちその「霊《れい》・力《りょく》・体《たい》」の妙用《みようよう》を発揮《はっき》して、大地《だいち》、太陽《たいよう》、太陰《たいいん》、列星《れつせい》を創造《そうぞう》されたる次第《しだい》を説明《せつめい》したいと思《おも》う。

○

「霊《れい》・力《りょく》・体《たい》」の意義《いぎ》に就《つ》きては、第《だい》一章《しょう》にも一言《ごん》して置《お》いたが、ここでは、も些《すこ》し詳《しょう》細《さい》に、その真意義《しんいぎ》を解釈《かいしゃく》して置《お》きたい。

天之御中主神《あめのみなかぬしのかみ》の静的状態《せいてきじょうたい》、即《すなわ》ち天地未剖判《てんちみぼうはん》の渾沌状態《こんとんじょうたい》[注(二)]に在《あ》りては、無論《むろん》、霊《れい》だの体《たい》だのの区別《くべつ》はない。唯《ただ》一元《げん》の「大元霊《だいげんれい》」があるのである。真如《しんによ》だの、虚無《こむ》だのというのは、此状態《このじょうたい》を指《さ》したものであるが、既《すで》に前《まえ》にも一言《ごん》せる通《とお》り、此状態《このじょうたい》は、吾々《われわれ》が強《し》いて意念《いねん》する丈《だけ》のもので、実際《じつさい》としては、天之御中主神《あめのみなかぬしのかみ》の御活動《ごかつどう》は、無窮《むきゆう》に悠遠《ゆうえん》なる時代《じだい》から、既《すで》に已《すで》に開始《かいし》されていた。吾々《われわれ》はその無窮《むきゆう》を超《こ》えて一元《げん》の「大元霊《だいげんれい》」の裡《うち》に遡《さかのぼ》る事《こと》は出来《でき》ない。思索《しさく》、想像《そうぞう》の赴《おもむ》くべき一方面《ほうめん》としては興味《きようみ》がないではないが、要《よう》するに、それに耽《ふけ》るのは結局道楽三昧《けつきよくどうらくざんまい》である。

（………）

殊《こと》に現在《げんざい》、宇宙間《うちゆうかん》は、あらゆる方面《ほうめん》にわたりて活動又活動《かつどうまたかつどう》、天地創造以来《てんちそうぞういらい》の大活動《だいかつどう》が起《おこ》らんとしつつある瞬間《しゆんかん》であるから、尚更《なおさら》の事《こと》である。既《すで》に宇宙《うちゆう》の間《あいだ》に活動《かつどう》が起《おこ》っているとすれば、根源《こんげん》に於《お》いてその活動《かつどう》を起《おこ》すべき力《ちから》の存在《そんざい》は明白《めいはく》である。換言《かんげん》すれは、力《ちから》があるから活動《かつどう》が起《おこ》るのだ。所《ところ》が、力《ちから》という力《ちから》には、常《つね》に正反対《せいはんたい》の二方面《ほうめん》が具《そなわ》っている。進《しん》あれば必《かなら》ず退《たい》あり、動《どう》あれば必《かなら》ず静《せい》あり、引《いん》あれは必《かなら》ず弛《ち》あり、と云《い》う具合《ぐあい》である。

吾々《われわれ》は、何故力《なにゆえちから》に斯《か》く正反対《せいはんたい》の二方面《ほうめん》が具《そな》わるのであるかを考究《こうきゆう》せねばならぬ。何《なに》がその原因《げんいん》か。かく追究《ついきゅう》すると、吾々《われわれ》は是非共《ぜひとも》、宇宙《うちゅう》の間《あいだ》に相対的《そうたいてき》二元《げん》の存在《そんざい》を認《みと》めざるを得《え》ぬ。正反対《せいはんたい》の性質《せいしつ》を帯《お》びたる二元《げん》が存在《そんざい》するから、その二元《げん》の交渉若《こうしょうも》しくは衝突《しょうとつ》の場合《ばあい》に、進《しん》と成《な》ったり、退《たい》と成《な》ったり、或《あるい》は動《どう》と成《な》ったり、静《せい》と成《な》ったりする。宇宙《うちゅう》の内部《ないぶ》が一元《げん》のままならば、進退《しんたい》もなく動静《どうせい》もない。相対的《そうたいてき》二元《げん》があるから力《ちから》が生《しょう》じ、そしてその力《ちから》に相対的《そうたいてき》二方面《ほうめん》が具《そな》わる。斯《こ》ういう次第《しだい》だ。

注(二)「大本霊学《おほもとれいがく》」では、此宇宙内部《このうちゅうないぶ》の相対的《そうたいてき》二元《げん》を捕《とら》えて、陰陽《いんよう》ともいい水火《かみ》とも又霊体《またれいたい》ともいうている。霊体《れいたい》、火水等《かみなど》は、平生浅薄《へいぜいせんぱく》な通俗的意義《つうぞくてきいぎ》に使用《しよう》されているが、ここに述《の》ぶる所《ところ》は、根本《こんぽん》の第《だい》一義《ぎ》のもの、抽象的《ちゅうしょうてき》のものである。吾々《われわれ》は、これを意識《いしき》の上《うえ》に明瞭《めいりょう》に描《えが》く事《こと》は出来《でき》るが、その実体《じったい》は、これを捕《とら》える事《こと》は出来難《できにく》い。

ここに火水《かみ》という時《とき》は、火水《かみ》の本体《ほんたい》、第《だい》一義《ぎ》の火水《かすい》を指《さ》すので、水《みず》として象《しょう》を現《あら》わす時《とき》は、実《じつ》はその中《なか》に火《ひ》があり、火《ひ》として象《しょう》を現《あら》わす時《とき》にも、同《おな》じくその中《なか》に水《みず》がある。換言《かんげん》すれば現象《げんしょう》の火《ひ》も水《みず》も、何《いず》れも各々陰陽《おのおのいんよう》二元《げん》の一種《しゅ》の結合《けつごう》で、各々特有《おのおのとくゆう》の力《ちから》を発揮《はっき》しているのである。この事《こと》が腑《ふ》に落《お》ちぬと、自然不可解《しぜんふかかい》に陥《お》ちたり、低級卑俗《ていきゆうひぞく》の見解《けんかい》に堕《だ》したりして、宇宙根源《うちゆうこんげん》の真諦《しんたい》に触《ふ》れる事《こと》は到底不可能《とうていふかのう》である。

◯

言霊学《げんれいがく》から言葉《ことば》を査《しら》べて、霊《れい》と体《たい》と力《ちから》との関係《かんけい》が非常《ひじよう》によく明白《めいはく》になるのである。元来《がんらい》日本語《にほんご》は世界言語《せかいげんご》の根源《こんげん》で、諸外国《しよがいこく》の言語《げんご》の如転訛《ごとくてんか》がないから、音韻《おんいん》の根本義《こんぽんぎ》が大変査《たいへんしら》べ易《やす》く、その方面《ほうめん》からも宇宙《うちゆう》の神秘《しんぴ》、造化《ぞうか》の奥妙等《おうみようなど》を探《さぐ》るに多大《ただい》の便宜《べんぎ》を有《ゆう》する。言霊《げんれい》学《がく》の性質《せいしつ》、さては日本語《にほんご》と外国語《がいこくご》との関係等《かんけいなど》に就《つ》きては後章《こうしよう》に論《ろん》ずることとして、ここでは単《たん》に、「霊《れい》・力《りよく》・体《たい》」の言霊《ことたま》を説《と》くに止《とど》める。

「霊《れい》」は本邦《ほんぽう》の古語《こご》では「ヒ」であり、又《また》「チ」である。又《また》「体《たい》」の邦音《ほうおん》は「カラ」であり、又《また》「カラタマ」である。元来《がんらい》、「体《たい》」は霊《れい》を宿《やど》すべきもので、言《い》わば中身無《なかみな》しの容《よう》器《き》である。即《すなわ》ち「体《たい》」は殻《から》、空等《からなど》と同一義《どういつぎ》を有《ゆう》する。又古来日本《またこらいにほん》では、韓《から》でも唐《から》でも、すべて外国《がいこく》を「カラ」と呼《よ》んでいるが、要《よう》するに、外国《がいこく》は体《からだ》を貴《とうと》ぶ国《くに》、霊性《れいせい》の足《た》りない

「空唐国《からくに》」という事《こと》なのである。「力《ちから》」は即《すなわ》ち霊《れい》、体《たい》で、霊体《れいたい》二元《げん》の結合《けつごう》という事《こと》である。「霊《れい》・力《りょく》・体《たい》」の関係《かんけい》が、かく明白《めいはく》に言葉《ことば》の上《うえ》にもあらわれているというのは、真《まこと》に驚《きょう》歎《たん》すべきではないか。

注（一）**真如** ものの真実の姿。宇宙に偏在する根源的、永久不変の真理。万有の本体。
（二）**大本霊学** 大本における霊妙な根本学。

(六) 霊主体従

さて、陰陽又《いんようまた》は水火《すいか》、霊体《れいたい》の二元《げん》が、宇宙《うちゅう》の「大元霊《だいげんれい》」から岐《わか》れ出《い》づる所《ところ》の相対的《そうたいてき》二大《だい》原質《げんしつ》でありとすれば、宇宙《うちゅう》の「大元霊《だいげんれい》」たる天之御中主神《あめのみなかぬしのかみ》から覧《み》れは、無論双方《むろんそうほう》とも同様《どうよう》に肝要《かんよう》で、その間《あいだ》に甲乙軽重《こうおつけいじゅう》の差《さ》がある筈《はず》はない。

陰《いん》が滅《げん》すれば、同時《どうじ》に陽《よう》も滅《げん》じ、又陽《またよう》が滅《げん》すれば、同時《どうじ》に陰《いん》も滅《げん》する。二者《しゃ》の中《うち》、その一を欠《か》く事《こと》は出来《でき》ない。吾々《われわれ》の身体《しんたい》で、左右《さゆう》の眼《め》、左右《さゆう》の手足《てあし》が共《とも》に肝要《かんよう》であると云《い》うよりも、更《さら》に痛切《つうせつ》な意味《いみ》に於《お》いて、肝要至極《かんようしごく》である。併《しか》し乍《なが》ら、宇宙《うちゅう》の内面《ないめん》に於《お》いて意義《いぎ》ある活《かつ》動《どう》を起《おこ》そうとするには、是非《ぜひ》ともその一方面《ほうめん》を主《しゅ》とし、他方《たほう》を従《じゅう》とせねばならぬ。五分《ぶ》五分《ぶ》の権能《けんのう》を賦与《ふよ》せられたのでは、全然活動《ぜんぜんかつどう》は起《おこ》らない。同力量《どうりきりょう》の力士《りきし》が、土俵《どひょう》の真中《まんなか》で水入引分《みずいりひきわけ》に終《おわ》るが如《ごと》きものである。又主《またしゅ》と従《じゅう》との関係《かんけい》は、永久固定的《えいきゅうこていてき》であらねばならぬ。さもなければ、起《おこ》る所《ところ》の活動《かつどう》が乱雑不統一《らんざつふとういつ》に陥《おちい》って了《しま》い、結局無活動《けつきょくむかつどう》と同《おな》じ結果《けつか》になる。千万世《せんまんよ》にわたりて変《かわ》る事《こと》なく、秩序整々《ちつじょせいせい》、意義《いぎ》ある活動《かつどう》を続《つづ》けようとするには、どうしても陰陽《いんよう》の間《あいだ》に主従優劣《しゅじゅうゆうれつ》の固定的関係《こていてきかんけい》を設《もう》くる事《こと》が、絶対《ぜったい》に必要《ひつよう》だ。

そこで天之御中主神《あめのみなかぬしのかみ》は、活動《かつどう》の太初《たいしょ》に於《お》いて陽《よう》を主《しゅ》と為《な》し、陰《いん》を従《じゅう》と為《な》し玉《たま》うた。「大本《おほもと》霊学《れいがく》」は此根本原則《このこんぽんげんそく》を普通《ふつう》「霊主体従《れいしゅたいじゅう》」という言葉《ことば》で言《い》い現《あら》わしている。「陽主陰従《ようしゅいんじゅう》」でも「火主水従《かしゅすいじゅう》」でも意義《いぎ》は同一《どういつ》である。

○

「霊主体従《れいしゅたいじゅう》」が宇宙《うちゅう》の大原則《だいげんそく》である事《こと》は、宇宙《うちゅう》そのものに就《つい》て考《かんが》えたとて、容易《ようい》に分《わか》るものでない。余《あま》りに広大《こうだい》で、余《あま》りに奥《おく》が深過《ふかす》ぎる。が、大宇宙《だいうちゅう》の間《あいだ》には、同一原則《どういつげんそく》で出来《でき》た小宇宙《しょううちゅう》が充満《じゅうまん》しているので、吾々《われわれ》は是等《これら》に就《つ》きて大宇宙《だいうちゅう》を忖度《そんたく》するの便宜《べんぎ》を有《ゆう》している。人間《にんげん》としては、先《ま》ず手近《てぢか》い自分自身《じぶんじしん》を攻究《こうきゅう》するのが暁《わか》り易《やす》い。

○

少《すこ》し静思反省《せいしはんせい》すると、どうしても吾々人間《われわれにんげん》には、霊的性能《れいてきせいのう》と体的性能《たいてきせいのう》との正反対《せいはんたい》の二面《めん》が具《そな》わっている事《こと》が判《わか》る。霊能《れいのう》は、吾々《われわれ》に向上《こうじょう》、純潔《じゅんけつ》、高雅《こうが》、正義《せいぎ》、博愛《はくあい》、犠牲等《ぎせいなど》を迫《せま》る。これが最高《さいこう》の倫理的感情又《りんりてきかんじょうまた》は審美的性情《しんびてきせいじょう》の源泉《げんせん》である。

これに反《はん》して体能《たいのう》は、吾々《われわれ》に食《く》い度《た》い、飲《の》みたい、着《き》たい、犯《おか》したい等《など》、少《すく》くとも非道《ひどう》徳的念慮《とくてきねんりょ》を起《おこ》さしめ、甚《はなは》だしきは堕落《だらく》、放縦《ほうじゅう》、排他《はいた》、利己等《りこなど》の行為《こうい》をも迫《せま》る。此《この》二性能《せいのう》は、常《つね》に吾々《われわれ》の体内《たいない》で両々相対抗《りょうりょうあいたいこう》している。人間《にんげん》として存在《そんざい》する以上《いじょう》、到底《とうてい》これを免《まぬか》れない。若《も》し霊能《れいのう》が無《な》いとすれば、吾々《われわれ》は忽《たちま》ちに禽獣化《きんじゅうか》し、人類《じんるい》として存在《そんざい》の価値《かち》を失《うしな》う。若《も》し又《また》、体能《たいのう》が全然無《ぜんぜんな》いとすれば、それでは自己《じこ》の保存《ほぞん》が覚束《おぼつか》ない。例《たと》えば食《く》わない丈《だけ》でも滅《ほろ》びてしまう。両性能《りょうせいのう》を具有《ぐゆう》する事《こと》は絶対《ぜったい》に必要《ひつよう》であるが、両性能《りょうせいのう》の間《あいだ》には、主従優劣《しゅじゅうゆうれつ》の区別《くべつ》を設《もう》けて、一身《しん》の行動《こうどう》の規準《きじゅん》とせねば、人間《にんげん》は適従《てきじゅう》する所《ところ》に迷《まよ》うてしまう。

そこで霊能《れいのう》を主《しゅ》とし、体能《たいのう》を従《じゅう》とし、これを守《まも》るのが善《ぜん》、これに反《そむ》くのが悪《あく》と規定《きてい》せられている。大宇宙《だいうちゅう》の原則《げんそく》は、矢張《やはり》小宇宙《しょううちゅう》たる人間《にんげん》に於《お》ても、原則《げんそく》とせられている。ただ人類《じんるい》が未製品《みせいひん》なので、大体《だいたい》これを原則《げんそく》として規定《きてい》しても、実行《じっこう》の上《うえ》には原則違反《げんそくいはん》ばかり続《つづ》けているのだ。

(七) 進左退右

宇宙《うちゅう》の二大原質《だいげんしつ》の関係《かんけい》は「霊主体従《れいしゅたいじゅう》」であるが、その活用《かつよう》から云《い》えば霊《れい》は左《ひだり》で、進《すす》む性質《せいしつ》を有《ゆう》し、体《たい》は右《みぎ》で、退《しりぞ》く性質《せいしつ》を有《ゆう》する。そこで「霊主体従《れいしゅたいじゅう》」と云《い》う事《こと》を、運動《うんどう》の上《うえ》からは、「進左退右《しんさたいう》」と言《い》う言葉《ことば》で現《あら》わしたのである。

宇宙全体《うちゅうぜんたい》の運動《うんどう》という運動《うんどう》は、この「進左退右《しんさたいう》」を以《もっ》て根本原則《こんぽんげんそく》とし、これに協《かな》うものは順《じゅん》、これに背《そむ》くものは逆《ぎゃく》と云《い》う事《こと》になる。言霊学《げんれいがく》の上《うえ》から、左《ひだり》は「火足《ひたり》」の義《ぎ》で、火《ひ》の系統《けいとう》、霊《れい》の系統《けいとう》たる事《こと》を示《しめ》し、右《みぎ》は「水極《みぎ》」の義《ぎ》で、水《みず》の系統《けいとう》、体《たい》の系統《けいとう》たる事《こと》を示《しめ》しているのである。

○

例《たとえ》によりて、宇宙全体《うちゅうぜんたい》は、人間《にんげん》の理智想像《りちそうぞう》で推定《すいてい》するには、余《あま》りに偉大《いだい》に過《す》ぎ、とてもその運動《うんどう》の法則《ほうそく》が、斯《こ》の通《とお》り「進左《しんさ》（左進《さしん》）退右《たいう》」に成《な》っていると証明《しょうめい》する事《こと》は出来《でき》ないから、小宇宙《しょううちゅう》たる人間《にんげん》その他《た》二、三の卑近《ひきん》な実例《じつれい》を挙《あ》げて説明《せつめい》する。

先《ま》ず人間《にんげん》の肉体《にくたい》に就《つい》て述《の》べんに、有意識《ゆういしき》の運動《うんどう》にしろ、無意識《むいしき》の運動《うんどう》にしろ、運動《うんどう》と云《い》う運動《うんどう》は、悉《ことごと》く左《ひだり》が進《すす》み、右《みぎ》が退《しりぞ》くように出来《でき》ている。三歳《さい》の小児《しょうに》が拍手《はくしゅ》する場合《ばあい》に於《おい》ても、常《つね》に先方《せんぽう》に出《で》るのは左手《ひだりて》で、後方《こうほう》に退《しりぞ》くのは右《みぎ》の手《て》である。これに反《はん》する所《ところ》の逆《ぎゃく》運動《うんどう》を行《おこな》うものは無《な》い。

擂鉢《すりばち》で味噌《みそ》を擂《す》る時《とき》、百姓《ひやくしよう》が碾臼《ひきうす》で籾《もみ》を碾《ひ》く時《とき》、その他類似《たるいじ》の無数《むすう》の場合《ばあい》に於《お》て、何人《なんびと》と雖《いえど》も「進左退右《しんさたいう》」の運動《うんどう》に違反《いはん》するものはない。かかる場合《ばあい》に強《し》いてこれに違反《いはん》せんとすれば、為《な》し得《え》ない事《こと》もないが、妙《みよう》に勝手《かつて》が悪《わる》く、骨《ほね》が折《お》れる事夥《ことおびただ》しい。柱時計《はしらどけい》などには、普通時計用《ふつうとけいよう》の螺釘《ねじ》と時報用《じほうよう》の螺釘《ねじ》と、双方別々《そうほうべつべつ》に取付《とりつ》けてあり、そしてその巻方《まきかた》が、左巻《ひだりまき》、右巻《みぎまき》の二種《しゆ》に作製《さくせい》してある。右巻《みぎまき》の方《ほう》は巻《ま》くのに容易《ようい》であるが、左巻《ひだりまき》の方《ほう》は夥《おびただ》しく力《ちから》を要《よう》する。宇宙《うちゆう》の運動《うんどう》の原則《げんそく》に従《したが》うと否《いな》との難易《なんい》は、かかる場合《ばあい》に、最《もつと》もよく判《わか》る。動静脈《どうじようみやく》により体内《たいない》を循環《じゆんかん》する血液《けつえき》も、同一原則《どういつげんそく》に従《したが》うことは、生理学者《せいりがくしや》の知悉《ちしつ》する所《ところ》である。

吾人《ごじん》が祭式《さいしき》に際《さい》して、左足《ひだりあし》から先《ま》ず踏《ふ》み出《だ》し、後退《こうたい》に際《さい》して右足《みぎあし》から踏《ふ》み出《だ》すも、矢張《やは》り自然《しぜん》の天則《てんそく》である。日本《にほん》の都会《とかい》で、通行《つうこう》を規定《きてい》するに当《あた》り「左《ひだり》へ左《ひだり》へ」などは、自然《しぜん》に天則《てんそく》を励行《れいこう》するものである。確《たし》かにこの方《ほう》が勝手《かつて》がよい。

○

次《つ》ぎに、植物《しょくぶつ》の蔓《つる》の巻《ま》き方《かた》を見《み》ても、この運動《うんどう》の原則《げんそく》は大部分《だいぶぶん》に於《おい》てよく守《まも》られている。朝顔《あさがお》でも、豆類《まめるい》でも、山芋《やまいも》でも、藤《ふじ》でも、その蔓《つる》の巻《ま》き方《かた》は、皆《みな》「進左退右《しんさたいう》」式《しき》である。人間《にんげん》が戯《たわむ》れに朝顔《あさがお》の蔓《つる》などを逆《ぎゃく》に巻《ま》いて、縛《しば》って置《お》いて見《み》ると、矢張《やは》り蔓《つる》は承知《しょうち》せずに、先端《せんたん》の方《ほう》は宇宙《うちゅう》の運動法則《うんどうほうそく》を実行《じっこう》する。無論人間《むろんにんげん》の中《なか》に左利《ひだりきき》の人《ひと》があると同様《どうよう》、植物《しょくぶつ》にも原則違反者《げんそくいはんしゃ》がある。或《あるい》は植物《しょくぶつ》の方《ほう》が、その数《かず》が一層多《そうおお》いようだ。

尚此《なおこ》の外《ほか》、旋風《せんぷう》にしろ、渦巻《うずまき》にしろ、天体《てんたい》の運行《うんこう》にしろ、数《かぞ》え立《た》てれば際限《さいげん》がない。かかる現象《げんしょう》の蒐聚《しゅうしゅう》は、専門《せんもん》の士《し》が、各々己《かくかくおの》が向《む》き向《む》きに試《こころ》みて、飽《あく》まで研究材料《けんきゅうざいりょう》を豊富《ほうふ》ならしむるよう努力《どりょく》さるる事《こと》を希望《きぼう》する。

(八) 天地剖判

兎《と》に角《かく》、宇宙間《うちゅうかん》に、この「進左退右《しんさたいう》」の根本運動《こんぽんうんどう》が開始《かいし》され、その結果《けっか》が天地剖判《てんちぼうはん》、日《じつ》月《げつ》、地《ち》、星辰《せいしん》の顕現《けんげん》という事《こと》に成《な》って来《く》るのであるが、この事《こと》を理解《りかい》する為《た》めには、先《ま》ず大宇宙《だいうちゅう》の形態《けいたい》に就《つ》きて、正確《せいかく》なる観念《かんねん》を有《ゆう》する事《こと》が必要《ひつよう》だ。大宇宙《だいうちゅう》は吾々人間《われわれにんげん》から客観《きゃっかん》すれは、時間《じかん》、空間共《くうかんとも》に無限《むげん》であり、無始無終《むしむしゅう》である。到底《とうてい》、その窮極《きゅうきょく》、際涯《さいがい》を知《し》る事《こと》は出《で》来《き》ない。併《しか》し乍《なが》ら、天之御中主神《あめのみなかぬしのかみ》から主観《しゅかん》されれば、無限《むげん》でも無《な》く、無始無終《むしむしゅう》でもないに決《きま》っている。そしてその全体《ぜんたい》にわたりて、統一《とういつ》あり秩序《ちつじょ》ある「進左退右《しんさたいう》」運動《うんどう》を始《はじ》められたとすれば、無論《むろん》その運動《うんどう》には、大中心《だいちゅうしん》もあり、又太極《またたいきょく》もあるに相違《そうい》ない。一個《こ》の大中心《だいちゅうしん》から、東西南北《とうざいなんぼく》、四方八面《しほうはちめん》に向《むか》って太極《たいきょく》がありとすれば、ここに吾々《われわれ》の頭脳《ずのう》には、髣髴《ほうふつ》として至大天界《しだいてんかい》の在《あ》ることが浮《うか》んで来《く》る。

○

かくして出来《でき》た至大天球《しだいてんきゅう》の内部《ないぶ》は、最初《さいしょ》は渾沌《こんとん》として天地《てんち》の区別《くべつ》もなかったが、「進左《しんさ》退右《たいう》」の旋回運動《せんかいうんどう》が継続《けいぞく》さるる中《うち》に、軽《かる》く澄《す》みたるものと、重《おも》く濁《にご》れるものとは次第《しだい》に分《ぶん》離《り》され、そして軽《かる》きものは外周《がいしゅう》に、重《おも》きものは中心《ちゅうしん》に向《むか》って凝集《ぎょうしゅう》して来《く》る。

是《こ》れは吾々《われわれ》が簡単《かんたん》な方法《ほうほう》で実験《じっけん》して見《み》ても判《わか》る。泥水《どろみず》を円形《えんけい》の器物《うつわ》に入《い》れ、左右《さゆう》の手《て》で、とんとん叩《たた》いて旋回運動《せんかいうんどう》を与《あた》えるなども、一の実験法《じっけんほう》である。そうしていると、泥《どろ》は次第《しだい》に中央《ちゅうおう》に向《む》って突起《とっき》したように凝集《ぎょうしゅう》し、周囲《しゅうい》の方《ほう》は澄《す》んで来《く》る。又立体《またりったい》と平面体《へいめんたい》との差《さ》別《べつ》はあるが、円盆《まるぼん》の上《うえ》に、豆《まめ》だの塵《ちり》だのを載《の》せて掻《か》き混《ま》ぜて置《お》き、同様《どうよう》に両手《りょうて》で叩《たた》いて見《み》ても判《わか》る。軽《かる》い塵《ちり》は周囲《しゅうい》に集《あつま》り、重《おも》い豆《まめ》は中心《ちゅうしん》に集《あつま》る。農夫《のうふ》などは、惟神《かんながら》に此《こ》の天則《てんそく》を知《し》っていて、平生《へいぜい》、此方法《このほうほう》で塵《ちり》と穀類《こくるい》との選別《よりわけ》をしている。

天《てん》とは、宇宙《うちゅう》の内部《ないぶ》で軽《かる》く澄《す》みたる所《ところ》の総称《そうしょう》で、科学者《かがくしゃ》はエーテル注(一)界《かい》などと称《とな》える。又《また》地《ち》とは、重《おも》く濁《にご》れるものの総称《そうしょう》で、即《すなわ》ち物質世界《ぶっしつせかい》である。無論《むろん》、天《てん》も陰陽《いんよう》二元《げん》から成《な》り、地《ち》も同様《どうよう》である。ただ陰陽《いんよう》の配合《はいごう》に於《お》て、二者甚《しゃはなは》だしく趣《おもむ》きを異《こと》にする。根本《こんぽん》の原質《げんしつ》に於《おい》て差異《さい》はないが、形態機能《けいたいきのう》の上《うえ》には多大《ただい》の相違《そうい》がある。

○

天地剖判《てんちぼうはん》の初頭《しょとう》に於《おい》ては、天《てん》に対《たい》して地《ち》も唯《ただ》一個《こ》であった。旋回運動《せんかいうんどう》が継続《けいぞく》されている中《うち》に、大地《だいち》の内部《ないぶ》に於《お》いても、重《おも》い物《もの》と軽《かる》い物《もの》、澄《す》んだ所《ところ》と濁《にご》った所《ところ》とが次第《しだい》に区分《くぶん》され、外周《がいしゅう》に集合《しゅうごう》した所《ところ》の比較的軽《ひかくてきかる》く澄《す》んだ所《ところ》、例《たと》えばガス体《たい》は、或《あ》る時期《じき》に於《お》いて、中心《ちゅうしん》の固形体《こけいたい》、又《また》は液体《えきたい》との共同運動不可能《きょうどううんどうふかのう》となり、終《つい》に分離《ぶんり》してしまう。そして天《てん》の一角《かく》に或《あ》る位置《いち》を占《し》めて、一方《ぽう》宇宙《うちゅう》の大運動《だいうんどう》に伴《ともな》いつつ、自己《じこ》もまた独立《どくりつ》せる小運動《しょううんどう》を続《つづ》ける。これが第《だい》一の星《ほし》である。次《つぎ》に第《だい》二の星《ほし》が分離《ぶんり》し、次《つぎ》に第《だい》三、第《だい》四、第《だい》五と次第《しだい》に分離《ぶんり》して、現在見《げんざいみ》るが如《ごと》き無数《むすう》の天体《てんたい》を形成《けいせい》するに至《いた》った。是等諸星辰《これらしょせいしん》の分離《ぶんり》に連《つ》れて、無論地《むろんち》の容積《ようせき》は縮小又縮小《しゅくしょうまたしゅくしょう》、最後《さいご》に太陽《たいよう》、太陰等《たいいんなど》と分《わか》るるに及《およ》びて、現在《げんざい》の大地《だいち》と成《な》って仕舞《しま》った。容積《ようせき》から言《い》えば、天体中《てんたいちゅう》には大地球《だいちきゅう》よりも大《おお》きいものもあるが、併《しか》し宇宙《うちゅう》の中心《ちゅうしん》という点《てん》から言《い》えば、大地球《だいちきゅう》がそれであらねばならぬ。最早大地《もはやだいち》は大体出来上《だいたいできあが》って、此上分離《このうえぶんり》するものがなく、例《たと》えば充分酒《じゅうぶんさけ》を絞《しぼ》り上《あ》げた酒粕《さけかす》の如《ごと》きものになっているのだ。

○

宇宙根本《うちゅうこんぽん》の「力《ちから》」を体現《たいげん》するものは、既《すで》に述《の》ぶるが如《ごと》く、宇宙《うちゅう》を機関《きかん》として、無限《むげん》、絶《ぜつ》対《たい》、無始《むし》、無終《むしゅう》の活動《かつどう》を続《つづ》け給《たま》う所《ところ》の全《ぜん》一大《だい》祖《そ》神天之御中主神《しんあめのみなかぬしのかみ》、一名大国常立尊《めいおおくにとこたちのみこと》である。

此意義《このいぎ》に於《お》て、宇宙《うちゅう》は一神《しん》であるが、宇宙《うちゅう》の内部《ないぶ》に発揮《はつき》さるる力《ちから》は、各々分担《おのおのぶんたん》が異《こと》なり、方面《ほうめん》が異《こと》なり、性質《せいしつ》が異《こと》なり、軽重大小《けいじゅうだいしょう》が異《こと》なり、千種万様《せんしゅばんよう》、その窮極《きゅうきょく》を知《し》らない。そして是等《これら》の千種万様《せんしゅばんよう》の力《ちから》は、各々相当《おのおのそうとう》の体現者《たいげんしゃ》を以《もっ》て代表《だいひょう》されている。此意義《このいぎ》に於《お》ては、宇《う》宙《ちゅう》は多神《たしん》に依《よ》りて経営《けいえい》され、所謂八百万神《いわゆるやおよろずのかみ》の御活動《ごかつどう》である。

由来《ゆらい》「一神論《しんろん》」と「多神論《たしんろん》」とは、相背馳《あいはいち》して並立《へいりつ》する事《こと》が出来《でき》ぬものの如《ごと》く見做《みな》され、今日《こんにち》に於《お》てもなお迷夢《めいむ》の覚《さ》めざる頑冥者流《がんめいしゃりゅう》が多《おお》いが、実《じつ》は「一神論《しんろん》」も「多神論《たしんろん》」も、共《とも》にそれ丈《だけ》では半面《はんめん》の真理《しんり》しか捕《とら》えていない。一神《しん》にして同時《どうじ》に多神《たしん》、多神《たしん》にして同時《どうじ》に一神《しん》、これを捲《ま》けば一神《しん》に集《あつ》まり、これを放《はな》てば万神《ばんしん》に分《わか》るのである。此《こ》の意義《いぎ》に於《お》て、天《てん》地《ち》、日月《じつげつ》、万有《ばんゆう》、一切悉《さいことごと》く神《かみ》であり、神《かみ》の機関《きかん》である。小天之御中主神《しょうあめのみなかぬしのかみ》である。

○

世人《せじん》の多数《たすう》は、現象《げんしょう》に捕《とら》えられ、物質《ぶっしつ》に拘泥《こうでい》して、神《かみ》に就《つ》きて正《ただ》しい観念《かんねん》を容易《ようい》に有《も》ち得《え》ないが、元来《がんらい》、言葉《ことば》の意義《いぎ》から査《しら》べて、神《かみ》とは「火水《かみ》」である。即《すなわ》ち陰陽《いんよう》、霊体《れいたい》、火水《かすい》の二元《げん》が結果《けっか》して、各自特有《かくじとくゆう》の「力《ちから》」を発揮《はっき》するものは皆神《みなかみ》である。それが幽体《ゆうたい》であろうが、現体《げんたい》であろうが、共《とも》に神《かみ》である事《こと》に変《かわ》りはない。幽《ゆう》と現《げん》との区画《くかく》は、そう分明《ぶんめい》なものでない。甲《こう》の人《ひと》の眼《め》に映《えい》ずるものが、必《かなら》ずしも乙《おつ》の人《ひと》の眼《め》には映《えい》じない。換言《かんげん》すれば、甲《こう》には現《げん》であるが、乙《おつ》には幽《ゆう》である、という事《こと》になる。

即《すなわ》ち現体《げんたい》といい、幽体《ゆうたい》といい、人《ひと》といい、神《かみ》といい、単《たん》に大小《だいしょう》、高下《こうげ》、強弱《きょうじゃく》、清濁《せいだく》、軽重等《けいじゅうなど》の差違丈《さいだけ》で、根元《こんげん》に於《おい》ては同一《どういつ》である。程度《ていど》の差違丈《さいだけ》で、原質《げんしつ》の差違《さい》ではない。自己《じこ》の肉眼《にくがん》に見《み》えないものは、多《おお》くの人《ひと》は否定《ひてい》したがる、少《すく》なくとも疑《ぎ》を挿《はさ》みたがるが、色《しき》盲患者《もうかんじゃ》が五色《しょく》を見《み》せられた時《とき》に、「これは三色《しょく》である」、「四色《しょく》である」と主張《しゅちょう》するのと、何《なん》の相違《そうい》はない。

だから従来《じゅうらい》、肉眼本位《にくがんほんい》、物質本位《ぶつしつほんい》の人《ひと》でも、充分修業《じゅうぶんしゅぎょう》を積《つ》みて、一旦《たん》、霊耳霊眼等《れいじれいがんなど》が開《ひら》け出《だ》し、所謂神《いわゆるかみ》の言葉《ことば》をきき、神《かみ》の姿《すがた》を拝《はい》することに成《な》ると、多《おお》くは翻然《ほんぜん》として大悟《だいご》し、

「自分《じぶん》が足《た》りなかったのだ」という事《こと》が判《わか》って来《く》る。
現在《げんざい》、地上人類《ちじょうじんるい》の大多数《だいたすう》は、悉《ことごと》く一種《しゅ》の色盲患者《しきもうかんじゃ》であるから、五色《しょく》を見《み》せられ乍《なが》ら、これはたった三色《しょく》であると主張《しゅちょう》する所《ところ》の頑冥者流《がんめいしゃりゅう》が多《おお》いのである。

注（一）エーテル界　声は空気の振動により伝わり、波は水により伝わる。光熱、電波を伝える媒体として宇宙に充満していると仮想的に考えられたがのちに実験的、理論的にその存在が否定された。

(九) 顕幽の神称

注（一）『古事記《こじき》』の解釈《かいしゃく》は、従来《じゅうらい》、表面的辞句《ひょうめんてきじく》の解釈《かいしゃく》に止《とど》まり、従《したが》って荒唐無稽《こうとうむけい》にして寧《むし》ろ幼《よう》稚《ち》なる一の神話《しんわ》として取扱《とりあつか》われていたが、大本言霊学《おほもとげんれいがく》の活用《かつよう》によりて、漸《ようや》くその真面目《しんめんぼく》が発揮《はっき》され、深遠博大《しんえんはくだい》、世界独歩《せかいどっぽ》の真経典《しんきょうてん》たることが分《わか》って来《き》た。これによりて観《み》ると、天《あめ》之御中主神《のみなかぬしのかみ》の御神業《ごしんぎょう》は、大別《たいべつ》して四階段《かいだん》を成《な》している。

●第《だい》一段《だん》が天地初発《てんちしょはつ》の根本造化《こんぽんぞうか》の経営《けいえい》で、皇典《こうてん》注(一)でいえば、伊邪那岐《いざなぎ》、伊邪那美《いざなみ》以前《いぜん》である。

●第《だい》二段《だん》が理想世界《りそうせかい》たる天界《てんかい》の経営《けいえい》で、主《しゅ》として、伊邪那岐《いざなぎ》、伊邪那美《いざなみ》二神《しん》の御活動《ごかつどう》に係《かか》り、三貴神《さんきしん》（天照・月読・素盞嗚）の御顕現《ごけんげん》に至《いた》りて、それが一《ひ》と先《ま》ず大成《たいせい》する。

●第《だい》三段《だん》が地《ち》の神界《しんかい》の経営《けいえい》で、天孫降臨《てんそんこうりん》注(三)から神武天皇《じんむてんのう》注(四)以前《いぜん》に達《たつ》する。

●第《だい》四段《だん》が現実世界《げんじつせかい》たる人間界《にんげんかい》の経営《けいえい》である。

月下の景色

童　児

此《この》四階段《かいだん》は、決《けつ》して単《たん》に時代《じだい》の区別《くべつ》ではない。寧《むし》ろ方面《ほうめん》の区別《くべつ》である。換言《かんげん》すれば第《だい》一段《だん》が全部済《ぜんぶす》みて第《だい》二段《だん》の経営《けいえい》に移《うつ》り、順次《じゅんじ》に第《だい》三段《だん》、第《だい》四段《だん》と成《な》って来《き》たのではなくして、四階段同時《かいだんどうじ》の活動《かつどう》であり、経営《けいえい》である。

そして現在《げんざい》に於《おい》ては、何《いず》れも未製品《みせいひん》で、不整理《ふせいり》、不整頓《ふせいとん》を免《まぬか》れず、又各階段《またかくかいだん》の連絡《れんらく》も充分《じゅうぶん》でない。『大本神諭《おほもとしんゆ》』の所謂《いわゆる》「世《よ》の大立替大立直《おおたてかえおおたてなおし》」を待《ま》ちて、始《はじ》めて目鼻《めはな》がつくという状態《じょうたい》に成《な》っている。無論《むろん》、天《てん》だの、地《ち》だの、神《かみ》だの、人《ひと》だのが、ごちゃごちゃに同時《どうじ》に出来上《できあが》ったのではなく、秩序整然《ちつじょせいぜん》、適当《てきとう》の順序《じゅんじょ》を以《もっ》て発生顕現《はっせいけんげん》したのであるから、その点《てん》から考《かんが》えれば、時代《じだい》という考《かんがえ》もなくてはならぬ。

矢張《やは》り第《だい》一段《だん》の経営《けいえい》が真先《まっさき》に始《はじ》まり、第《だい》二段《だん》の経営《けいえい》がこれに続《つづ》き、第《だい》三段《だん》、第《だい》四段《だん》と成《な》って来《き》たのだ。

ただ四階段《かいだん》の経営《けいえい》が、悉《ことごと》く現在《げんざい》まで引続《ひきつづ》き、そして今後《こんご》も永久《えいきゅう》に続《つづ》くのである事《こと》を忘《わす》れてはならぬ。此事《このこと》が充分腑《じゅうぶんふ》に落《お》ちておらぬと、「天地経綸《てんちけいりん》の真相《しんそう》」は到底会得《とうていえとく》し得《え》ない。

現在大活動《げんざいだいかつどう》を為《な》されている神々《かみがみ》を、歴史的遺物《れきしてきいぶつ》として遇《ぐう》する様《よう》な大過誤《だいかご》に陥《おち》てしまう。

○

吾々《われわれ》は、説明《せつめい》の便宜《べんぎ》の為《た》めに、此階段《このかいだん》に名称《めいしょう》を付《ふ》して呼《よ》んでいる。即《すなわ》ち第《だい》一段《だん》が「幽之《ゆうの》幽《ゆう》」、第《だい》二段《だん》が「幽之顕《ゆうのけん》」、第《だい》三段《だん》が「顕之幽《けんのゆう》」、第《だい》四段《だん》が「顕之顕《けんのけん》」である。此四階段《このかいだん》に就《つ》いての明確《めいかく》な観念《かんねん》を伝《つた》えているものは、古経典中《こきょうてんちゅう》、独《ひと》り『古事記《こじき》』あるのみで、他《ほか》は、大抵最初《たいていさいしょ》の三階段《かいだん》を、ごっちゃに取扱《とりあつか》ったり、又《また》は無関係《むかんけい》のものの如《ごと》く取扱《とりあつか》ったりしているから、天地《てんち》の経綸《けいりん》などという事《こと》が到底腑《とうていふ》に落《お》ちない。宇宙《うちゅう》と天体《てんたい》との関係《かんけい》も分《わか》らず、天津神《あまつかみ》と国津神《くにつかみ》との区別《くべつ》も分《わか》らず、宛然《さながら》、暗中模索《あんちゅうもさく》の感《かん》がある。

従来《じゅうらい》の宗教《しゅうきょう》などは、其様《そん》な不完全《ふかんぜん》な、ものを提《ひっさ》げて、「之《これ》を信仰《しんこう》せよ」と迫《せま》ったのだから、随分無理《ずいぶんむり》な話《はなし》だ。苟《いやし》くも健全《けんぜん》な理性常識《りせいじょうしき》を具《そな》えている人《ひと》には、到底出来《とうていでき》ない。

十八、九世紀以降《せいきいこう》、無神《むしん》、無宗教《むしゅうきょう》を唱《とな》うる者《もの》、年々歳々増加《ねんねんさいさいぞうか》したのは、寔《まこと》に当然《とうぜん》の話《はなし》である。或《あ》る程度《ていど》まで、天文《てんもん》、地文学《ちもんがく》に背反《はいはん》し、考古学《こうこがく》に背反《はいはん》し、古生物学《こせいぶつがく》に背馳《はいち》し、歴史《れきし》に背馳《はいち》し、理化学《りかがく》に背馳《はいち》し、倫理《りんり》、人道《じんどう》に背馳《はいち》し、その他諸種《たしよしゆ》の科学《かがく》や常識《じようしき》に背馳《はいち》している宗教《しゆうきよう》が、何《なん》で人類《じんるい》に対《たい》し絶対《ぜつたい》の権威《けんい》を有《ゆう》し得《え》る筈《はず》があるものか。真正《しんせい》の大道《だいどう》は、是等《これら》一切《さい》の学問《がくもん》を網羅抱擁《もうらほうよう》し、その不完全《ふかんぜん》を補《おぎな》い、その誤謬《ごびゆう》を正《ただ》し、なお進《すす》んでその根原《こんげん》に遡《さかのぼ》り、その出発点《しゆつぱつてん》を探《さぐ》りて、帰一大成《きいつたいせい》するものでなければならぬ。無論天地間《むろんてんちかん》の秘奥《ひおう》は、人間小智小才《にんげんしようちしようさい》を以《もつ》て探《さ》ぐるのみでは、不充分《ふじゆうぶん》である。人間《にんげん》の推理研究《すいりけんきゆう》には程度《ていど》があって、大宇宙《だいうちゆう》の奥底《おくそこ》に透徹《とうてつ》するなどは思《おも》いも寄《よ》らぬ。

○

凡《すべ》ての科学《かがく》、哲学等《てつがくなど》が大成《たいせい》せぬは、これが為《た》めである。最高《さいこう》の堂奥《どうおう》は、是非《ぜひ》とも偉大《いだい》純正《じゆんせい》なる神啓《しんけい》に待《ま》たねば分《わか》らぬ。昔《むかし》では、我皇祖皇宗《われこうそこうそう》の御遺訓《ごいくん》たる『古事記《こじき》』、今《いま》では、国祖国常立尊《こくそくにとこたちのみこと》の垂示《すいじ》し給《たま》う『大本神諭《おほもとしんゆ》』等《など》が、即《すなわ》ちそれである。何《いず》れも人間《にんげん》の推理研究《すいりけんきゆう》の結果《けつか》として生《うま》れたる産物《さんぶつ》ではなく、醇正無《じゆんせいむ》二の大神啓《だいしんけい》である。

従《したが》って議論《ぎろん》や理屈《りくつ》を超越《ちようえつ》しているが、併《しか》し決《けつ》して正《ただ》しき議論《ぎろん》、正《ただ》しき理屈《りくつ》、正《ただ》しき推《すい》理《り》研究《けんきゅう》と背馳《はいち》しないで、却《かえ》ってこれを補成《ほせい》、抱擁《ほうよう》して、余裕綽々《よゆうしゃくしゃく》たるものがある。理屈《りくつ》から言《い》うても、成程《なるほど》と首肯《しゅこう》せざるを得《え》ぬものである。それでこそ、人生《じんせい》に対《たい》して絶対《ぜったい》の権《けん》威《い》ある真正《しんせい》の大道《だいどう》である。自分《じぶん》は、是《これ》から皇典《こうてん》に拠《よ》りて、四階段《かいだん》の分担方面《ぶんたんほうめん》、及《およ》び各階段《かくかいだん》の関係《かんけい》、脈絡等《みゃくりゃくなど》を説明《せつめい》したい。

注（一）**古事記**　奈良時代の歴史書。全三巻。序文に天武天皇（697）の命により稗田阿礼が暗唱した。帝紀（天皇の系譜、年代記）と旧辞（伝承された神話・伝説など）を天明天皇（707）の命を受けた太安万侶が撰録したもの。和銅五年（712）成立。

（二）**皇典**　（「皇国の典籍」の意）わが国の古典。国書。

（三）**天孫降臨**　天孫は天照大神の孫・瓊瓊杵命（ニニギノミコト）。正勝吾勝勝速日天忍穂耳命の子。『記紀神話』では、天照大神の命によりこの国を統治するため高天原から日向の高千穂峰に降ったことをさす。天忍穂耳尊には長男神をニギハヤヒノ命（またの名天火明命）次男神がニニギノ命である。従って、天孫には、ニギハヤヒノ命とニニギノ命の二柱が地上に降臨になる。

（四）**神武天皇**　第一代の天皇。父は天津日高日子波限建鵜葺草葺不合命、母は、玉依姫命。名は神倭伊波礼毘子命。BC６６０年、橿原宮で即位。

（一〇）幽の幽

宇宙《うちゅう》の大元霊《だいげんれい》から、陰陽《いんよう》の二元《げん》が岐《わか》れ、それが万有《ばんゆう》の根元《こんげん》であると云《い》うことは、既《すで》に説《せつ》明《めい》したが、此原則《このげんそく》は何所《どこ》まで行《い》っても厳格《げんかく》に守《まも》られ、神界《しんかい》も現界《げんかい》も、常《つね》に陰陽《いんよう》二系《けい》の併立《へいりつ》を以《もっ》て終始《しゅうし》一貫《かん》する。先《ま》ず「幽之幽《ゆうのゆう》」から説明《せつめい》するが、

『古事記《こじき》』でいうと「幽之幽《ゆうのゆう》」の神々《かみがみ》は、天之御中主神《あめのみなかぬしのかみ》、高御産巣日神《たかみむすびのかみ》（高皇産霊神《たかみむすびのかみ》）、神産巣日神《かむみむすびのかみ》（神皇産霊神《かむみむすびのかみ》）、宇麻志阿志訶備比古遅神《うましあしかびひこじのかみ》（＝天地開けし高天原に第四番目に生れし神。独り神にして隠身なり。別天神《ことあまつかみ》。）、天之常立神《あめのとこたちのかみ》（＝高天原に生れ出し第五番目の神。独り神。隠れ身。別天神。）

国之常立神《くにのとこたちのかみ》（＝神代七代の第一神。）、豊雲野神《とよくもぬのかみ》（＝第二神）、宇比地邇神《うひじにのかみ》・妹須比智邇神《いもすひじにのかみ》（＝第三神）、角杭神《つぬぐいのかみ》・妹活杭神《いもいくぐいのかみ》（＝第四神）、意富斗能地神《おおとのじのかみ》・妹大斗能弁神《いもおおとのべのかみ》（＝第五神）、淤母陀《おもた》流神《るのかみ》・妹阿夜訶志古泥神《いもあやかしこねのかみ》（＝第六神）等《ら》である。（＝以上六神に伊邪那岐《いざなぎ》、妹伊邪那美《いもいざなみ》を加えて神

代七代という。神界では陰陽二柱を一柱と奉称さる。）

〇

天之御中主神《あめのみなかぬしのかみ》が活動《かつどう》を起《おこ》して、宇宙内部《うちゆうないぶ》に進左退右《しんさたいう》の運動《うんどう》が開始《かいし》されたとなると、此《こ》の「進左《しんさ》」と「退右《たいう》」という正反対《せいはんたい》の根本的《こんぽんてき》二大力《だいりき》を司《つかさど》るべきもの、即《すなわ》ち「進左《しんさ》」と「退《たい》右《う》」との体現者《たいげんしや》がなければならぬ。それが即《すなわ》ち高御産巣日神《たかみむすびのかみ》と神産巣日神《かむみむすびのかみ》とである。高御《たかみ》産巣日神《むすびのかみ》は「進左《しんさ》」を司《つかさど》りて、霊系《れいけい》の祖神《そしん》であり、神産巣日神《かむみむすびのかみ》は「退右《たいう》」を司《つかさど》りて、体《たい》系《けい》の祖神《そしん》である。

地位《ちい》、活動等《かつどうなど》の関係《かんけい》から述《の》ぶれば、前者《ぜんしや》は主《しゆ》であり、君《くん》であり、天《てん》であり、男《おとこ》であり、表《おもて》であり、上《うえ》であり、そして霊界《れいかい》の経綸《けいりん》に当《あた》り玉《たま》う。後者《こうしや》は従《じゆう》であり、臣《しん》であり、地《ち》であり、女《おんな》であり、裏《うら》であり、下《した》であり、そして現界《げんかい》の造営《ぞうえい》を司《つかさど》る。宇宙内部《うちゆうないぶ》の経綸《けいりん》が進《すす》むに連《つ》れて、霊系《れいけい》、体系共《たいけいとも》に、無数《むすう》の神々《かみがみ》が顕現《けんげん》するが、皆此《みなこの》二大祖神《だいそしん》の分《わか》れである。二大祖神《だいそしん》の発揮《はつき》さるる力《ちから》の一分担者《ぶんたんしや》である。

霊系《れいけい》に属《ぞく》するものの一切《さい》を捲《ま》き収《おさ》むれば、悉《ことごと》く高御産巣日神《たかみむすびのかみ》に帰《き》し、体系《たいけい》に属《ぞく》するものの一切《さい》を捲《ま》き収《おさ》むれば、悉《ことごと》く神産巣日神《かむみむすびのかみ》に帰《き》する。更《さら》に高御産巣日神《たかみむすびのかみ》と神産巣日神《かむみむすびのかみ》とを捲《ま》き収《おさ》めて、帰一《きいつ》せしめたとすれば、それが即《すなわ》ち天之御中主神《あめのみなかぬしのかみ》である。三神《しん》一体《たい》、三位《さんみ》一体《たい》は、此間《このかん》の消息《しょうそく》を伝《つた》えたものである。

○

宇麻志阿斯訶備比古遅神《うましあしかびひこじのかみ》以下《いか》、悉《ことごと》く相対的活用《そうたいてきかつよう》を司《つかさど》り、霊体《れいたい》二系《けい》、六対《つい》の神々《かみがみ》に分類《ぶんるい》することが出来《でき》る。

即《すなわ》ち比古遅神《ひこじのかみ》は、霊系《れいけい》に属《ぞく》し、温熱《おんねつ》を供給《きょうきゅう》し、万物《ばんぶつ》を化育《かいく》する根元《こんげん》の働《はたら》きを宰《つかさど》り、天《あめ》常立神《のとこたちのかみ》は、体系《たいけい》に属《ぞく》し、水系《すいけい》を集結《しゅうけつ》し、天体《てんたい》を構成整理《こうせいせいり》する根元《こんげん》の働《はたら》きを宰《つかさど》り玉《たま》う。

次《つぎ》に国常立神《くにとこたちのかみ》は、霊系《れいけい》に属《ぞく》し、経《たて》に大地《だいち》の修理固成《しゅうりこせい》に当《あた》り、一貫不変《かんふへん》の条理《じょうり》を固守《こしゅ》せしむる根本《こんぽん》の働《はたら》きを宰《つかさど》り、又豊雲野神《またとよくもぬのかみ》は、体系《たいけい》に属《ぞく》し、緯《よこ》に天地《てんち》の修理固成《しゅうりこせい》に当《あた》り、気候《きこう》、風土等《ふうどなど》の如何《いかん》に応《おう》じて、異別的特色《いべつてきとくしょく》を発揮《はっき》せしむる根本《こんぽん》の働《はたら》きを宰《つかさど》り玉《たま》う。

現在起《げんざいおこ》りつつある二度目《どめ》の世《よ》の立替立直《たてかえたてなお》しとても、詰《つま》り此二《この》神《しん》の根元《こんげん》の働《はたら》きの連続《れんぞく》である。国常立神《くにとこたちのかみ》と豊雲野神《とよくもぬのかみ》との働《はたら》きに就《つ》きては、後章《こうしょう》に細説《さいせつ》することとして、ここでは他神《たしん》の働《はたら》きに移《うつ》る。

〇

宇比地邇《ういじに》、須比地邇《すいじに》の対神《ついしん》は、宇宙根元《うちゅうこんげん》の解力《かいりょく》と凝力《ぎょうりょく》とを宰《つかさど》り、角杙《つぬぐい》、活杭《いくぐい》の対神《ついしん》は、宇宙根元《うちゅうこんげん》の弛力《ちりょく》と引力《いんりょく》とを宰《つかさど》り、意富斗能地《おおとのじ》、大斗乃弁《おおとのべ》の対神《ついしん》は、宇宙根元《うちゅうこんげん》の動力《どうりょく》と静《せい》力《りょく》とを宰《つかさど》り、淤母陀流《おもだる》、阿夜訶志古泥《あやかしこね》の対神《ついしん》は、宇宙根元《うちゅうこんげん》の分力《ぶんりょく》と合力《ごうりょく》とを宰《つかさど》る。即《すなわ》ち宇宙間《うちゅうかん》に起《おこ》る所《ところ》の八大力《だいりき》は、以上挙《いじょうあ》げたる八大神《だいじん》の分担《ぶんたん》に係《か》かるものである。

〇

「幽之幽《ゆうのゆう》」は神界《しんかい》の奥《おく》の奥《おく》に位《い》し、天地万有発生《てんちばんゆうはっせい》の基礎《きそ》を分担《ぶんたん》さるる根本《こんぽん》の祖神《そしん》の活動《かつどう》所《しょ》で、「顕之顕《けんのけん》」に活動《かつどう》する人間《にんげん》からは、容易《ようい》に窺知《きち》する事《こと》が出来《でき》ない。「霊《れい》・力《りょく》・体《たい》」を具《そな》えらるる神々《かみがみ》であるから、その原質《げんしつ》は、敢《あえ》て人間《にんげん》と違《ちが》った所《ところ》はない、言《い》わば人間《にんげん》と親類《しんるい》筋《すじ》であるが、清濁《せいだく》、大小《だいしょう》の差《さ》が大変違《たいへんちが》う。

『古事記《こじき》』に所謂《いわゆる》注(二)「独神成坐而《すになりまして》、隠身也《すみきりなり》」とある通《とお》り、聖眼《せいがん》、之《これ》を視《み》る能《あた》わず、賢口《けんこう》、之《これ》を語《かた》る能《あた》わざる境涯《きょうがい》である。不生不滅《ふしょうふめつ》、不増不減《ふぞうふげん》、至大無外《しだいむがい》、至小無内《ししょうむない》の極徳《ごくとく》を発揮《はっき》されている。これを仰《あお》げば益々高《ますますたか》く、これを探《さぐ》れば弥々深《いよいよふか》く、これを望《のぞ》めば弥々遠《いよいよとお》く、その威力《いりょく》は常《つね》に不可抗《ふかこう》の天理天則《てんりてんそく》と成《な》りて、宇宙万有《うちゅうばんゆう》の上《うえ》に圧《あっ》し来《く》る。『大本神諭《おほもとしんゆ》』の所謂《いわゆる》「時節《じせつ》」「天運《てんうん》の循環《じゅんかん》」などという事《こと》も、詰《つ》まり「幽之幽《ゆうのゆう》」の経綸《けいりん》に属《ぞく》する事柄《ことがら》で、それが全《ぜん》一大《だい》祖《そ》神《しん》天之御中主神《あめのみなかぬしのかみ》によりて統一《とういつ》されるから、一糸紊《しみだ》るる事《こと》がない。

○

「天道是《てんどうぜ》か非《ひ》か」などというのは、微弱偏小《びじゃくへんしょう》な愚人《ぐじん》の囈語《たわごと》で、天道《てんどう》は是非《ぜひ》を超越《ちょうえつ》した絶対《ぜったい》の大権威《だいけんい》である。宇宙《うちゅう》の存在《そんざい》する限《かぎ》り、枉《ま》ぐる事《こと》は出来《でき》ない。二度目《どめ》の大立替《おおたてかえ》、大立直《おおたてなおし》とても、同《おな》じく天道《てんどう》の発現《はつげん》である。宇内経綸《うだいけいりん》の道程《どうてい》に於《おい》て、是非通過《ぜひつうか》せねばならぬ関門《かんもん》である。一日《にち》の遅速《ちそく》も、一毫《いちごう》の加減《かげん》も許《ゆる》されない、天地創造以来《てんちそうぞういらい》の大約束《だいやくそく》であるのだ。

されば『古事記《こじき》』三巻《かん》、千百余年《よねん》の昔《むかし》に書《か》かれたものであり乍《なが》ら、今日《こんにち》の事《こと》が其裡《そのうち》に予言《よげん》されて掌《たなごころ》を指《さ》すが如《ごと》く、立直《たてなお》しに関《かん》する大方針《だいほうしん》まで明示《めいじ》され、『大本神諭《おほもとしんゆ》』一万巻《まんがん》、明治《めいじ》二十年代《ねんだい》から筆《ふで》に現《あらわ》れているもので、現在世界《げんざいせかい》の変局《へんきょく》に処《しょ》すべき細大《さいだい》の事項《じこう》を網羅《もうら》して余蘊《ようん》なしである。人間《にんげん》でも、守護神《しゅごじん》でも、絶対的服従《ぜつたいてきふくじゅう》を迫《せま》らるる所以《ゆえん》はここにある。

注（一）独神成坐而、隠身也　『古事記』の冒頭にあることばで、普通には「ひとりがみとなりまして、みをかくしたまいき」と読む。これを言霊学で解釈して「すになりまして、すみきりなり」と読む。「す」は「主」「統」で、宇宙の大根元、動作の基本等を現す。

（二）幽の顕

「幽之幽《ゆうのゆう》」神界《しんかい》は、宇宙内部《うちゆうないぶ》の活機《かつき》を掌《つかさど》る所《ところ》で、即《すなわ》ち造化《ぞうか》の根源《こんげん》はここに発《はつ》するのであるが、此所《ここ》の活動《かつどう》では、現象《げんしょう》としては宇宙間《うちゆうかん》に何等《なんら》の痕跡《こんせき》も現出《げんしゅつ》せぬ。「幽之顕神《ゆうのけんしん》」の顕《けん》現《げん》に及《およ》びて、始《はじ》めて或程度《あるていど》まで、現象《げんしょう》にも現《あら》われて来《く》る。「幽之顕界《ゆうのけんかい》」は、即《すなわ》ち宇宙《うちゅう》を舞《ぶ》台《たい》として活動《かつどう》する神々《かみがみ》の世界《せかい》で、人間界《にんげんかい》からこれを見《み》れば、一《ひとつ》の理想世界《りそうせかい》である。皇典《こうてん》で天津神《あまつかみ》と称《とな》えるのが、即《すなわ》ち此界《このかい》の神々《かみがみ》を指《さ》すので、今便宜上《いまべんぎじょう》、此界《このかい》を「天之神界《てんのしんかい》」と称《とな》えて、「地之神界《ちのしんかい》」と区別《くべつ》する事《こと》にした。

○

自分《じぶん》は前章《ぜんしょう》に於《おい》て、「神々《かみがみ》を力《ちから》の表現《ひょうげん》」と観《み》て、宇宙内部《うちゅうないぶ》が次第《しだい》に整理《せいり》せられ、天地《てんち》、日月《じつげつ》、大地《だいち》、星辰《せいしん》の剖判《ぼうはん》する次第《しだい》を略述《りゃくじゅつ》したが、取《と》りも直《なお》さず、あれが天《てん》の神界《しんかい》の創《そう》造大成《ぞうたいせい》である。即《すなわ》ち客観的《きゃっかんてき》には、天地《てんち》、日月《じつげつ》、大地《だいち》、星辰《せいしん》の出現《しゅつげん》であるが、主観的《しゅかんてき》には八百万《やおよろず》の天津神達《あまつかみたち》の出現《しゅつげん》である。

○

天文学《てんもんがく》というものは、是等《これら》の天津神《あまつかみ》をば物質的機械的《ぶっしつてききかいてき》に取扱《とりあつか》い、専《もっぱ》らその形態《けいたい》、組織《そしき》、運行《うんこう》の法則等《ほうそくとう》を推定《すいてい》せんとする努力《どりょく》である。恰《あた》かも生理《せいり》、解剖学者《かいぼうがくしゃ》が人体《じんたい》に対《たい》して行《おこな》う所《ところ》と同一見地《どういつけんち》に立《た》っている。一面《めん》の真相《しんそう》は、これによりて捕捉《ほそく》する事《こと》が出来《でき》る。その方《ほう》面《めん》の開拓《かいたく》も、今後益々発達《こんごますますはったつ》せねばならぬが、単《たん》にこれ丈《だけ》に止《とど》まりては、偏頗不完全《へんぱふかんぜん》を免《まぬが》れない。生《い》きたる人体《じんたい》の全部《ぜんぶ》が、生理《せいり》、解剖等《かいぼうなど》の力《ちから》で到底判《とうていわか》らぬと同《おな》じく、活機凛々《かつきりんりん》たる天《あま》津神《つかみ》の活動《かつどう》は、決《けつ》して天文学《てんもんがく》のみでは判《わか》らない。是非《ぜひ》とも、その内部《ないぶ》の生命《いのち》に向《むか》って、探《たん》窮《きゅう》の歩《ほ》を進《すす》めねばならぬ。それが即《すなわ》ち霊学《れいがく》であるのだ。

○

『古事記《こじき》』は、此点《このてん》に於《お》て至尊至貴《しそんしき》の天啓《てんけい》を漏《も》らし、あらゆる世界《せかい》の古経典中《こきょうてんちゅう》に、異彩《いさい》を放《はな》っている。即《すなわ》ち『古事記《こじき》』上巻《じょうかん》、伊邪那岐《いざなぎ》、伊邪那美《いざなみ》二神《しん》の御出生《ごしゅつしょう》から始《はじ》まり、二神《しん》が多《おお》くの島々《しまじま》やら草木《そうもく》、山川《さんか》、風雨等《ふううなど》の神々《かみがみ》をお産《う》みに成《な》り、最後《さいご》に天照大御神《あまてらすおおみかみ》、月読《つきよみの》命《みこと》、建速須佐之男命《たけはやすさのおのみこと》の三貴神《さんきしん》をお産《う》みになるまでの所《ところ》は、実《じつ》は「天之神界《てんのしんかい》」の経営組成《けいえいそせい》の大神業《だいしんぎょう》を描《えが》いてあるのであるが、前《まえ》にも一言《ごん》せる通《とお》り、表面《ひょうめん》から解釈《かいしゃく》すれば、頗《すこぶ》る幼《よう》稚《ち》なる神話《しんわ》としか見《み》えない。「大本言霊学《おほもとげんれいがく》」の活用《かつよう》によりて、始《はじ》めてその裏面《りめん》に隠《かく》されたる深奥《しんおう》の意義《いぎ》が闡明《せんめい》される。

○

「天之神界《てんのしんかい》」の経綸《けいりん》を主《しゅ》として担当《たんとう》された神《かみ》は、伊邪那岐《いざなぎ》、伊邪那美《いざなみ》の二神《しん》であるが、伊邪那岐《いざなぎ》の命《みこと》は、霊系《れいけい》の祖神《そしん》たる高御産巣日神《たかみむすびのかみ》の顕現《けんげん》であり、又《また》、伊邪那美命《いざなみのみこと》は、体系《たいけい》の祖神《そしん》たる神産巣日神《かむみむすびのかみ》の顕現《けんげん》である。

換言《かんげん》すれは、天地初発《てんちしょはつ》の際《さい》に、「幽之幽神《ゆうのゆうしん》」として宇宙《うちゅう》の根本《こんぽん》の造化《ぞうか》の神業《しんぎょう》に活動《かつどう》された霊体《れいたい》二系《けい》の祖神《そしん》が、万有《ばんゆう》の根源《こんげん》たるべき理想世界《りそうせかい》を大成《たいせい》すべく活動《かつどう》を起《おこ》され、複雑神秘《ふくざつしんぴ》なる産霊《むすび》の神業《しんぎょう》によりて、八百万《やおよろず》の天津神《あまつかみ》を産出《うみだ》し玉《たま》うたのである。

○

既《すで》に「幽之顕神《ゆうのけんしん》」と申上《もうしあ》ぐる通《とお》り、或程度《あるていど》、天津神々《あまつかみがみ》の形態《けいたい》は、肉眼《にくがん》にも拝《はい》し得《う》る。日《にっ》、地《ち》、月《げつ》、即《すなわ》ちそれである。

しかし、その全豹《ぜんぴょう》は到底人間界《とうていにんげんかい》から窺知《きち》し得《う》る限《かぎ》りでない事《こと》は、天文学者《てんもんがくしゃ》が最《もっと》もよく熟知《じゆくち》している。吾人《ごじん》の生息《せいそく》する大地《だいち》すら、僅《わず》かに表面《ひようめん》の一部《ぶ》を探知《たんち》し得《う》るに止《とど》まり、これに関《かん》する人間《にんげん》の知識《ちしき》は、実《じつ》に浅薄《せんぱく》を極《きわ》めている。科学者《かがくしや》が査《しら》ぶれは査《しら》ぶる丈《だけ》、哲学者《てつがくしや》や霊力者《れいりよくしや》が究《きわ》むれば究《きわ》むる程《ほど》、奥《おく》は深《ふか》く成《な》るばかりで、決《けつ》してその際涯《さいがい》（＝はて。かぎり。きわ。）を知《し》ることが出来《でき》ない。顕《けん》は顕《けん》だが、大部分《だいぶぶん》は矢張《やは》り幽《ゆう》の領域《りよういき》を脱《だつ》し得《え》ない。「幽之《ゆうの》顕神《けんしん》」と唱《とな》える所以《ゆえん》はここに存《ぞん》する。

○

　人間《にんげん》は、兎角自己《とかくじこ》を標準《ひようじゆん》として推定《すいてい》を下《くだ》し、神《かみ》といえば、直《ただ》ちに人格化《じんかくか》せる神《かみ》のみを想像《そうぞう》しようとする。そして自己《じこ》に比較《ひかく》して、余《あま》りに偉大幽玄《いだいゆうげん》なる太陽《たいよう》、太陰《たいいん》、大地《だいち》、星辰《せいしん》等《など》は、一の無生機物《むせいきぶつ》であるように思惟《しい》したがるが、この幼稚《ようち》な観念《かんねん》は一日《にち》も早《はや》く放棄《ほうき》せねばならぬ。

　人体《じんたい》に寄生《きせい》する所《ところ》の微生物《びせいぶつ》には、恐《おそ》らく人体《じんたい》の全豹《ぜんぴよう》を理会想像《りかいそうぞう》する力《ちから》が無《な》いであろうが、人間《にんげん》もまた、うっかりすると同様《どうよう》の短見《たんけん》に陥《おちい》る。

○

あらゆる天体《てんたい》は、「霊《れい》・力《りょく》・体《たい》」の渾成《こんせい》せる独立体《どくりつたい》で、活機凛々《かつきりんりん》、至大天球間《しだいてんきゅうかん》を舞台《ぶたい》として、大活動《だいかつどう》を行《おこな》う所《ところ》の活神《いきがみ》である。遠距離《えんきょり》の星辰《せいしん》から人間《にんげん》が享《う》くる所《ところ》の恩沢《おんたく》は判《わか》らぬにしても、少《すく》くとも自己《じこ》の居住《きょじゅう》する大地《だいち》、並《ならび》に太陽《たいよう》、太陰等《たいいんなど》から、日夕享《にっせきう》くる所《ところ》の恩沢《おんたく》位《くらい》は、人間《にんげん》に判《わか》らねばならぬ。

人間《にんげん》がいかに自由《じゆう》を叫《さけ》んで見《み》た所《ところ》が、大地《だいち》の上《うえ》に支《ささ》えられ、大地《だいち》の与《あた》うる空気《くうき》を吸《す》わずにはおれぬ。電気《でんき》や瓦斯《がす》で天然《てんねん》を征服《せいふく》したなどと威張《いば》って見《み》ても、若《も》し三日《か》も日輪《にちりん》の照臨《しょうりん》する事《こと》なかりせば、何人《なんびと》か気死《きし》(=憤死。いきどおり死ぬ。)せずにおれよう。天地《てんち》の恩沢《おんたく》は、実《じつ》に洪大無辺《こうだいむへん》である。ただ余《あま》りに洪大無辺《こうだいむへん》なるが為《た》めに、却《かえ》ってその恩沢《おんたく》を忘《わす》れ勝《が》ちになるのである。人間《にんげん》がこれを天体《てんたい》などと云《い》うは、畢竟忘恩《ひつきょうぼうおん》と浅慮《せんりょ》と無智《むち》とを標榜《ひょうぼう》するものである。単《たん》に漠然《ばくぜん》とその形態《けいたい》を認《みと》める丈《だけ》で、その奥《おく》に控《ひか》えたる天津神《あまつかみ》の偉霊《いれい》を窺知《きち》する能力《のうりょく》に欠乏《けつぼう》している。

○

八百万《やおよろず》の天津神《あまつかみ》の霊魂《れいこん》こそは、取《と》りも直《なお》さず、宇宙全《うちゅうぜん》一大祖神《だいそしん》の大精神《だいせいしん》の分派分脈《ぶんぱぶんみゃく》である。これを捲《ま》き収《おさ》むれば、根源《こんげん》の一に帰《き》し、これを分《わか》ちに分《わか》てば、千万無数《むすう》の心霊作用《しんれいさよう》となり、微妙複雑《びみょうふくざつ》なる宇宙《うちゅう》の経綸《けいりん》を行《おこな》う。即《すなわ》ち「幽之幽《ゆうのゆう》」神界《しんかい》の大成《たいせい》で、宇宙内部《うちゅうないぶ》の基《き》本的大綱《ほんてきたいこう》が定《さだ》まり、「幽之顕《ゆうのけん》」神界《しんかい》の大成《たいせい》で、宇宙内部《うちゅうないぶ》の理想的細則《りそうてきさいそく》が定《さだ》まる次第《しだい》である。無論《むろん》、宇宙内部《うちゅうないぶ》はなお未製品《みせいひん》で、従《したが》って「幽之顕《ゆうのけん》」神界《しんかい》としても、従来《じゅうらい》は絶対的理想《ぜったいてきりそう》には仕上《しあが》ってはいないが、吾々人間界《われわれにんげんかい》からは、常《つね》に理想《りそう》の標準《ひょうじゅん》をここに求《もと》めねばならぬ。

（一二）理想の標準

天津神《あまつかみ》、換言《かんげん》すれは天体《てんたい》を機関《きかん》として活動《かつどう》さるる「幽之顕神《ゆうのけんしん》」の働《はたら》きは、細別《さいべつ》すれば千万無数《むすう》に上《のぼ》るが、宇宙造化《うちゅうぞうか》の根源《こんげん》に於《おい》て確立《かくりつ》されたる陰陽《いんよう》二系《けい》の法則《ほうそく》は、ここにも厳守《げんしゅ》される。天地《てんち》が初《はじ》めて剖判《ぼうはん》した時《とき》には、宇宙間《うちゅうかん》は、ただ一個《こ》の天《てん》に対《たい》してただ一個《こ》の大地《だいち》を包含《ほうがん》するのみである。そして天《てん》は陽《よう》にして主位《しゅい》を占《し》め、地《ち》は陰《いん》にして従位《じゅうい》を占《し》める。更《さら》に此大地《このだいち》は、無数《むすう》の天体《てんたい》に分裂《ぶんれつ》するが、要《よう》するに、これも火系《かけい》に属《ぞく》するか、水系《すいけい》に属《ぞく》するか、決《けつ》して此《この》二つを出《で》ない。

○

宇宙内部《うちゅうないぶ》に羅列《られつ》する無数《むすう》の天体中《てんたいちゅう》で、最《もつと》も顕著《けんちょ》に火系《かけい》を代表《だいひょう》するものは太陽《たいよう》であり、水《すい》系《けい》を代表《だいひょう》するものは太陰《たいいん》である。「大本霊学《おほもとれいがく》」は、この天《てん》、火《か》、水《すい》、地《ち》の四大《しだい》を基礎《きそ》とし、霊魂《れいこん》の研究《けんきゅう》も常《つね》に出発点《しゅつぱつてん》をここに求《もと》める。

霊魂《れいこん》の働《はたら》きは、これを四分類《ぶんるい》し得《う》る。即《すなわ》ち奇魂《くしみたま》、荒魂《あらみたま》、和魂《にぎみたま》、幸魂《さちみたま》の四魂《しこん》である。宇内《うだい》の経綸《けいりん》は、体《たい》から云《い》えば天《てん》、火《か》、水《すい》、地《ち》の四大配置《しだいはいち》に係《かか》るが、用《よう》から云《い》えば、奇魂《くしみたま》、荒魂《あらみたま》、和魂《にぎみたま》、幸魂《さちみたま》の活用《かつよう》に外《ほか》ならぬ。

霊《れい》の霊《れい》というべきは奇魂《くしみたま》の働《はたら》きで、天《てん》に配《はい》し、霊《れい》の体《たい》というべきは荒魂《あらみたま》の働《はたら》きで、火《ひ》に配《はい》し、体《たい》の霊《れい》と云《い》うべきは和魂《にぎみたま》の働《はたら》きで、水《みず》に配《はい》し、体《たい》の体《たい》というべきは幸魂《さちみたま》の働《はたら》きで、地《ち》に配《はい》する。四大《しだい》と四魂《しこん》とは、結局《けつきょく》、宇宙内部《うちゅうないぶ》の経綸《けいりん》を、物質《ぶつしつ》と精神《せいしん》との二方面《ほうめん》から観察《かんさつ》したものに外《ほか》ならない。

○

天《てん》を代表《だいひょう》するものは奇魂《くしみたま》であるが、これは和魂《にぎみたま》がその活動《かつどう》の中枢《ちゅうすう》を代表《だいひょう》するということで、無論《むろん》その中《なか》には、他《た》の三魂《こん》も具備《ぐび》されている。割合《わりあい》から云《い》えば、和魂《にぎみたま》四分《ぶ》五厘《りん》、奇魂《くしみたま》一分《ぶ》五厘《りん》、荒魂《あらみたま》、幸魂《さちみたま》各々《おのおの》一分《ぶ》五厘位《りんくらい》の見当《けんとう》である。他《た》の火《か》、水《すい》、地等《ちなど》に於《おい》ても同様《どうよう》である。

即《すなわ》ち天《てん》の中《なか》に四魂《しこん》を配《はい》し、火《ひ》にも水《みず》にも地《ち》にも、各々《おのおの》四魂《しこん》を配《はい》すれば、十六種《しゅ》の配合《はいごう》を得《うる》。更《さら》にその十六種《しゅ》の各魂《かくみたま》に、復《ま》た四魂《しこん》を配《はい》すれば、六十四種《しゅ》となり、更《さら》にこれを繰《く》り返《かえ》せは二百六十種《しゅ》となり、更《さら》に幾度《いくど》もこれを重ぬれば、六万五千五百三十六種《しゅ》ともなる。霊魂《れいこん》の活用《かつよう》は、斯《か》くの如《ごと》く複雑《ふくざつ》で且《か》つ微妙《びみょう》であるから、推理分析等《すいりぶんせきなど》にたよって見《み》ても、容易《ようい》

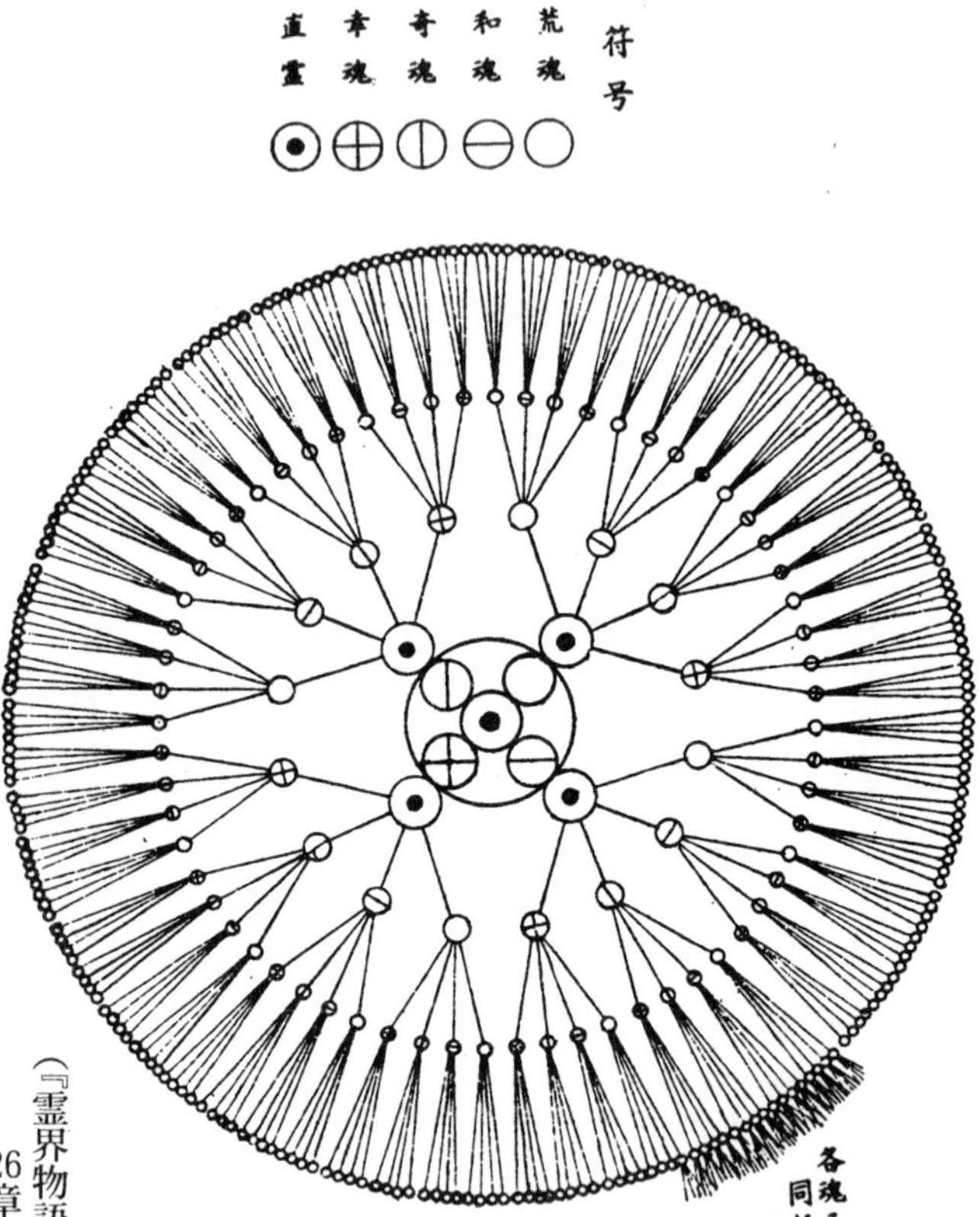

各魂みなこれと同じく四魂に分れつひに億兆無数となる

備考
月も 地もまた同じく大宇宙もまた同じ

(『霊界物語』第6巻、26章「体五霊五」より転載)

にその根柢《こんてい》まで究《きわ》め得《え》ない。

例《たと》えば天体《てんたい》から放射《ほうしゃ》する光線《こうせん》や温熱《おんねつ》にも、必《かな》らず神意《しんい》の発動《はつどう》があるに相違《そうい》ないが、現《げん》在《ざい》の科学《かがく》の程度《ていど》では、殆《ほと》んどこれを捕《とら》うるに由《よし》なしである。古来行《こらいおこな》われた星卜術《せいぼくじゅつ》などは、幾分此間《いくぶんこのかん》の機微《きび》を覗《うかが》ったものに相違《そうい》ないが、茫洋不正確《ぼうようふせいかく》の憾《うらみ》があったので、いつしか社《しゃ》会《かい》から葬《ほうむ》り去《さ》られて了《しま》った。我《わ》が「大本霊学《おほもとれいがく》」には、これを研究《けんきゅう》すべき二大分科《だいぶんか》がある。

一は言霊学《げんれいがく》で、一は『神諭《しんゆ》』である。注(一) 前者《ぜんしゃ》は霊魂《れいこん》の種類《しゅるい》、性質《せいしつ》を声音《せいおん》から推究《すいきゅう》するもの、後者《こうしゃ》は霊魂《れいこん》の働《はたら》きを、玉《たま》の緒《お》即《すなわ》ち魂線《こんせん》と観《み》て詮鑿《せんさく》するもので、共《とも》に神聖無比《しんせいむひ》の根本《こんぽん》であるのだが、長年月《ちょうねんげつ》にわたりて二者共《しゃとも》に埋没《まいぼつ》していた。幸《さいわ》いなる哉《かな》、今《いま》や是等《これら》の二大分科《だいぶんか》は、神啓《しんけい》により大本教主《おほもときょうしゅ》の手《て》で漸次《ぜんじ》、復活大成《ふっかつたいせい》の緒《ちょ》に就《つ》きつつある。一言霊学《げんれいがく》は、志《こころざし》ある者《もの》の是非《ぜひ》とも研鑽《けんさん》を必要《ひつよう》とする学科《がっか》であるが、これも学問《がくもん》と称《しょう》するのは勿体《もったい》ない性質《せいしつ》のもので、誠心誠意《せいしんせいい》の人《ひと》、霊智霊覚《れいちれいかく》の優《すぐ》れたる人《ひと》にして、初《はじ》めてその堂奥《どうおう》に達《たつ》し得《う》るものである。

○

抑《そもそ》も「声《こえ》」というは、「心《こころ》の柄《え》」の義《ぎ》で、心《こころ》の発作《ほっさ》の表現《ひょうげん》したものである。心《こころ》と声《こえ》との関係《かんけい》の、至微至妙《しびしみょう》で密接不離《みっせつふり》の関係《かんけい》を有《ゆう》する事《こと》は、吾々《われわれ》が日常経験《にちじょうけいけん》することでよく判《わか》る。

喜怒哀楽《きどあいらく》の変化《へんか》も、甲《こう》と乙《おつ》との心《こころ》の相違《そうい》も、常《つね》に声音《せいおん》に現《あら》われる。無機物《むきぶつ》でも、松籟《しょうらい》注(二)と竹籟《ちくらい》とは違《ちが》い、金声《きんせい》注(三)と銀声《ぎんせい》とは違《ちが》い、三絃《げん》と太鼓《たいこ》とはまた違《ちが》う。声音即《せいおんすなわ》ち精神《せいしん》、言霊《ことたま》即《すなわ》ち神霊《しんれい》と見《み》て、決《けっ》して差支《さしつかえ》がない所以《ゆえん》である。されば天之神界《てんのしんかい》の神々《かみがみ》の御出生《ごしゅっしょう》ということは、つまりは宇宙《うちゅう》の言霊《ことたま》の大成《たいせい》ということになる。

『古事記《こじき》』三巻《かん》、その解釈法《かいしゃくほう》は高低深浅種々《こうていしんせんしゅじゅ》に分《わか》れて、十有《ゆう》二種《しゅ》注(四)にも達《たっ》するが、最《もっと》も高遠《こうえん》なる解釈法《かいしゃくほう》は、一部《ぶ》の言霊学書《げんれいがくしょ》としての解釈《かいしゃく》である。伊邪那岐《いざなぎ》、伊邪那美《いざなみ》二神《しん》が島《しま》を生《う》み、国《くに》を生《う》み、山川草木風雨《さんせんそうもくふうう》等《とう》の神々《かみがみ》を生《う》むということも、そはただ表面《ひょうめん》の辞義《じぎ》であって、内実《ないじつ》は五大母音《だいぼいん》の発生《はっせい》から、五十声音《せいおん》の発達《はったつ》を説《と》き、更《さら》に語典《ごてん》、語則《ごそく》の綱要《こうよう》を説明《せつめい》しているので、言《い》わば一部《ぶ》の言霊学教科書《げんれいがくきょうかしょ》なのである。

○

言霊学《げんれいがく》より岐美《きみ》二神《しん》の働《はたら》きを解《かい》すれば、伊邪那美《いざなみ》の命《みこと》は鳴《な》り鳴《な》りて鳴《な》り合《あ》わざる声《こえ》、即《すなわ》ち「ア」声《ごえ》である。又伊邪那岐《またいざなぎ》の命《みこと》は鳴《な》り鳴《な》りて鳴《な》り余《あま》れる声《こえ》、即《すなわち》「ウ」声《ごえ》である。岐美《きみ》二神《しん》は、各々《おのおの》「ア」「ウ」の二声《せい》を分《わ》け持《も》ちて、一切《さい》の声《こえ》を産《う》み出《だ》し玉《たま》うので、苟《いやし》くも音韻学上《おんいんがくじょう》の知識《ちしき》ある人《ひと》は、一切《さい》の声音《せいおん》が此《こ》の二声《せい》を基本《きほん》とすることは熟知《じゅくち》する所《ところ》である。

二大基礎音《だいきそおん》が一《ひと》たび増加《ぞうか》して五大母音《だいぼいん》となり、二《ふた》たび増加《ぞうか》して五十声音《せいおん》となり、三《み》たび増加《ぞうか》して七十五音声《おんせい》となり、四《よ》たび増加《ぞうか》して無量無辺《むりょうむへん》の音声《おんせい》となり、同時《どうじ》に森羅万象《しんらばんしょう》一切《さい》は成立《せいりつ》する。

神即《かみすなわ》ち声音《せいおん》、声音即《せいおんすなわ》ち万有《ばんゆう》、到底是等《とうていこれら》を別々《べつべつ》に引離《ひきはな》して考《かんが》えることは出来《でき》ぬ。声音《せいおん》の円満清朗《えんまんせいろう》なるは、取《と》りも直《なお》さず霊魂《れいこん》の優秀高潔《ゆうしゅうこうけつ》ということで、一方《ぽう》が存在《そんざい》すれば必《かなら》ず他《た》方《ほう》が伴《ともな》うことは、形《かたち》の影《かげ》と離《はな》るることが出来《でき》ぬと同様《どうよう》である。世界《せかい》の国民中《こくみんちゅう》、五十声音《せいおん》の発音者《はつおんしゃ》は日本人《にほんじん》、蒙古人《もうこじん》、殊《こと》に中央部《ちゅうおうぶ》の日本人《にほんじん》に限《かぎ》る。これに反《はん》して、不純音《ふじゅんおん》、混合音《こんごうおん》たる鼻音《びおん》、濁音《だくおん》、抑音《よくおん》、促音等《そくおんとう》の発音者《はつおんしゃ》は、支那《しな》但《ただ》しは欧米人《おうべいじん》である。

○

無量無辺《むりようむへん》の声音《せいおん》の変化《へんか》は、窮極《きゅうきょく》する所《ところ》を知《し》らないが、これを還源《かんげん》すれば、ただ一音《おん》の「ス」に帰一《きいつ》する。天之御中主神《あめのみなかぬしのかみ》が万有《ばんゆう》を捲《ま》き収《おさ》めて帰一《きいつ》せる絶対《ぜったい》一元《げん》の静的状態《せいてきじょうたい》が、即《すなわ》ち「ス」である。宇宙根源《うちゅうこんげん》の「ス」は、現《げん》に差別界《さべつかい》に生息《せいそく》する人間《にんげん》では経験《けいけん》する事《こと》は出来《でき》ぬが、小規模《しょうきぼ》の「ス」は間断《かんだん》なく経験《けいけん》し得《う》る。

万籟声《ばんらいこえ》を潜《ひそ》め、天地間《てんちかん》、寂《じゃく》たる境地《きょうち》は、即《すなわ》ち「ス」である。安眠静臥《あんみんせいが》、若《も》しくは黙座鎮魂《もくざちんこん》の状態《じょうたい》も、同《おな》じく「ス」である。「ス」は即《すなわ》ち絶対《ぜったい》であり、中和《ちゅうわ》であり、統一《とういつ》であり、又《また》潜勢力《せんせいりょく》である。有《ゆう》にあらず、又無《またむ》にもあらず、有無《うむ》を超越《ちょうえつ》したる一切《さい》の極元《きょくげん》である。統《す》べる、皇《すべらぎ》、住《す》む、澄《す》む、済《す》む等《など》の「ス」は、悉《ことごと》く同一根源《どういつこんげん》から出発《しゅっぱつ》した言霊《ことたま》の活用《かつよう》である。

○

既《すで》に宇宙《うちゅう》の間《あいだ》に八百万《やおよろず》の神々《かみがみ》が顕現《けんげん》された以上《いじょう》は、是非《ぜひ》とも宇宙《うちゅう》の大元霊天之御中主神《だいげんれいあめのみなかぬしのかみ》の極仁《きょくじん》、極徳《ごくとく》、極智《ごくち》、極真《ごくしん》、極威《ごくい》、極神霊《ごくしんれい》を代表《だいひょう》して、これを統一主宰《とういつしゅさい》する一神《しん》がなけれはならぬ。換言《かんげん》すれば、「ス」の言霊《ことたま》の表現神《ひょうげんしん》がなければはならぬ。神典《しんてん》『古事記《こじき》』には明《めい》瞭《りょう》にこの間《かん》の神秘《しんぴ》を漏《もら》している。

三貴神《さんきしん》の御出生《ごしゅつしょう》の物語《ものがたり》が、即《すなわ》ちそれである。伊邪那岐命《いざなぎのみこと》の左《ひだり》の御目《おんめ》から御出生《ごしゅつしょう》になられたのが、天照大御神《あまてらすおおみかみ》である。左《ひだり》は即《すなわ》ち「火垂《ひたり》」で、霊系《れいけい》を代表《だいひょう》される。右《みぎ》の御目《おんめ》から御《ご》出生《しゅつしょう》になられたのが月読命《つきよみのみこと》である。右《みぎ》は即《すなわ》ち「水極《みぎ》」で、体系《たいけい》を代表《だいひょう》される。御鼻《おんはな》を洗《あら》われる時《とき》に御出生《ごしゅつしょう》になられたのが、建速須佐之男命《たけはやすさのおのみこと》である。鼻《はな》は即《すなわ》ち顔《かお》の正中《せいちゅう》に位《くらい》し、気《い》息《き》の根《ね》を司《つかさど》り、左右《さゆう》の鼻孔《びこう》は、霊体《れいたい》二系《けい》の何《いず》れをも具《そな》えている。即《すなわ》ち統治《とうじ》の位地《いち》にある。

○

なお『古事記《こじき》』は、例《たとえ》の神話的筆法《しんわてきひっぽう》で、三神《しん》の御分担御職責《ごぶんたんごしょくせき》を一層確定的《そうかくていてき》に描《えが》いている。天照大御神《あまてらすおおみかみ》の知《しろ》しめさるる所《ところ》は高天原《たかあまはら》であるが、「大本言霊学《おほもとげんれいがく》」で解釈《かいしゃく》すれば、高天原《たかあまはら》は全大宇宙《ぜんだいうちゅう》である。天之神界《てんのしんかい》の統治権《とうじけん》の所在《しょざい》はこれで明白《めいはく》である。

月読命《つきよみのみこと》の知《しろ》しめさるる所《ところ》は、夜《よ》の食国《おすくに》であるが、夜《よる》は即《すなわ》ち昼《ひる》の従《じゅう》である。何所《どこ》までも天照大御神《あまてらすおおみかみ》を扶《たす》けて宇宙《うちゅう》の経綸《けいりん》に当《あた》らねばならぬ御天職《ごてんしょく》である。

　次《つぎ》に須佐之男命《すさのおのみこと》の知《しろ》しめさるる所《ところ》は海原《うなばら》である。海原《うなばら》とは大地《だいち》である。即《すなわ》ち須佐之男《すさのお》命《みこと》は宇宙《うちゅう》の中心《ちゅうしん》に位《くらい》し、陽《よう》と陰《いん》との天上《てんじょう》の二神《しん》の御加護《ごかご》によりて、統治《とうじ》の大責任《だいせきにん》を果《はた》されねばならぬ御職責《ごしょくせき》であるのだが、屡々《しばしば》述《の》ぶるが如《ごと》く、従来《じゅうらい》は宇宙内部《うちゅうないぶ》の未完成時代《みかんせいじだい》であるので、「天之神界《てんのしんかい》」もなお真《しん》の理想世界《りそうせかい》たる能《あた》わず、「地《ち》の神界《しんかい》」の惑乱溷濁《わくらんこんだく》は、更《さら》に一層劇甚《そうげきじん》を極《きわ》め、妖気邪気濛々《ようきじゃきもうもう》、闇黒時代《あんこくじだい》を形成《けいせい》している。

　これが全部《ぜんぶ》一掃《そう》せられて完全円満《かんぜんえんまん》なる理想時代《りそうじだい》となるのは、近《ちか》く開《ひら》かるべき、第二《だい》の天《あめ》之岩戸《のいわと》開《びら》きの暁《あかつき》である。

○

　これを以《もっ》て見《み》ても、岩戸開《いわとびらき》と云《い》う事《こと》が、いかに広大無辺《こうだいむへん》な徹底的《てっていてき》の大維新《だいいしん》であるかが判《わか》るであろう。顕幽両界《けんゆうりょうかい》に跨《またが》り、天上地上《てんじょうちじょう》一切《さい》にわたりての大維新《だいいしん》である。人間《にんげん》の努力《どりょく》のみで到底出来《とうていでき》る仕事《しごと》ではない。神人《しんじん》一致《ち》の大活動《だいかつどう》、大努力《だいどりょく》に待《ま》たねはならぬ。従来《じゅうらい》、人間《にんげん》も理想世界《りそうせかい》を将来《しょうらい》せん為《た》めには、随分出来《ずいぶんでき》る限《かぎ》りの努力《どりょく》をした。

宗教的又《しゅうきょうてきまた》は倫理的教育《りんりてききょういく》の伸長《しんちょう》、医術《いじゅつ》の改良《かいりょう》、技術《ぎじゅつ》の向上《こうじょう》、法律規約若《ほうりつきやくもし》くは各種《かくしゅ》の条約《じょうやく》の設定《せってい》、博愛慈善事業《はくあいじぜんじぎょう》の推奨等《すいしょうとう》、数《かぞ》え来《きた》れは無数《むすう》に上《のぼ》る。殊《こと》に現在《げんざい》、巴里《ぱり》注（五）に於《おい》ては、所謂世界《いわゆるせかい》の名士《めいし》が人為的《じんいてき》に世界《せかい》を改造《かいぞう》せんとして、半歳以上《はんとしいじょう》も苦心焦慮《くしんしょうりょ》しているが、その結果《けっか》はどうかといえば、要《よう》するに失敗《しっぱい》の歴史《れきし》に一新例《しんれい》を加《くわ》えたに過《す》ぎぬ。

宇宙《うちゅう》の内部《ないぶ》は、神《かみ》も人《ひと》も天《てん》も地《ち》も、首尾連関《しゅびれんかん》、同一原則《どういつげんそく》で支配《しはい》されている一大機関《だいきかん》である事《こと》を忘《わす》れ、人間界《にんげんかい》で単独《たんどく》に処分解決《しょぶんかいけつ》せんとするのだから駄目《だめ》だ。一般世人《ぱんせじん》が、一時《じ》も早《はや》く三千年来《ねんらい》の迷夢《めいむ》を醒《さま》し、明治《めいじ》二十五年以来《ねんいらい》、全大宇宙革正《ぜんだいうちゅうかくせい》の衝《しょう》に当《あた》られている国祖国常立尊《こくそくにとこたちのみこと》の前《まえ》に頭《あたま》を下《さ》げ、「神政維新《しんせいいしん》」の大神業《だいしんぎょう》の完成《かんせい》に従事《じゅうじ》さるる事《こと》を切望《せつぼう》する次第《しだい》である。

注
（一）**魂線**　玉の緒。生命。魂。
（二）**松籟と竹籟**　松林と竹やぶをわたるそれぞれの風音。
（三）**金声と銀声**　金と銀をたたいたときに出るそれぞれの音、音色。
（四）**十有二種**　『古事記』についての各学統の解釈を、それぞれの特徴によって数えたもの。

（五）巴里　第一次世界大戦の戦後処理のために、大正8年（1919）パリで開かれた平和会議をさす。同年6月ベルサイユ条約が調印されたので、この章は、大正8年の加筆と推測される。

（一三）厳瑞二霊

「天之神界《てんのしんかい》」の組織経綸《そしきけいりん》の大要《たいよう》を述《の》べたから、順序《じゅんじょ》として、ここに「地之神界《ちのしんかい》」の組織《そしき》経綸《けいりん》の大要《たいよう》を述《の》べねばならぬ。

「天之神界《てんのしんかい》」を組織《そしき》する所《ところ》の天津神《あまつかみ》に対《たい》し、地《ち》の神界《しんかい》の神々《かみがみ》を国津神《くにつかみ》と称《とな》える。即《すなわ》ち国《くに》津神《つかみ》は、大地《だいち》の内部《ないぶ》を舞台《ぶたい》として活動《かつどう》する所《ところ》の神々《かみがみ》を指《さ》すのである。

既《すで》に説《と》けるが如《ごと》く、最初大地《さいしょだいち》は、今日《こんにち》の如《ごと》き凝集《ぎょうしゅう》固成《こせい》した一小天体《しょうてんたい》ではなく、その太初《たいしょ》にありては天地《てんち》未《いま》だ剖判《ぼうはん》せず、宇宙全体《うちゅうぜんたい》は天《てん》にして、同時《どうじ》に又《また》、地《ち》であった。それが造化陰陽二系《ぞうかいんようけい》の神々《かみがみ》の活動《かつどう》の結果《けつか》、縮小《しゆくしよう》して先《ま》ず大々地《だいだいち》となり、更《さら》にそれが分裂《ぶんれつ》して八百万《やおよろず》の天体《てんたい》と成《な》り、最後《さいご》に宇宙《うちゆう》の中心《ちゆうしん》に現在《げんざい》の大地《だいち》を成《な》した。

されば今仮《いまか》りに、宇宙間《うちゆうかん》に羅列運行《られつうんこう》する各種《かくしゆ》の天体《てんたい》を、八百万《やおよろず》の酒《さけ》に譬《たと》うれば、大地《だいち》は、それら八百万《やおよろず》の酒《さけ》から絞《しぼ》りあげたる酒粕《さけかす》の総集合体《そうしゆうごうたい》である。かかるが故《ゆえ》に、容積《ようせき》から云《い》えば大地《だいち》は甚《はなは》だ細微《さいび》なものだが、この団塊中《だんかいちゆう》には、あらゆる天体《てんたい》の要素《ようそ》を含有《がんゆう》している。

○

構成《こうせい》の順序《じゆんじよ》から云《い》えば、大地《だいち》は天体中《てんたいちゆう》にありては最後《さいご》に出来《でき》たが、見様《みよう》によりては、完全《かんぜん》なる大地《だいち》を構成《こうせい》せんがために、日月星辰《じつげつせいしん》が先《ま》ず分離《ぶんり》したとも言《い》える。宇宙《うちゆう》の万有 悉《ばんゆうことごと》く宇宙《うちゆう》の縮図《しゆくず》でないものはないが、この意義《いぎ》に於《おい》て、大地《だいち》は特《とく》に重要《じゆうよう》なる宇宙《うちゆう》の縮図《しゆくず》である。その容積《ようせき》の微小《びしよう》なのにも係《かか》わらず、本邦《ほんぽう》の古典《こてん》を初《はじ》め、何処《どこ》の国《くに》の古経典《こきようてん》に於《おい》ても、天《てん》と地《ち》とを対立並称《たいりつへいしよう》する所以《ゆえん》である。

○

物質《ぶっしつ》にのみ拘泥《こうでい》する偏見者流《へんけんしゃりゅう》は、その形《かたち》の小《しょう》なるを以《もっ》て、地球《ちきゅう》を軽視《けいし》する傾向《けいこう》があるが、それは一を知《し》って未《いま》だ二を知《し》らざるものである。天《てん》と地《ち》とを対立《たいりつ》せしむるのは、決《けっ》して滑《こっ》稽《けい》でも不合理《ふごうり》でもない。陽《よう》と陰《いん》、霊《れい》と体《たい》、十《ぷらす》と一《まいなす》とを対立《たいりつ》せしむると同意義《どういぎ》、同価値《どうかち》を有《ゆう》するものである。

兎《と》に角《かく》、大地《だいち》は宇宙間《うちゅうかん》にありて最重要《さいじゅうよう》の位置《いち》を占《し》むる中心《ちゅうしん》の統一機関《とういつきかん》で、その中《なか》には、あらゆる天体《てんたい》の要素《ようそ》一切《さい》を包含《ほうがん》していることは、科学《かがく》の研究《けんきゅう》の結果《けっか》から見《み》ても明白《めいはく》である。語《ご》を換《か》えて云《い》えば、八百万《やおよろず》の天津神《あまつかみ》の分霊《ぶんれい》は、悉《ことごと》く大地《だいち》に宿《やど》りている。それが八百万《やおよろず》の国津神《くにつかみ》の霊魂《れいこん》であるのだ。天津神《あまつかみ》も八百万《やおよろず》、国津神《くにつかみ》も八百万《やおよろず》、そして本霊《ほんれい》と分霊《ぶんれい》とは相呼《あいこ》応《おう》して、天《てん》と地《ち》との経綸《けいりん》を行《おこな》うのである。恰《あたか》も大小《だいしょう》無数《むすう》の歯車《はぐるま》が相連関《あいれんかん》して一大機関《だいきかん》を構成《こうせい》するのと、何《なん》の相違《そうい》はないのである。

○

国津神《くにつかみ》の発生《はっせい》は大地《だいち》の凝結集成《ぎょうけつしゅうせい》とその時《とき》を同《おなじゅ》うし、これを経営《けいえい》すべき使命《しめい》を帯《お》びて発《はっ》生《せい》したのであるが、その順序手続《じゅんじょてつづき》も、人間界《にんげんかい》から観《み》れば随分距離《ずいぶんきょり》が遠《とお》く、自然力《しぜんりょく》とか造《ぞう》化《か》の働《はたら》きとか云《い》って仕舞《しま》いたくなる。

天津神々《あまつかみがみ》を産《う》み成《な》し給《たま》うたのは、「ウ」「ア」の二大言霊《だいげんれい》を受持《うけも》ち給《たま》う所《ところ》の伊邪那岐《いざなぎ》、伊《い》邪那美《ざなみ》の二祖神《そしん》であったことは既《すで》に述《の》べたが、国津神《くにつかみ》を産《う》み成《な》すべき大神事《だいしんじ》を分掌《ぶんしょう》し給《たま》うたのは、霊系《れいけい》に属《ぞく》して高天原《たかあまはら》を主宰《しゅさい》し給《たま》う天照大御神《あまてらすおおみかみ》、及《およ》び体系《たいけい》に属《ぞく》して地球《ちきゅう》を主宰《しゅさい》すべき素佐之男尊《すさのおのみこと》の二神《しん》であった。要《よう》するに、先《さ》きに岐美《きみ》二神《しん》の行《おこな》われたる同一神事《どういつしんじ》を小規《しょうき》模《ぼ》とし、これを大地《だいち》に対《たい》して行《おこな》われたので、これを天然現象《てんねんげんしょう》として言《い》い現《あら》わせば、火《ひ》と水《みず》との調和塩梅《ちょうわあんばい》により、土中《どちゅう》から神々《かみがみ》を発生《はっせい》せしめたのである。

○

例《れい》によりて『古事記《こじき》』には、此間《このかん》の大神事《だいしんじ》を、神話的外観《しんわてきがいかん》の下《もと》に面白《おもしろ》く描破《びょうは》してある。天《あめ》の八洲河《やすかわ》に於《お》ける璽剣《たまつるぎ》の誓約《うけい》の段《だん》がそれである。姉神《あねがみ》なる天照大御神《あまてらすおおみかみ》は、先《ま》ず弟神《おとうとがみ》なる須佐之男尊《すさのおのみこと》の佩《は》かせ給《たま》える十拳剣《とつかのつるぎ》を請《こ》い給《たま》いて、三段《だん》に打折《うちお》り、奴那登母々由良《ぬなとももゆら》に天《あめ》の真奈井《まない》に振《ふ》り注《そそ》ぐ滌《そそ》ぎ、佐賀美《さがみ》に賀美《かみ》て吹棄《ふきす》てられた。すると、その気吹《いぶき》の狭霧《さぎり》に成《な》りませる神《かみ》注(三一)は三女神《にょしん》で、即《すなわ》ち多紀理姫命《たぎりひめのみこと》、市寸島姫命《いちきしまひめのみこと》及《およ》び田寸津姫命《たきつひめのみこと》である。

次《つぎ》に須佐之男尊《すさのおのみこと》が、先《ま》ず天照大御神《あまてらすおおみかみ》の左《ひだり》の御髻《みみずら》に纏《まか》せる八尺《やさか》の勾瓊《まがたま》を請《こ》い受《う》けて、気《い》吹放《ぶきはな》たれると、御出生《ごしゅつしょう》になったのは正勝吾勝命《まさかつあかちのみこと》であった。次《つぎ》に右《みぎ》の御髻《おんもとどり》の珠《たま》からは天之《あめの》菩日命《ほひのみこと》、御鬘《みぐし》の珠《たま》からは天津彦根命《あまつひこねのみこと》、左《ひだり》の御手《みて》の珠《たま》からは活津彦根命《いくつひこねのみこと》、右《みぎ》の御手《みて》の珠《たま》からは熊野樟日命《くまのくすびのみこと》、併《あわ》せて五彦神《ひこがみ》が御出生《ごしゅつしょう》になったのである。この物語《ものがたり》が含蓄《がんちく》する神秘《しんぴ》は実《じつ》に深《ふか》い。

○

須佐之男尊《すさのおのみこと》は体系《たいけい》（陰系《いんけい》、水系《すいけい》、地系《ちけい》）の活動力《かつどうりょく》である。この活動力《かつどうりょく》を表現《ひょうげん》する剣《つるぎ》を中枢《ちゅうすう》とし、霊系《れいけい》（陽系《ようけい》、火系《かけい》、男系《だんけい》、天系《てんけい》）の活動力《かつどうりょく》たる天照大御神《あまてらすおおみかみ》の御魂《みたま》を以《もっ》て外周《がいしゅう》を包《つつ》めば、生《うま》れたものは三女神《にょしん》である。

それと正反対《せいはんたい》に、天照大御神《あまてらすおおみかみ》の御魂《みたま》を中枢《ちゅうすう》とし、須佐之男尊《すさのおのみこと》の御魂《みたま》を以《もっ》て外周《がいしゅう》を包《つつ》むと、生《うま》れたものは注(一三三)五男神《なんしん》である。男性《だんせい》と女性《じょせい》との生《う》まるる神界《しんかい》の秘奥《ひおう》は、ここに示《しめ》されている。即《すなわ》ち女性《じょせい》の生《う》まるる場合《ばあい》、陰《いん》が陽《よう》に包《つつ》まれ、男性《だんせい》の生《うま》るる場合《ばあい》は、陽《よう》が陰《いん》に包まる。陰《いん》陽《よう》一対《つい》の二神《しん》は、かくして或《あ》る時《とき》は女性《じょせい》を生《う》ましめ、或《あ》る時《とき》は男性《だんせい》を生《う》ましむるのである。

三女神《にょしん》とは即《すなわ》ち三つの御魂《みたま》である。「瑞《みづ》の御魂《みたま》」である。右《みぎ》の系統《けいとう》、水《みず》の系統《けいとう》で、円満《えんまん》美麗《びれい》にして、みずみずしい御魂《みたま》である。『大本神諭《おほもとしんゆ》』に「変性女子《へんじようによし》の御魂《みたま》」とあるのはこれを指《さ》すので、要《よう》するに外姿《がいし》は男性《だんせい》なれども、その内性《ないせい》が女性《じょせい》であることを謂《い》うのである。

又《また》五男神《なんしん》とは、即《すなわ》ち五つの御魂《みたま》である。「厳之御魂《いづのみたま》」である。左《ひだり》の系統《けいとう》、火《ひ》の系統《けいとう》で、稜威《いずいず》しき御魂《みたま》である。『大本神諭《おほもとしんゆ》』に「変性男子《へんじようなんし》の御魂《みたま》」とあるのがそれで、要《よう》するに外《がい》姿《し》は女性《じょせい》なれど、その内性《ないせい》は男性《だんせい》であることを謂《い》うのである。

二者各各《しやおのおの》その特長《とくちよう》があるが、変性女子《へんじようによし》のみでも不完全《ふかんぜん》、又変性男子《またへんじようなんし》のみでも一方《ぽう》に偏《へん》する。両者《りようしや》を合一《ごういつ》して、初《はじ》めて長短得失相補《ちようたんとくしつあいおぎの》うて完全《かんぜん》なものとなる。是《これ》が即《すなわ》ち「伊都能売《いづのめ》御魂《みたま》」である。地《ち》の神界《しんかい》の経綸《けいりん》もその根本《こんぽん》において、変性女神《へんじようによしん》たる須佐之男尊《すさのおのみこと》と、変性《へんじよう》男神《なんしん》たる天照大御神《あまてらすおおみかみ》の誓約《うけい》に基《もと》づいて出来《でき》た。人界《じんかい》の経綸《けいりん》も矢張《やは》り同一《どういつ》組織《そしき》で遂行《すいこう》さるるので、現《げん》に大本《おほもと》も、「厳《いづ》の御魂《みたま》」と「瑞《みづ》の御魂《みたま》」との結合《けつごう》によりて、始《はじ》めて基礎《きそ》が出来《でき》、活動《かつどう》が出来《でき》ることになっている。人倫《じんりん》の大本《おおもと》たる夫婦《ふうふ》の関係《かんけい》も同様《どうよう》である。厳《いづ》と瑞《みづ》との霊的《れいてき》因縁《いんねん》ある二個《こ》の肉体《にくたい》が合一《ごういつ》して、初《はじ》めてその天職《てんしょく》を完全《かんぜん》に遂行《すいこう》し得《う》る。

大正14年3月29日　成瀬　勝勇　謹写

注（一）三女神　「多紀理毘売命（たぎりひめのみこと）は尚武勇健（しょうぶゆうけん）の神」。「市寸嶋比売命（いちきしまひめのみこと）は稜威（りょうい）直進、正義純直の神」。「多岐都比売命（たきつひめのみこと）は突進的勢力迅速の神」。

（二）五男神　「正勝吾勝勝速日天の忍穂耳命（まさかあかつかちはやひあめのおしほみみのみこと）、不撓不屈勝利光栄の神」。「天の菩卑能命（ほひのみこと）、血染焼尽の神」。「天津日子根（あまつひこね）の命、破壊屠戮（はかいとりく）の神」。「活津日子根命（いくつひこねのみこと）、打撃攻撃電撃の神」。「熊野久須毘命（くまぬくすびのみこと）、両刃長剣の神」。

第二編　天地の剖判

（一）日地月の発生

　盲目《めくら》の神使《しんし》に迎《むか》えられて、自分《じぶん》は地《ち》の高天原《たかあまはら》へたどりついたが、自分《じぶん》の眼《め》の前《まえ》には、何時《いつ》のまにか、大地《だいち》の主宰神《しゆさいしん》にましますく国常立大神《にとこたちのおほかみ》と、稚姫君命《わかひめぎみのみこと》が出御遊《しゆつぎよあそ》ばしたまうた。自分《じぶん》は仰《おお》せのまにまにこの両神《りようしん》より、貴重《きちよう》なる天眼鏡《てんがんきよう》を賜《たま》わり、いよいよ神界《しんかい》を探険《たんけん》すべき大命《たいめい》を拝受《はいじゆ》した。

　忽《たちま》ち眼前《がんぜん》の光景《こうけい》は見《み》るみる変《へん》じて、すばらしい高《たか》い山《やま》が、雲表《うんぴよう》に聳《そび》えたっている。その山《やま》には索線車《ケーブルカー》のようなものが架《かか》っていた。自分《じぶん》は登《のぼ》ろうかと思《おも》って、一歩《ぽ》麓《ふもと》の山路《やまみち》に足《あし》を踏《ふ》みこむと、不思議《ふしぎ》や、五体《ごたい》は何者《なにもの》かに引上《ひきあ》げらるるような心持《こころもち》に、直立《ちよくりつ》したままスウと昇騰《しようとう》してゆく。

　これこそ仏者《ぶつしや》のいわゆる須弥仙山《しゆみせんざん》で、宇宙《うちゆう》の中心《ちゆうしん》に無辺《むへん》の高《たか》さをもって屹立《きつりつ》している。それは決《けつ》して、肉眼《にくがん》にて見《み》うる種類《しゆるい》の、現実的《げんじつてき》の山《やま》ではなくして、全《まつた》く霊界《れいかい》の山《やま》であるから、自分《じぶん》とても霊《れい》で上《のぼ》ったので、決《けっ》して現体《げんたい》で上《のぼ》ったのではない。

○

自分《じぶん》は須弥仙山《しゅみせんざん》の頂上《ちょうじょう》に立《た》って、大神《おおかみ》より賜《たま》わった天眼鏡《てんがんきょう》を取《と》り出《だ》して、八方《はっぽう》を眺《なが》めはじめた。すると茫々《ぼうぼう》たる宇宙《うちゅう》の渾沌《こんとん》たる中《なか》に、どこともなしに一《ひと》つの球《まる》い凝塊《かたまり》ができるのが見《み》える。それは丁度毬《ちょうどまり》のような形《かたち》で、周辺《しゅうへん》には一杯《いっぱい》に泥水《どろみず》が漂《ただよ》うている。見《み》るまにその球《まる》い凝塊《かたまり》は膨大《ぼうだい》して、宇宙全体《うちゅうぜんたい》に拡《ひろ》がるかと思《おも》われた。やがて眼《め》もとどかぬ拡《ひろ》がりに到達《とうたつ》したが、球形《きゅうけい》の真中《まんなか》には、鮮《あざ》やかな金色《こんじき》をした一《ひと》つの円柱《えんちゅう》が立《た》っていた。

円柱《えんちゅう》はしばらくすると、自然《しぜん》に左旋運動《させんうんどう》をはじめる。周辺《しゅうへん》に漂《ただよ》う泥《どろ》は、円柱《えんちゅう》の回転《かいてん》につれて渦巻《うずまき》を描《えが》いていた。その渦巻《うずまき》は次第《しだい》に外周《がいしゅう》へ向《む》けて、大《おお》きな輪《わ》が拡《ひろ》がっていった。はじめは緩《ゆる》やかに直立《ちょくりつ》して回転《かいてん》していた円柱《えんちゅう》は、その速度《そくど》を加《くわ》えきたるにつれ、次第《しだい》に傾斜《けいしゃ》の度《ど》を増《ま》しながら、視角《しかく》に触《ふ》れぬような速《はや》さで、回転《かいてん》しはじめた。

すると、大《おお》きな円《まる》い球《きゅう》の中《なか》より、暗黒色《あんこくしょく》の小塊体《しょうかいたい》が振《ふ》り放《はな》たるるようにポツポツと飛《と》びだして、宇宙全体《うちゆうぜんたい》に散乱《さんらん》する。観《み》ればそれが無数《むすう》の光《ひかり》のない黒《くろ》い星辰《ほし》と化《な》って、或《あ》いは近《ちか》く、或《ある》いは遠《とお》く位置《いち》を占《し》めて左旋《させん》するように見《み》える。後方《こうほう》に太陽《たいよう》が輝《かがや》きはじめるとともに、それらの諸星《しよせい》は皆一斉《みないつせい》に輝《かがや》きだした。

○

その金《きん》の円柱《えんちゆう》は、たちまち竜体《りゆうたい》と変化《へんか》して、その球《まる》い大地《だいち》の上《うえ》を東西南北《とうざいなんぽく》に馳《は》せめぐりはじめた。そうしてその竜体《りゆうたい》の腹《はら》から、口《くち》から、また全身《ぜんしん》からも、大小無数《だいしようむすう》の竜体《りゆうたい》が生《うま》れいでた。

金色《こんじき》の竜体《りゆうたい》と、それから生《うま》れいでた種々《しゆじゆ》の色彩《いろつや》をもった大小無数《だいしようむすう》の竜体《りゆうたい》は、地上《ちじよう》の各所《かくしよ》を泳《およ》ぎはじめた。もっとも大《おほ》きな竜体《りゆうたい》の泳《およ》ぐ波動《はどう》で、泥《どろ》の部分《ぶぶん》は次第《しだい》に固《かた》くなりはじめ、水《みず》の部分《ぶぶん》は稀薄《きはく》となり、しかして水蒸気《すいじようき》は昇騰《しようとう》する。そのとき竜体《りゆうたい》が尾《お》を振《ふ》り廻《まわ》すごとに、その泥《どろ》に波《なみ》の形《かたち》ができる。もっとも大《おお》きな竜体《りゆうたい》の通《とお》った所《ところ》は大山脈《だいさんみやく》が形造《かたちづく》られ、中小《ちゆうしよう》種々《しゆじゆ》の竜体《りゆうたい》の通《とお》った所《ところ》は、またそれ相応《そうおう》の山脈《さんみやく》が形造《かたちづく》られた。低《ひく》き所《ところ》には水《みず》が集《よ》り、かくして海《うみ》もまた自然《しぜん》にできることになった。この最《もっと》も大《おお》いなる御竜体《ごりゅうたい》を、大国常立命《おおくにとこたちのみこと》と称《とな》え奉《たてまつ》ることを自分《じぶん》は知《し》った。

○

宇宙《うちゅう》はその時《とき》、朧月夜《おぼろづきよ》の少《すこ》し暗《くら》い加減《かげん》のような状態《じょうたい》であったが、海原《うなばら》の真中《まんなか》と思《おも》わるる所《ところ》に、忽然《こつぜん》として銀色《ぎんいろ》の柱《はしら》が突出《とつしゅつ》してきた。その高《たか》さは非常《ひじょう》に高《たか》い。それが忽《たちま》ち右旋《みぎめぐ》りに回転《かいてん》をはじめた。その旋回《せんかい》につれて柱《はしら》の各所《かくしょ》から種々《しゅじゅ》の種物《たねもの》が飛《と》び散《ち》るように現《あら》われて、山野河海《さんやかかい》一切《いっさい》のところに撒《ま》き散《ち》らされた。しかしまだその時《とき》は人類《じんるい》は勿論《もちろん》、草木《そうもく》、禽獣《きんじゅう》、虫魚《ちゅうぎょ》の類《たぐい》は何物《なにもの》も発生《はっせい》してはいなかった。

○

たちまち銀《ぎん》の柱《はしら》が横様《よこさま》に倒《たお》れたと見《み》るまに、銀色《ぎんいろ》の大《おお》きな竜体《りゅうたい》に変《へん》じている。その竜体《りゅうたい》は海上《かいじょう》を西《にし》から東《ひがし》へと、泳《およ》いで進《すす》みだした。この銀色《ぎんいろ》の竜神《りゅうじん》が坤金神《ひつじさるのこんじん》と申《もう》すのである。

また東《ひがし》からは国祖大国常立命《こくそおおくにとこたちのみこと》が、金色《こんじき》の大《おお》きな竜体《りゅうたい》を現《げん》じて、固《かた》まりかけた地上《ちじょう》を馳《は》せてこられる。両《ふた》つの御竜体《ごりゅうたい》は、雙方《そうほう》より顔《かお》を向《む》き合《あ》わして、何《なに》ごとかを謀《しめ》しあわされたような様子《ようす》である。しばらくの後金色《のちきんいろ》の竜体《りゅうたい》は左《ひだり》へ旋回《せんかい》しはじめ、銀色《ぎんいろ》の竜体《りゅうたい》はまた右《みぎ》へ旋回《せんかい》し始《はじ》められた。そのため地上《ちじょう》は恐《おそ》ろしい音響《おんきょう》を発《はっ》して震動《しんどう》し、大地《だいち》はその震動《しんどう》によって、非常《ひじょう》な光輝《こうき》を発射《はっしゃ》してきた。

このとき金色《きんいろ》の竜体《りゅうたい》の口《くち》からは、大《だい》なる赤《あか》き色《いろ》の玉《たま》が大音響《だいおんきょう》と共《とも》に飛《と》びだして、まもなく天《てん》へ騰《のぼ》って太陽《たいよう》となった。

銀色《ぎんいろ》の竜体《りゅうたい》はと見《み》れば、口《くち》から霧《きり》のような清水《せいすい》を噴《ふ》きだし、間《ま》もなく水《みず》は天地《てんち》の間《あいだ》にわたした虹《にじ》の橋《はし》のような形《かたち》になって、その上《うえ》を白色《はくしょく》の球体《きゅうたい》が騰《のぼ》ってゆく。このとき白色《はくしょく》の球体《きゅうたい》は太陰《たいいん》となり、虹《にじ》のような尾《お》を垂《た》れて、地上《ちじょう》の水《みず》を吸《す》いあげる。地上《ちじょう》の水《みず》は見《み》るまに、次第《しだい》にその容量《ようりょう》を減《げん》じてくる。

金竜《きんりゅう》は天《てん》に向《むか》って息吹《いぶき》を放《はな》つ。その形《かたち》もまた虹《にじ》の橋《はし》をかけたように見《み》えている。すると太陽《たいよう》はにわかに光《ひかり》を強《つよ》くし、熱《ねつ》を地上《ちじょう》に放射《ほうしゃ》しはじめた。

水《みず》は漸《ようや》く減《ひ》いてきたが、山野《さんや》は搗《つき》たての団子《だんご》か餅《もち》のように柔《やわら》かいものであった。それも次第《しだい》に固《かた》まってくると、前《まえ》に播《ま》かれた種《たね》は、そろそろ芽《め》を出《だ》しはじめる。一番《いちばん》に山《やま》には松《まつ》が生《は》え、原野《げんや》には竹《たけ》が生《は》え、また彼方《かなた》こなたに梅《うめ》が生《は》えだした。

次《つ》いで杉《すぎ》、桧《ひのき》、槙《まき》などいう木《き》が、山《やま》や原野《げんや》のところどころに生《しょう》じた。つぎに一切《いっさい》の種物《たねもの》は芽《め》を吹《ふ》き、今《いま》までまるで土塊《つちくれ》で作《つく》った炮烙《ほうらく》をふせたような山《やま》が、にわかに青々《あおあお》として、美《うつく》しい景色《けしき》を呈《てい》してくる。

地上《ちじょう》が青々《あおあお》と樹木《じゅもく》が生《は》え始《はじ》めるとともに、今《いま》まで濁《にご》って赤褐色《せきかつしょく》であった天《てん》は、青《あお》く藍色《あいいろ》に澄《す》みわたってきた。そうして濁《にご》りを帯《お》びて黄《き》ずんでいた海原《うなばら》の水《みず》は、天《てん》の色《いろ》を映《うつ》すかのように青《あお》くなってきた。

○

地上《ちじょう》がこうして造《つく》られてしまうと、元祖《もと》の神様《かみさま》も、もう御竜体《ごりゅうたい》をお有《も》ちになる必要《ひつよう》がなくなられたわけである。それで金《きん》の竜体《りゅうたい》から発生《はっせい》せられた、大《おお》きな剣膚《たちはだ》の厳《いか》めしい角《つの》の多《おお》い一種《いっしゅ》の竜神《りゅうじん》は、人体化《じんたいか》して、荘厳尊貴《そうごんそんき》にして立派《りっぱ》な人間《にんげん》の姿《すがた》に変化《へんか》せられた。これはまだ本当《ほんとう》の現体《げんたい》の人間姿《にんげんすがた》ではなくして、霊体《れいたい》の人間姿《にんげんすがた》であった。

このとき、太陽《たいよう》の世界《せかい》にては、伊邪那岐命《いざなぎのみこと》がまた霊体《れいたい》の人体姿《じんたいすがた》と現《げん》ぜられて、その神《かみ》をさし招《まね》かれる。そこで荘厳尊貴《そうごんそんき》なる、かの立派《りっぱ》な大神《おほかみ》は、天《てん》に上《のぼ》って撞《つき》の大神《おほかみ》とおなり遊《あそ》ばし、天上《てんじょう》の主宰神《しゅさいじん》となりたまうた。

〇

白色《はくしょく》の竜体《りゅうたい》から発生《はっせい》された一番力《いちばんちから》ある竜神《りゅうじん》は、また人格化《じんかくか》して男神《だんしん》と現《あら》われたまうた。この神《かみ》は非常《ひじょう》に容貌美《ようぼうう》わしく、色白《いろしろ》くして大英雄《だいえいゆう》の素質《そしつ》を備《そな》えておられた。その黒《くろ》い頭髪《とうはつ》は、地上《ちじょう》に引《ひ》くほど長《なが》く垂《た》れ、髯《ひげ》は腹《はら》まで伸《の》びている。この男神《おとこがみ》を素盞鳴大神《すさのをのおほかみ》と申《もう》し上《あ》げる。

自分《じぶん》はその男神《おとこがみ》の神々《こうごう》しい容姿《ようし》に打《う》たれて眺《なが》めていると、その御身体《おからだ》から真白《まつしろ》の光《ひかり》が現《あら》われて、天《てん》に冲《ちゆう》して月界《げつかい》へお上《あが》りになってしまった。これを月界《げつかい》の主宰神《しゅさいじん》で月夜見尊《つきよみのみこと》と申《もう》し上《あ》げるのである。

そこで大国常立命《おほくにとこたちのみこと》は、太陽《たいよう》、太陰《たいいん》の主宰神《しゅさいじん》が決《きま》ったので、御自身《ごじしん》は地上《ちじょう》の神界《しんかい》を御主《ごしゅ》宰《さい》したまうことになり、須佐之男大神《すさのをのおほかみ》は、地上物質界《ちじょうぶつしつかい》の主宰《しゅさい》となり給《たま》うたのである。

（『霊界物語』第1巻　第20章「日地月の発生」大正10・10・20）

（二）大地の修理固成

大国常立尊《おほくにとこたちのみこと》はそこで、きわめて荘厳《そうごん》な、厳格《げんかく》な犯《おか》すことのできない、すばらしく偉大《いだい》な御姿《おすがた》を顕《あら》わし給《たま》いて、地《ち》の世界最高《せかいさいこう》の山巓《さんてん》にお登《のぼ》り遊《あそ》ばされて四方《しほう》を見渡《みわた》したまえば、もはや天《てん》に日月星辰完全《じつげつせいしんかんぜん》に顕現《けんげん》せられ、地《ち》に山川草木《さんせんそうもく》は発生《はっせい》したとはいえ、樹草《じゅそう》の類《たぐい》はほとんど葱《ねぎ》のように繊弱《かよわ》く、葦《あし》のように柔《やわら》かなものであった。そこで国祖《こくそ》は、その御口《おんくち》より息《い》吹《ぶき》を放《はな》って風《かぜ》を吹《ふ》きおこし給《たま》うた。その息吹《いぶき》によって十二《じゅうに》の神々《かみがみ》が御出現遊《ごしゅつげんあそ》ばされた。

　ここに十二《じゅうに》の神々《かみがみ》は、おのおの分担《ぶんたん》を定《さだ》めて、風《かぜ》を吹《ふ》き起《おこ》したもうたが、その風《かぜ》の力《ちから》によって松《まつ》、竹《たけ》、梅《うめ》をはじめ、一切《いっさい》の樹草《じゅそう》はベタベタに、その根本《ねもと》より吹倒《ふきたお》されてしもうた。大国常立尊《おほくにとこたちのみこと》はこの有様《ありさま》を眺《なが》めたまうて、御自身《ごじしん》の胸《むね》の骨《ほね》をば一本《いっぽん》抜《ぬ》きとり、自《みづか》ら歯《は》をもってコナゴナに咬《か》みくだき、四方《しほう》に撒布《さんぷ》したもうた。

　すべての軟《やわら》かき動植物《どうしょくぶつ》は、その骨《ほね》の粉末《ふんまつ》を吸収《きゅうしゅう》して、その質《しつ》非常《ひじょう》に堅《かた》くなり、倒《たお》れていた樹草《じゅそう》は直立《ちょくりつ》し、海鼠《なまこ》のように柔軟《じゅうなん》匍匐《ほふく》していた人間《にんげん》その他《た》の諸動物《しょどうぶつ》も、この時《とき》はじめて骨《ほね》が具《そな》わり、敏活《びんかつ》に動作《どうさ》することが出来《でき》るようになった。五穀《ごこく》が実《みの》るようになり、葱《ねぎ》のように一様《いちよう》に柔《やわら》かくして、区別《くべつ》さへ殆《ほとん》どつかなかった一切《いっさい》の植物《しょくぶつ》は、はっきりと、おのおの特有《とくゆう》の形体《かたち》をとるようになったのも此《こ》の時《とき》である。骨《ほね》の粉末《ふんまつ》の固《かた》まり着《つ》いた所《ところ》には岩石《がんせき》ができ、諸々《もろもろ》の鉱物《こうぶつ》が発生《はっせい》した。これを称《しょう》して岩《いわ》の神《かみ》と申《もう》し上《あ》げる。

○

　しかるに太陽《たいよう》は依然《いぜん》として強烈《きょうれつ》なる光熱《こうねつ》を放射《ほうしゃ》し、月《つき》は大地《だいち》の水《みず》の吸収《きゅうしゅう》を続《つづ》けているから、地上《ちじょう》の樹草《じゅそう》は次第《しだい》に日《ひ》に照《て》りつけられて殆《ほとん》ど枯死《こし》せむとし、動物《どうぶつ》も亦《また》この旱天《かんてん》つづきに非常《ひじょう》に困《こま》っていた。しかし月《つき》からは、まだ水《みず》を吸引《きゅういん》することを止《や》めなかった。このままで放任《はうにん》しておくならば、全世界《ぜんせかい》は干鰈《ほしかれい》を焦《こが》したように燻《くすぶ》ってしまうかも知《し》れないと、大国《おほくに》常立尊《とこたちのみこと》は山上《さんじょう》に昇《のぼ》って、まだ人体化《じんたいか》しておらぬ諸々《もろもろ》の竜神《りゅうじん》に命《めい》じて、海水《かいすい》を口《くち》に銜《ふく》んで持《も》ちきたらしめ給《たま》もた。

諸々《もろもろ》の竜神《りゅうじん》は命《めい》を奉《ほう》じて、海水《かいすい》を国祖《こくそ》の許《もと》に持《も》ちきたった。国祖《こくそ》はその水《みず》を手《て》に受《う》けて、やがてそれを口《くち》に呑《の》み、天《てん》に向《むか》って息吹《いぶき》をフーと吹《ふ》き放《はな》たれた。すると天上《てんじょう》には色《いろ》の濃《こ》い雲《くも》や淡《あわ》い雲《くも》や、その他種々雑多《たしゅじゅざつた》の雲《くも》が起《おこ》ってきた。たちまち雲《くも》からサッと地上《ちじょう》に雨《あめ》が降《ふ》りはじめた。この使神《つかいがみ》であった竜神《りゅうじん》は無数《むすう》にあったが、国祖《こくそ》はこれを総称《そうしょう》して雨《あめ》の神《かみ》と名付《なづ》けたまうた。

○

ところが雨《あめ》が降《ふり》すぎても却《かえっ》て困《こま》るというので、これを調和《ちょうわ》するために、大国常立尊《おほくにとこたちのみこと》は御《お》身体《からだ》一杯《いっぱい》に暑《あつ》いほど太陽《たいよう》の熱《ねつ》をお吸《す》いになった。そうして御自分《ごじぶん》の御身体《おからだ》の各部《かくぶ》より熱《ねつ》を放射《ほうしゃ》したまうた。その放射《ほうしゃ》された熱《ねつ》はたちまち無数《むすう》の竜体《りゅうたい》と変《へん》じて、天《てん》に向《むか》って昇騰《しょうとう》していった。国祖《こくそ》はこれに火竜神《かりゅうじん》という名称《めいしょう》をお付《つ》けになった。（筆《ふで》に書《か》いては短《みじか》いが大国常《おほくにとこ》立尊《たちのみこと》がここまで天地《てんち》をお造《つく》りになるのに数十億年《すうじゅうおくねん》の歳月《さいげつ》を要《よう》している）

○

尊《みこと》はかくの如《ごと》くにして人類《じんるい》を始《はじ》め、動物《どうぶつ》、植物等《しょくぶつとう》をお創造《つく》り遊《あそ》ばされて、人間《にんげん》には日《ひ》の大神《おほかみ》と、月《つき》の大神《おほかみ》の霊魂《みたま》を賦与《ふよ》せられて、肉体《にくたい》は国常立尊《くにとこたちのみこと》の主宰《しゅさい》として、神《かみ》の御意志《ごいし》を実行《じっ》する機関《きかん》となし給《たま》うた。これが人生《じんせい》の目的《もくてき》である。神示《しんじ》に「神《かみ》は万物普遍《ばんぶつふへん》の霊《れい》にして人《ひと》は天地経綸《てんちけいりん》の大司宰《だいしさい》なり」とあるも、この理《り》に由《よ》るのである。

○

しかるに星移《ほしうつ》り年《とし》をかさぬるにしたがって、人智《じんち》は乱《みだ》れ、情《じょう》は拗《ねじ》け、意《こころ》は曲《まが》りて、人間《にんげん》は次第《しだい》に私欲《しよく》を擅《ほしいまま》にするようになり、ここに弱肉強食《じゃくにくきょうしょく》、生存競争《せいぞんきょうそう》の端《たん》はひらかれ、せっかく神《かみ》が御苦心《ごくしん》の結果《けっか》、創造遊《そうぞうあそ》ばされた善美《ぜんび》のこの地上《ちじょう》も亦《また》、もとの泥海《どろうみ》に復《かえ》さねばならぬような傾向《けいこう》ができた。

しかるに地《ち》の一方《いっぽう》では、天地間《てんちかん》に残滓《かす》のように残《のこ》っていた邪気《じゃき》は、凝《こ》って悪竜《あくりゅう》、悪蛇《あくじゃ》、悪狐《あくこ》を発生《はっせい》し、或《ある》いは邪鬼《じゃき》となり、妖魅《ようみ》となって、我侭放肆《わがままほうし》な人間《にんげん》の身魂《みたま》に憑依《ひょうい》し、世《よ》の中《なか》を悪化《あくか》して、邪霊《じゃれい》の世界《せかい》とせむことを企《くわだ》てた。そこで大国常立大神《おほくにとこたちのおほかみ》は非常《ひじょう》に憤《いきどお》りたまうて、深《ふか》い吐息《といき》をおはきになった。その太息《といき》から八種《やくさ》の雷神《らいじん》や、荒《あれ》の神《かみ》がお生《うま》れ遊《あそ》ばしたのである。

それで荒《あれ》の神《かみ》の御発動《ごはつどう》があるのは、大神《おほかみ》が地上《ちじょう》の人類《じんるい》に警戒《けいかい》を与《あた》えたまう時《とき》である。こうしてしばしば大神《おほかみ》は荒《あれ》の神《かみ》の御発動《ごはつどう》によって、地上《ちじょう》の人類《じんるい》を警戒《けいかい》せられたが、人類《じんるい》の大多数《だいたすう》は依然《いぜん》として覚醒《かくせい》しない。そこで大神《おほかみ》は大《おお》いにもどかしがりたまい伊都《いづ》の雄猛《おたけ》びをせられて、大地《だいち》に四股《しこ》を踏《ふ》んで憤《いか》り給《たも》うた。そのとき大神《おほかみ》の口《くち》、鼻《はな》、また眼《め》より数多《あまた》の竜神《りゅうじん》がお現《あら》われになった。この竜神《りゅうじん》を地震《じしん》の神《かみ》と申《もう》し上《あ》げる。国祖《こくそ》の大神《おほかみ》の極端《きょくたん》に憤《いか》りたもうた時《とき》に地震《じしん》の神《かみ》の御発動《ごはつどう》があるのである。大神《おほかみ》の怒《いか》りは私《わたくし》の怒《いか》りではなくして、世《よ》の中《なか》を善美《ぜんび》に立替《たてか》え立直《たてなお》したいための、大慈悲心《だいじひしん》の御発現《ごはつげん》に外《ほか》ならぬのである。

〇

大国常立尊《おほくにとこたちのみこと》が天地《てんち》を修理固成《しゆうりこせい》したまうてより、ほとんど十万年《じゆうまんねん》の期間《きかん》は、別《べつ》に今日《こんにち》のように区劃《くかく》された国家《こくか》はなかった。ただ地方地方《ちほうちほう》を限《かぎ》って、八王《やつおう》という国魂《くにたま》の神《かみ》が配置《はいち》され、八頭《やつがしら》という宰相《さいしよう》の神《かみ》が八王神《やつおうがみ》の下《した》にそれぞれ配置《はいち》されていた。

しかるに世《よ》の中《なか》はだんだん悪化《あくか》して、大神《おほかみ》の御神慮《ごしんりよ》に叶《かな》はぬことばかりが始《はじ》まり、怨恨《うらみ》、嫉妬《ねたみ》、悲哀《かなしみ》、呪咀《のろい》の声《こえ》は、天地《てんち》に一杯《いつぱい》に充《み》ちわたることになった。そこで大国常立大神《おほくにとこたちのおほかみ》は再《ふたた》び地上《ちじよう》の修理固成《しゆうりこせい》を企劃《きかく》なしたまうて、ある高《たか》い山《やま》の頂上《ちようじよう》にお立《た》ちになって大声《おおごえ》を発《はつ》したまうた。その声《こえ》は万雷《ばんらい》の一時《いちじ》に轟《とどろ》くごとくであった。大神《おほかみ》はなおも足《あし》を踏《ふ》みとどろかして地蹈鞴《ぢだんだ》をお踏《ふ》みになった。そのため大地《だいち》は揺《ゆ》れゆれて、地震《じしん》の神《かみ》、荒《あれ》の神《かみ》が挙《こぞ》って御発《ごはつ》動《どう》になり、地球《ちきゆう》は一大変態《いちだいへんたい》を来《きた》して、山河《さんか》はくずれ埋《うづ》まり、草木《そうもく》は倒《たお》れ伏《ふ》し、地上《ちじよう》の蒼生《そうせい》はほとんど全《まつた》く淪亡《ほろび》るまでに立《た》ちいたった。その時《とき》の雄健《おたけ》びによって、大地《だいち》の一部《いちぶ》が陥落《かんらく》して、現今《げんこん》の阿弗利加《アフリカ》の一部《いちぶ》と、南北亜米利加《なんぽくアメリカ》の大陸《たいりく》が現出《げんしゅつ》した。それと同時《どうじ》に太平洋《たいへいよう》もでき上《あが》り、その真中《まんなか》に竜形《りゅうけい》の島《しま》が形造《かたちづく》られた。これが現代《げんだい》の日本《にほん》の地《ち》である。それまでは今《いま》の日本海《にほんかい》はなく支那《しな》も朝鮮《ちょうせん》も、日本《にほん》に陸地《りくち》で連続《れんぞく》していた。この時《とき》まで現代《げんだい》の日本《にほん》の南《なん》方《ぽう》、太平洋面《たいへいようめん》にはまだ数百里《すうひゃくり》の大陸《たいりく》がつづいていたが、この地球《ちきゅう》の大変動《だいへんどう》によって、その中心《ちゅうしん》の最《もつと》も地盤《ぢばん》の鞏固《きょうこ》なる部分《ぶぶん》が、竜《りゅう》の形《かたち》をして取《と》り残《のこ》されたのである。

○

この日本国土《にほんこくど》の形状《けいじやう》をなしている竜《りゅう》の形《かたち》は、元《もと》の大国常立尊《おほくにとこたちのみこと》が、竜体《りゅうたい》を現《げん》じて地上《ちじょう》の泥《どろ》海《うみ》を造《つく》り固《かた》めていられた時《とき》のお姿同様《すがたどうよう》であって、その長《なが》さも、幅《はば》も、寸法《すんぽう》において何《なん》ら変《かは》りはない。それゆえ日本国《にほんこく》は、地球《ちきゅう》の艮《うしとら》に位置《いち》して神聖犯《しんせいおか》すべからざる土地《とち》なのである。もと黄金《きん》の円柱《えんちゅう》が、宇宙《うちゅう》の真中《まんなか》に立《た》っていた位置《いち》も日本国《にほんこく》であったが、それが、東北《とうほく》から、西南《せいなん》に向《む》けて倒《たお》れた。この島《しま》を自転倒嶋《おのころじま》というのは、自《おのづか》ら転《ころ》げてできた島《しま》という意味《いみ》である。

この島《しま》が四方《しほう》に海《うみ》を環《めぐ》らしたのは、神聖《しんせい》なる神《かみ》の御息《おやす》み所《どころ》とするためなのである。そうしてこの日本《にほん》の土地《とち》全体《ぜんたい》は、すべて大神《おほかみ》の御肉体《おんにくたい》である。ここにおいて自転倒嶋《おのころじま》と、他《た》の国土《こくど》とを区別《くべつ》し、立別《たてわ》けておかれた。

それから大神《おほかみ》は天《てん》の太陽《たいよう》、太陰《たいいん》と向《むか》わせられ、陽気《ようき》と陰気《いんき》とを吸《す》ひこみたまうて、息吹《いぶき》の狭霧《さぎり》を吐《は》きだしたまうた。この狭霧《さぎり》より現《あら》われたまえる神《かみ》が稚姫君命《わかひめぎみのみこと》である。

○

このたびの地変《ちへん》によって、地上《ちじょう》の蒼生《そうせい》はほとんど全滅《ぜんめつ》して、そのさまあたかもノアの洪《こう》水《ずい》当時《とうじ》に彷彿《ほうふつ》たるものであった。そこで大神《おほかみ》は、諸々《もろもろ》の神々《かみがみ》および人間《にんげん》をお生《う》みになる必《ひつ》要《よう》を生《しょう》じたまい、まず稚姫君命《わかひめぎみのみこと》は、天稚彦《あめのわかひこ》という夫神《おっとがみ》をおもちになり、真道知彦《まみちしるひこ》、青森知《あをもりしる》木彦《きひこ》、天地要彦《あめつちかなめひこ》、常世姫《とこよひめ》、黄金竜姫《こがねたつひめ》、合陀琉姫《あふだるひめ》、要耶麻姫《かなやまひめ》、言解姫《こととき ひめ》の三男五女《さんなんごじょ》の神人《かみがみ》をお生《う》みになった。この天稚彦《あめのわかひこ》というのは、『古事記《こじき》』にある天若彦《あまわかひこ》とは全然別《ぜんぜんべつ》の神《かみ》である。

かくのごとく地上《ちじょう》に地変《ちへん》を起《おこ》さねばならぬようになったのは、要《よう》するに天《てん》において天《てん》上の政治《じょうまつりごと》が乱《みだ》れ、それと同《おな》じ形《かたち》に、地上《ちじょう》に紛乱状態《ふんらんじょうたい》が現《あら》われ来《きた》ったからである。天《てん》にある事《こと》はかならず地《ち》に映《うつ》り、天《てん》が乱《みだ》れると地《ち》も乱《みだ》れ、地《ち》が乱《みだ》れると、天《てん》も同様《どうよう》に乱《みだ》れてくるものである。そこで大神《おほかみ》は天上《てんじょう》を修理固成《しゅうりこせい》すべく稚姫君命《わかひめぎみのみこと》を生《う》みたもうて天《てん》にお昇《のぼ》せになり、地《ち》は御自身《ごじしん》に幽界《いうかい》を主宰《しゅさい》し、現界《げんかい》の主宰《しゅさい》を須佐之男命《すさのをのみこと》に御委任《ごいにん》になった。

（『霊界物語』第1巻　第21章「大地の修理固成」大正10・10・20）

(三)　安息日《あんそくび》の真意義

天地剖判《てんちぼうはん》に先《さき》だち、宇宙《うちゆう》の大元霊《だいげんれい》たる無声無形《むせいむけい》の一神《いつしん》ありけり。

これを神典《しんてん》にては、天之御中主大神《あめのみなかぬしのおほかみ》ととなへ奉《たてまつ》り、神界《しんかい》にては大六合常立尊《おほくにとこたちのみこと》と申《まを》す。西《せい》洋《やう》にてはゴッドといい、仏教《ぶつきよう》にては阿弥陀如来《あみだによらい》という。漢土《かんど》にては古来天帝《こらいてんてい》または天主《てんしゅ》という。吾々《われわれ》はきわめて言語《げんご》のすくない簡単《かんたん》な御名《おんな》を選《えら》んで、ここでは天主《てんしゅ》ととなえ奉《たてまつ》って述《の》ぶることにしたいと思《おも》う。

天主《てんしゅ》は、過去現在未来《かこげんざいみらい》に一貫《いっかん》して無限絶対無始無終《むげんぜったいむしむしゅう》の大神霊《だいしんれい》にましまし、その絶対《ぜったい》の霊《れい》威《い》を発揮《はっき》して宇宙万有《うちゅうばんゆう》を創造《そうぞう》したまうた。

○

大宇宙《だいうちゅう》の太初《たいしょ》にあたって、きわめて不完全《ふかんぜん》なる霊素《れいそ》が出現《しゅつげん》し、それが漸次発達《ぜんじはったつ》して霊《れい》の活用《かつよう》を発生《はっせい》するまでの歳月《さいげつ》はほとんど十億年《じゅうおくねん》を費《ついや》している。これを神界《しんかい》においては、ヒツカ（一日《ひつか》）という。

つぎにその霊《れい》の発動力《はつどうりょく》たる霊体《れいたい》（幽体《いうたい》）なるものが宇宙間《うちゅうかん》に出現《しゅつげん》した。これをチカラと称《とな》えた。チとは霊《れい》または火《ひ》の意味《いみ》であり、カラとは元素《げんそ》の意味《いみ》である。この宇宙《うちゅう》に元素《げんそ》の活用《かつよう》するにいたるまでの歳月《さいげつ》は、また十億年《じゅうおくねん》を費《つひや》している。この十億年間《じゅうおくねんかん》を神界《しんかい》においてフツカ（二日《ふつか》）という。

つぎにこの元素《げんそ》に霊気発生《れいきはっせい》して、現顕《げんけん》の物体《ぶったい》を形成《けいせい》するにいたるまでの歳月《さいげつ》は、また大《たい》略十億年《りゃくじゅうおくねん》を費《ついや》している。この十億年間《じゅうおくねんかん》の霊体《れいたい》の進歩《しんぽ》を称《しょう》してミツカ（三日《みっか》）という。

ここにいよいよ霊《れい》、力《りょく》、体《たい》の三大勢力発揮《さんだいせいりょくはっき》して、無数《むすう》の固形体《こけいたい》や液体《えきたい》が出現《しゅつげん》した。太陽《たいよう》、太陰《たいいん》、大地《だいち》、諸星《しょせい》の発生《はっせい》はつぎの十億年《じゅうおくねん》の間《あいだ》の歳月《さいげつ》を費《ついや》している。これを神界《しんかい》にてはヨツカ（四日《よっか》）という。

またつぎの十億年間《じゅうおくねんかん》の歳月《さいげつ》を費《ついや》したる神霊《しんれい》の活動状態《かつどうじょうたい》を、神界《しんかい》にてはイツカ（五日《いつか》）という。イツは稜威《みいづ》にして力は光輝《こうき》の意《い》である。この五日《いつか》の活動力《かつどうりょく》によりて、動植物《どうしょくぶつ》の種《たね》天《てん》地《ち》の間《あいだ》に現出《げんしゅつ》した。いよいよ五十億年間《ごじゅうおくねんかん》の星霜《せいそう》を経《へ》て陰陽《いんよう》、水火《すいか》の活用《かつよう》あらわれ、宇宙《うちゅう》一《いっ》切《さい》の万物《ばんぶつ》に水火《すいか》の活用《かつよう》が加《くわ》わり、森羅万象《しんらばんしょう》の大根元《だいこんげん》が確立《かくりつ》した。この歳月《さいげつ》は六億年《ろくおくねん》を費《ついや》している。この六億年間《ろくおくねんかん》の神霊《しんれい》の活用《かつよう》をムユカ（六日《むゆか》）という。

かくのごとくして天主《てんしゅ》は宇宙万有一切《うちゅうばんゆういっさい》をムユカに創造《そうぞう》された。

それより天主《てんしゅ》は一大金剛力《いちだいこんごうりき》を発揮《はっき》して、世界《せかい》を修理固成《しゅうりこせい》し、完全無欠《かんぜんむけつ》の理想世界《りそうせかい》いわゆる五六七《みろく》の神代《かみよ》、松《まつ》の世《よ》を建設《けんせつ》さるるその工程《こうてい》が七千万年《しちせんまんねん》の歳月《さいげつ》であって、これをナナカ（七日《ななか》）という。ナナとは地成《なな》、名成《なな》、成就《なな》、安息《なな》の意《い》である。七日《ななか》の神霊《しんれい》の活用完了《かつようかんりよう》の暁《あかつき》にいたって、至善至美至真《しぜんしびししん》の宇宙《うちゆう》が完成《かんせい》さるる、之《これ》を安息日《ななか》という。

○

安息日《ななか》の七千万年間《しちせんまんねんかん》は天主《てんしゆ》の荒工事《あらこうじ》をおわって、その修理固成《しゆうりこせい》のために活動《かつどう》さるる時代《じだい》であって、世人《せじん》のいうごとく神《かみ》の休息《きゆうそく》したまう意味《いみ》ではない。もしも天主《てんしゆ》にして一日《いちにち》はおろか一分間《いつぷんかん》でもその神業《しんぎよう》を休《やす》めたまうことがありとすれば、宇宙一切《うちゆういつさい》の万物《ばんぶつ》はたちまち滅《めつ》亡《ぼう》してしまうからである。ゆえにこの安息日《あんそくび》は人々神《ひとびとかみ》の洪恩《こうおん》を感謝《かんしや》し、かつその神徳《しんとく》を讃《さん》美《び》すべく祝《しゆく》すべき日《ひ》である。

○

かくして五十六億七千万年《ごじゆうろくおくしちせんまんねん》を経《へ》て、五六七《みろく》の神政《しんせい》まったく成就《じようじゆ》され、天主《てんしゆ》の経綸《けいりん》の聖代《せいだい》がくるのである。しかるに幸《さいわ》いなるかな、五六七《みろく》の歳月《さいげつ》もほとんど満期《まんき》に近《ちか》づいておる。

いよいよ五六七《みろく》神政出現《しんせいしゅつげん》の上《うえ》は、完全無欠《かんぜんむけつ》、至善至美《しぜんしび》の世界《せかい》となり、神人和合《しんじんわごう》して永遠無窮《えいえんむきゅう》に栄《さか》えゆくのである。ゆえに今日《こんにち》までの世界《せかい》は未完成時代《みかんせいじだい》であった。ここに天運到来《てんうんとうらい》して、神政《しんせい》の開《ひら》かるる時機《じき》となった。現代《げんだい》はその過渡時代《かとじだい》であるから、その前程《ぜんてい》として種々《しゅじゅ》の事変《じへん》の各所《かくしょ》に突発《とっぱつ》するのも、神界《しんかい》の摂理上《せつりじょう》やむを得《え》ざる次第《しだい》であろうと思《おも》う。

この安息日《あんそくび》については各教法家《かくきょうほうか》の所説《しょせつ》も、古今東西《ここんとうざい》の区別《くべつ》なく論議《ろんぎ》されておるが、私《わたくし》は世説《せせつ》の如何《いかん》にかかわらず、神示《しんじ》のままを述《の》べたまでである。

（附《ふ》　言《げん》）

聖書《せいしょ》に、神《かみ》は六日《むゆか》に世界《せかい》を造《つく》り了《お》えて、七日目《ななかめ》は安息《あんそく》せりという神言《しんげん》がある。この神言《しんげん》について言霊研究《げんれいけんきゅう》の大要《たいよう》を述《の》べてみようと思《おも》う。

〇ナの言霊《ことたま》は宇宙万有一切《うちゅうばんゆういっさい》を兼《かね》て統一《とういつ》するということである。⦿《ス》の凝《こ》る形《かたち》であり、行届《ゆきとど》く言霊《ことたま》であり、天国《てんごく》の経綸《けいりん》を地上《ちじやう》に移《うつ》すこととなり、⦿《ス》の確定《かくてい》ともなり、調理《ちょうり》となり成就《じやうじゆ》となり、水素《すいそ》の形《かたち》となり、押《お》し鎮《しず》むる言霊《ことたま》の活用《かつよう》ともなる。

次《つぎ》のナ°も同様《どうよう》の意義《いぎ》の活用《かつよう》である。

カ°の言霊《ことたま》は、燥《かわ》かし固《かた》むる活用《かつよう》となり、晴《は》れて見《み》ゆる也《なり》、一切《いっさい》の物発生《ものはっせい》の神力《しんりき》となり、光明《こうみょう》となるの活用《かつよう》である。

メ°の言霊《ことたま》は、世界《せかい》を見《み》るの活用《かつよう》となり、起《おこ》り兆《そめ》となり、本性《ほんせい》を写《うつ》し、女子《にょし》を生《う》み、天《あま》の岩戸《いわと》を開《ひら》き、草木《くさき》の芽《め》となり、眼目《がんもく》となるの活用《かつよう》である。

以上《いじゃう》の言霊《ことたま》によりて、神《かみ》は七日《なゝか》目《め》に安息《あんそく》したまうという神語《しんご》は、実《じつ》に明瞭《めいりょう》となってくるのである。要《よう》するに宇宙万有一切《うちゅうばんゆういっさい》の生物《いきもの》にたいし、神人《しんじん》、樹草《じゅそう》、禽獣《きんじゅう》、鳥族《ちょうぞく》、虫魚《ちゅうぎょ》の区別《くべつ》なく、各自《かくじ》その所《ところ》に安《やす》んじて、その天職《てんしょく》に奉仕《ほうし》する聖代《せいだい》の現《あら》われである。

ゆえに七日《なゝか》は現代《げんだい》の暦《こよみ》にいう日月火水木金土《じつげつかすいもくきんど》の一週間《いっしゅうかん》の日数《にちすう》の意味《いみ》ではないことも明白《めいはく》なる事実《じじつ》であると思《おも》う。

（『霊界物語』第3巻、第50章「安息日」大正10・12・10）

意《い》外《がい》なる事《こと》のみ多《おほ》く天《てん》界《かい》の
　事《じ》象《しよう》は現《げん》代《だい》人《じん》に説《と》けなく

現《げん》界《かい》の知《ち》識《しき》をもちて天《てん》界《かい》の
　事《じ》象《しよう》知《し》らむと思《おも》ふは難《かた》し

地《ち》の上《うへ》の森《しん》羅《ら》万《ばん》象《しやう》悉《ことごと》く
　主《す》神《しん》の水《い》火《き》に栄《さか》えこそすれ

第三編　宇宙真相

（一）神示の宇宙

我々《われわれ》の肉眼《にくがん》にて見得《みう》るところの天文学者《てんもんがくしゃ》のいわゆる太陽系天体《たいようけいてんたい》を小宇宙《しょううちゅう》という。大宇宙《だいうちゅう》には、斯《か》くの如《ごと》き小宇宙《しょううちゅう》の数《すう》は、神示《しんじ》によれば、五十六億七千万宇宙《ごじゅうろくおくしちせんまんうちゅう》ありという。宇宙全体《うちゅうぜんたい》を総称《そうしょう》して大宇宙《だいうちゅう》という。

我《わ》が小宇宙《しょううちゅう》の高《たか》さは、縦《たて》に五十六億七千万里《ごじゅうろくおくしちせんまんり》（一里は３９２７メートル）あり、横《よこ》に同《おな》じく、五十六億七千万里《ごじゅうろくおくしちせんまんり》あり、小宇宙《しょううちゅう》の霊界《れいかい》を修理固成《しゅうりこせい》せし神《かみ》を国常立命《くにとこたちのみこと》といい、大宇宙《だいうちゅう》を総《そう》括《かつ》する神《かみ》を大六合常立命《おほくにとこたちのみこと》といい、また天之御中主大神《あめのみなかぬしのおほかみ》と奉称《ほうしょう》す。

○

小宇宙《しょううちゅう》を大空《たいくう》と大地《だいち》とに二大別《にだいべつ》す。しかして大空《たいくう》の厚《あつ》さは、二十八億三千五百万里《にじゅうはちおくさんぜんごひゃくまんり》あり、大地《だいち》の厚《あつ》さも同《おな》じく二十八億三千五百万里《にじゅうはちおくさんぜんごひゃくまんり》ある。

大空《たいくう》には太陽《たいよう》および諸星《しょせい》が配置《はいち》され、大空《たいくう》と大地《だいち》の中間《ちゅうかん》すなわち中空《ちゅうくう》には太陰《たいいん》および北極星《ほっきょくせい》、北斗星《ほくとせい》、三《み》ツ星《ぼし》等《とう》が配置《はいち》され、大地《だいち》には地球《ちきゅう》および地汐《ちせき》、地星《ちせい》が、大空《たいくう》の星《ほし》の数《かず》と同様《どうよう》に地底《ちてい》の各所《かくしょ》に撒《さん》布《ぷ》されあり。大空《たいくう》にてはこれを火水《ほし》といい、大地《だいち》にてはこれを水火《しほ》という。大空《たいくう》の星《ほし》はそれぞれ各自光《かくじひかり》を有《ゆう》するあり、光《ひかり》なき暗星《あんせい》ありて、すべて球《きゅう》竿状《かんじょう》をなしいるなり。

　大地氷山《だいちひょうざん》の最高部《さいこうぶ》と大空《たいくう》の最濃厚部《さいのうこうぶ》とは密着《みつちゃく》して、大空《たいくう》

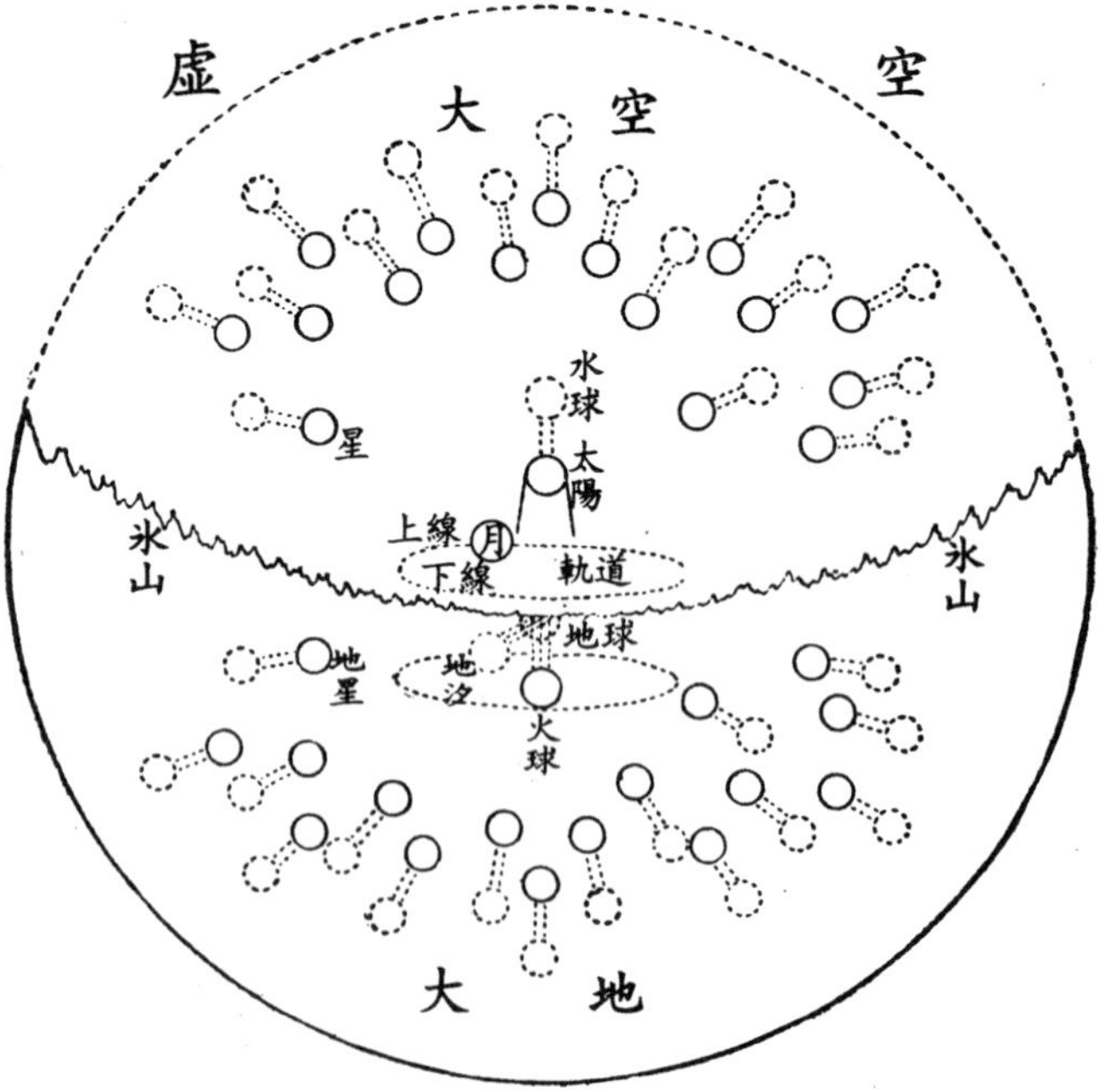

第一図　小宇宙縦断図

は清《きよ》く軽《かる》く、大地《だいち》は濁《にご》りて重《おも》し。今《いま》、図《づ》を以《もつ》て示《しめ》せば左《さ》の如《ごと》し。

○

大空《たいくう》の中心《ちゆうしん》には太陽《たいよう》が結晶《けつしよう》し、その大《おお》きさは大空《たいくう》の約《やく》百五十万分《ひやくごじゆうまんぶん》の一《いち》にあたり、地球《ちきゆう》も亦《また》大地《だいち》の約百五十万《やくひやくごじゆうまん》分《ぶん》の一《いち》の容積《ようせき》を有《ゆう》せり。しかして太陽《たいよう》の背後《はいご》には太陽《たいよう》とほとんど同形《どうけい》の水球《すいきゆう》ありて球竿《きゆうかん》状《じよう》をなしおれり。その水球《すいきゆう》よ

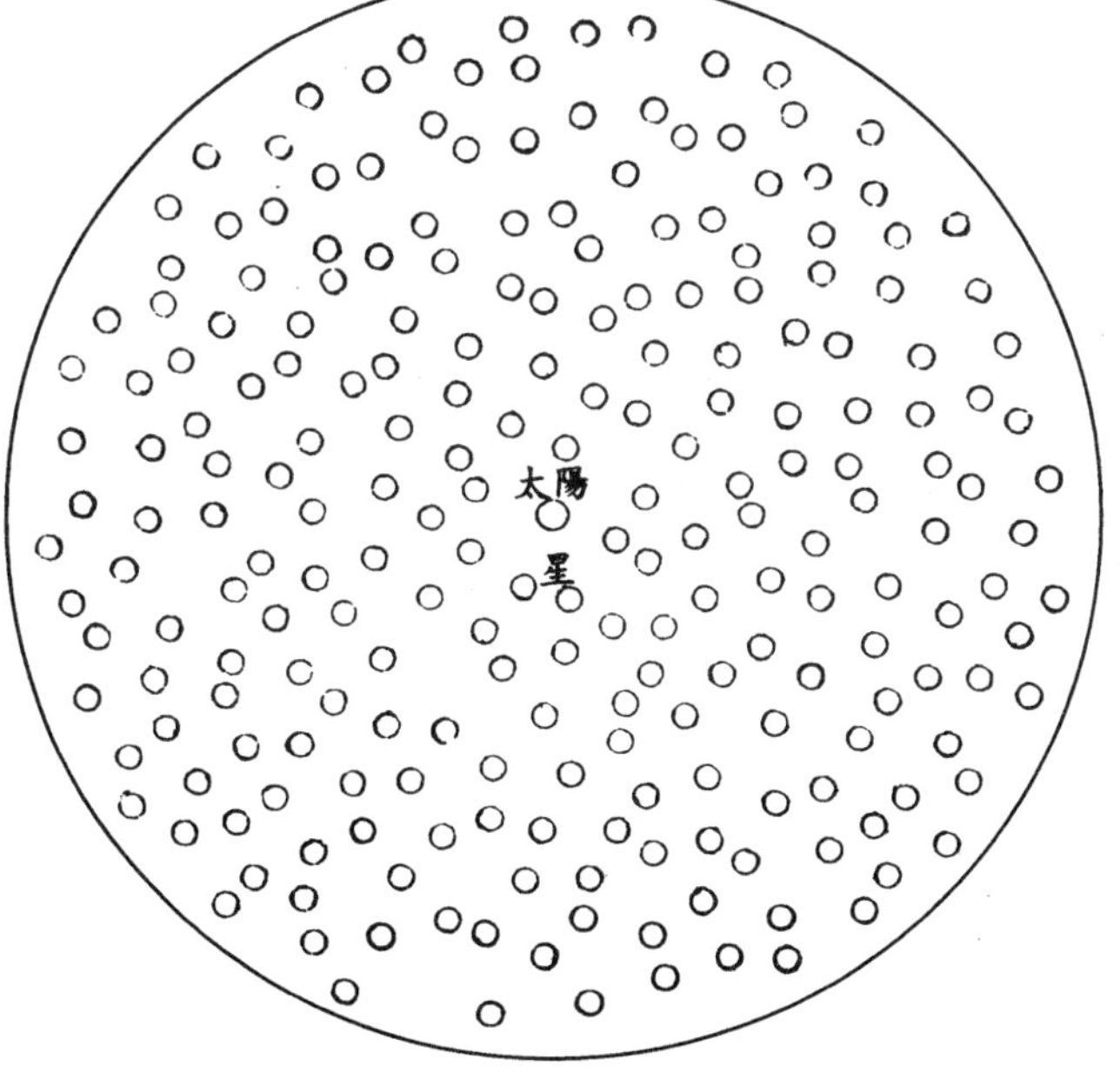

第二図　大空の平面図

り水気《すいき》を適宜《てきぎ》に湧出《ゆうしゅつ》し、元来暗黒《がんらいあんこく》なる太《たい》陽体《ようたい》を助《たす》けて火《ひ》を発《はっ》せしめ、現《げん》に見《み》るごとき光輝《こうき》を放射《ほうしゃ》せしめいるなり。ゆえに太陽《たいよう》の光《ひかり》は火《ひ》のごとく赤《あか》くならず、白色《はくしょく》を帯《お》ぶるはこの水球《すいきゅう》の水気《すいき》に原因《げんいん》するがゆえなり。

太陽《たいよう》はかくのごとくして、小宇宙《しょううちゅう》の大《たい》空《くう》の中心《ちゅうしん》に安定《あんてい》し、呼吸作用《こきゅうさよう》を起《おこ》しつつあるなり。

○

また、地球《ちきゅう》（いわゆる地球《ちきゅう》は神示《しんじ》によれば円球《えんきゅう》ならずしてむしろ地平《ちへい》なれど

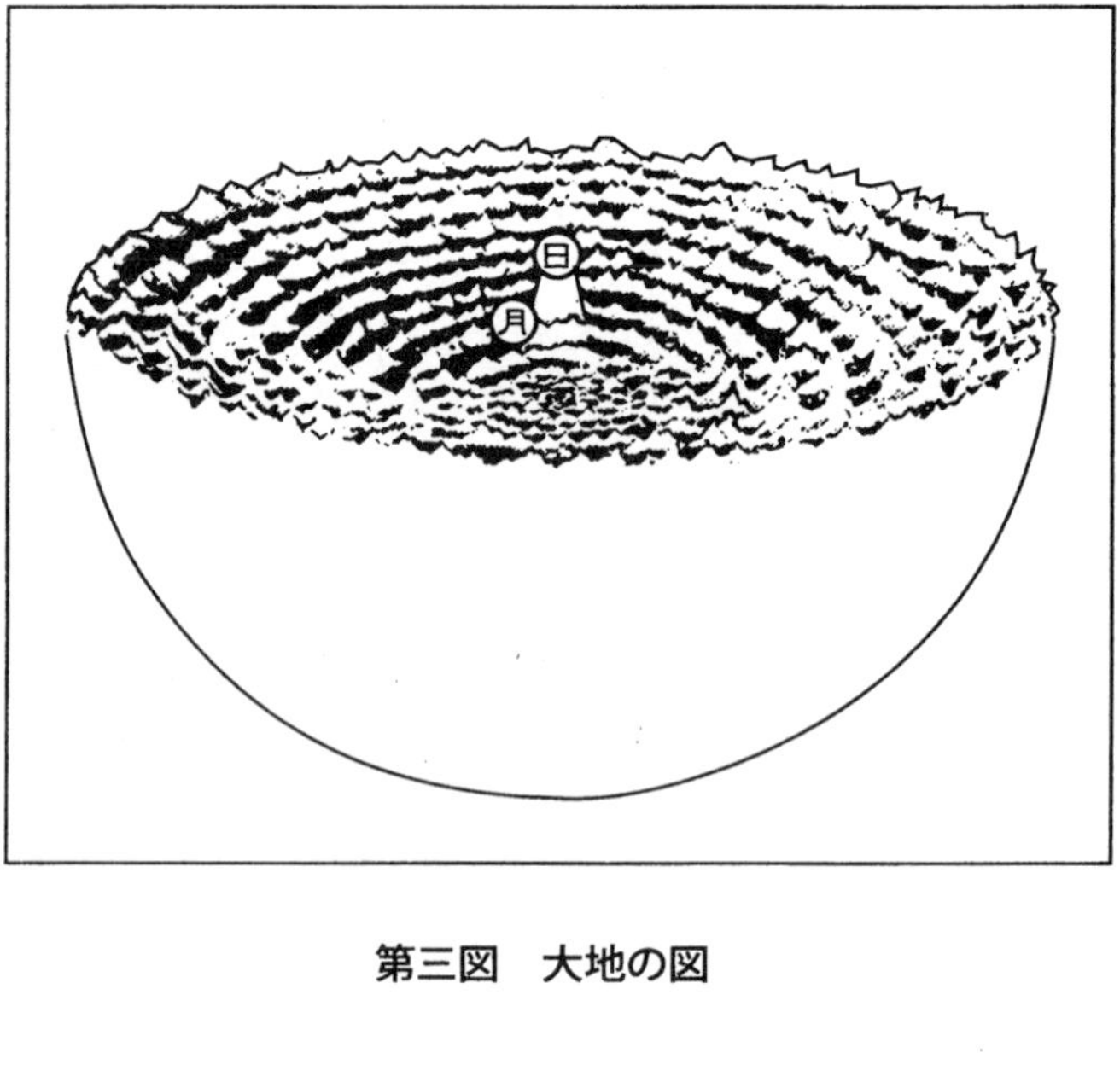

第三図　大地の図

も、今説明《いませつめい》の便利《べんり》のため従来《じゅうらい》の如《ごと》く仮《か》りに地球《ちきゅう》と称《しょう》しておく）は、四分《しぶん》の三《さん》まで水《みず》をもって覆《おほ》われあり、水《みず》は白色《はくしょく》なり。この大地《だいち》はその中心《ちゅうしん》に地球《ちきゅう》とほとんど同容積《どうようせき》の火球《かきゅう》ありて、地球《ちきゅう》に熱《ねつ》を与《あた》え、かつ光輝《こうき》を発射《はっしゃ》し、呼吸作用《こきゅうさよう》を営《いとな》みいるなり。しかして、太陽《たいよう》は呼吸作用《こきゅうさよう》により吸収放射《きゅうしゅうほうしゃ》の活用《かつよう》をなし、自動的傾斜運動《じどうてきけいしゃうんどう》を起《おこ》しいるなり。されど太陽《たいよう》の位置《いち》は大空《たいくう》の中心《ちゅうしん》にありて、少《すこ》しも固定的位置《こていてきいち》を変《へん》ずることは無《な》し。

○

地球《ちきゅう》は大地表面《だいちひょうめん》の中心《ちゅうしん》にありて、大地全体《だいちぜんたい》とともに自動的傾斜運動《じどうてきけいしゃうんどう》をおこない、その傾斜《けいしゃ》の程度《ていど》の如何《いかん》によりて、昼夜《ちゅうや》をなし春夏秋冬《はるなつあきふゆ》の区別《くべつ》をなすものなり。自動的小傾斜《じどうてきしょうけいしゃ》は一日《いちにち》に行《おこな》われ、自動的大傾斜《じどうてきだいけいしゃ》は四季《しき》に行《おこな》はる。彼岸《ひがん》の中日《ちゅうにち》には太陽《たいよう》と地球《ちきゅう》の大傾斜《だいけいしゃ》が一様《いちよう》に揃《そろ》うものなり。また六十年目《ろくじゅうねんめ》ごとにも約三百六十年目《やくさんびゃくろくじゅうねんめ》ごとにも、それぞれの大々傾斜《だいだいけいしゃ》が行《おこな》われ、大地《だいち》および地球《ちきゅう》の大変動《だいへんどう》を来《きた》す時《とき》はすなわち極大傾斜《ごくだいけいしゃ》の行《おこな》はるる時《とき》なり。

○

太陽《たいよう》は東《ひがし》より出《い》で西《にし》に入《い》るがごとく見《み》ゆるも、それは地上《ちじよう》の吾人《ごじん》より見《み》たる現象《げんしよう》にして、神《かみ》の眼《め》より見《み》る時《とき》は、太陽《たいよう》、地球《ちきゆう》ともに少《すこ》しも位置《いち》を変《へん》ずることなく、前述《ぜんじゆつ》のごとく、たんに自働的傾斜《じどうてきけいしや》を行《おこな》いているのみなり。

○

天《てん》に火星《かせい》、水星《すいせい》、木星《もくせい》、金星《きんせい》、土星《どせい》、天王星《てんおうせい》、海王星《かいおうせい》その他億兆無数《たおくちようむすう》の星体《せいたい》あるごとく、大地《だいち》にもまた同様《どうよう》に、同数同形《どうすうどうけい》の汐球《せききゆう》が配列《はいれつ》されありて、大空《おおぞら》の諸星《しよせい》も、大地《だいち》の諸汐《しよせき》球《きゆう》も、太陽《たいよう》に水球《すいきゆう》があるごとく、地球《ちきゆう》に火球《かきゆう》があるごとく、すべて球竿状《きゆうかんじよう》をなしいるものにして、おのおのそれ自体《じたい》の光《ひかり》を有《ゆう》しいるなり。なお、暗星《あんせい》の数《すう》は光星《こうせい》の百倍以上《ひやくばいいじよう》は確《たし》かにあるなり。

太陰《たいいん》は特《とく》に太空大地《たいくうだいち》の中心《ちゆうしん》すなわち中空《ちゆうくう》に、太陽《たいよう》と同《おな》じ容積《ようせき》を有《ゆう》して一定不変《いつていふへん》の軌道《きどう》を運行《うんこう》し、天地《てんち》の水気《すいき》を調節《ちようせつ》し、太陽《たいよう》をして酷熱《こくねつ》ならしめず、大地《だいち》をして極寒極暑《ごくかんごくしよ》ならしめざるよう保護《ほご》の任《にん》に当《あた》りいるものなり。

しかして、太陰《たいいん》の形《かたち》は円球《えんきゅう》をなし、半面《はんめん》は水《みず》にして透明体《とうめいたい》なり。しかして、それ自体《じたい》の光輝《こうき》を有《ゆう》し、他《た》の半面《はんめん》は全《まった》く火球《かきゅう》となりいるなり。今《いま》、図《ず》を以《もっ》て示《しめ》せば次《つぎ》の如《ごと》し。

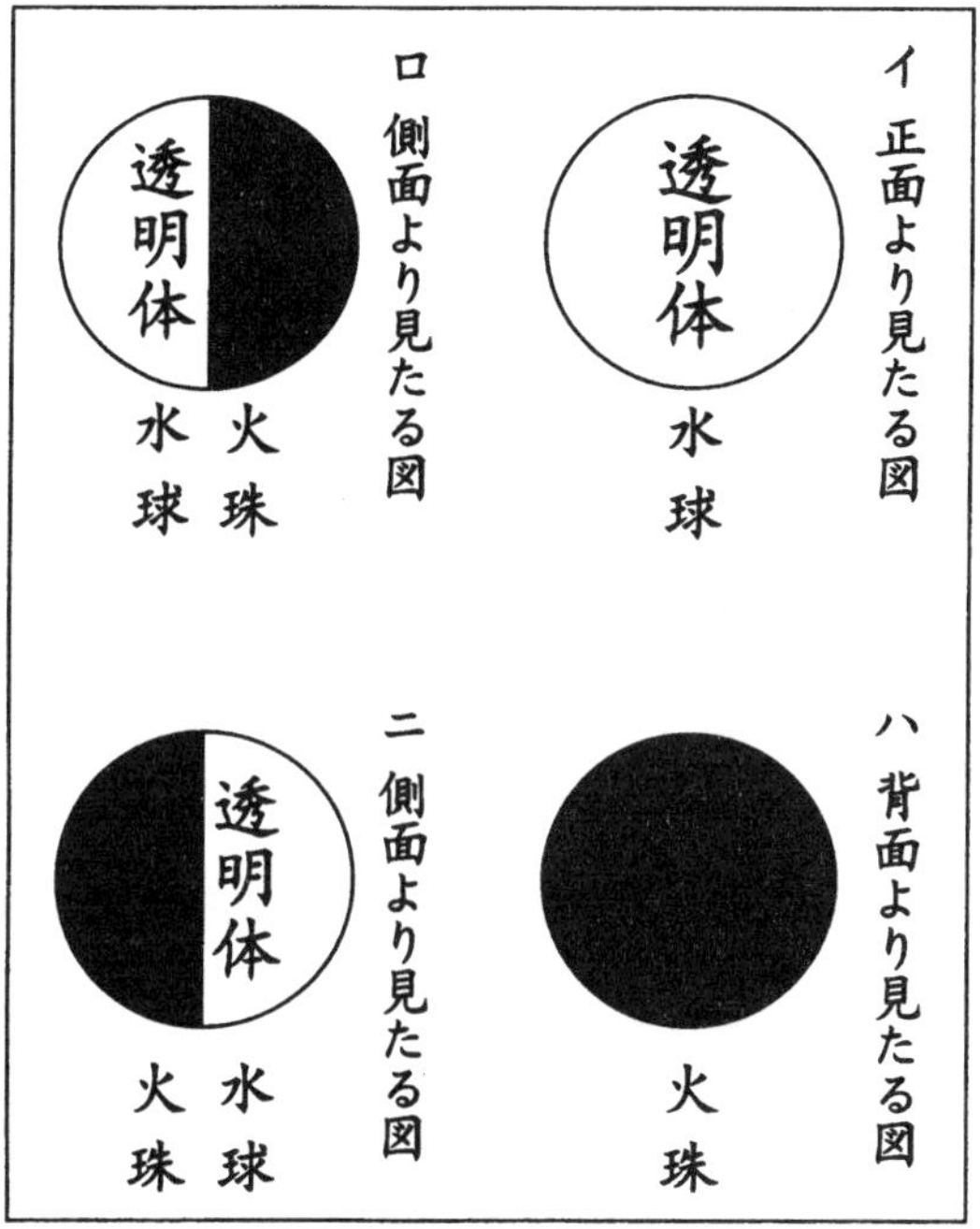

第四図　太陰の図

○太陰《たいいん》は大空大地《たいくうだいち》の中心《ちゅうしん》を西《にし》より東《ひがし》に運行《うんこう》するにともない、地汐《ちせき》をして或《ある》いは水《みず》を地球《ちきゅう》に送《おく》らしめ、あるいは退《ひ》かしむるがゆえに、満潮干潮《まんちょうかんちょう》の現象《げんしょう》自然《しぜん》に起《お》るものなり。

○神諭《しんゆ》に、

「月《つき》の大神様《おほかみさま》はこの世《よ》の御先《ごせん》

祖様《ぞさま》である」

と示《しめ》しあるは、月《つき》が大空《たいくう》と大地《だいち》の呼吸作用《こきゅうさよう》たる火水《いき》を調節《ちょうせつ》するの謂《いい》なり。火球《かきゅう》は呼気作用《こきさよう》を司《つかさど》り、地汐《ちせき》は吸気作用《きゅうきさよう》を司《つかさど》る。

「富士《ふじ》と鳴門《なると》の仕組《しぐみ》が致《いた》してある」

という神示《しんじ》は、火球《かきゅう》の出口《でぐち》は富士山《ふじさん》にして、地汐《ちせき》は鳴門《なると》を入口《いりぐち》として水《みず》を地底《ちてい》に注吸《ちゅうきゅう》しいることを指示《しじ》せるものなり。火球《かきゅう》および地汐《ちせき》よりは、なお人体《じんたい》に幾多《いくた》の血管神経《けつかんしんけい》の交錯《こうさく》せるごとく、四方八方《しほうはっぽう》に相交錯《あいこうさく》したる脈絡《みゃくらく》をもって、地球《ちきゅう》の表面《ひょうめん》に通《つう》じいるものなり。

（『霊界物語』第4巻「神示の宇宙」その1　大正10・12・15）

（二）神示の宇宙

前節《ぜんせつ》に述《の》べたるところを補《おぎな》うために、さらに少《すこ》しく断片的《だんぺんてき》に説明《せつめい》を加《くわ》えおくべし。しかし自分《じぶん》の宇宙観《うちゆうかん》はすべて神示《しんじ》のままなれば、現代《げんだい》の天文学《てんもんがく》といかなる交渉《こうしよう》を有《ゆう》するや否《いな》やは全然《ぜんぜん》自分《じぶん》の関知《かんち》するところにあらず。

自分《じぶん》は神示《しんじ》に接《せつ》してより二十四年間《にじゆうよねんかん》、ほとんど全《まつた》く世界《せかい》の出版物《しゆつぱんぶつ》その物《もの》から絶縁《ぜつえん》しいたり。したがって現在《げんざい》の天文学《てんもんがく》がいかなる程度《ていど》にまで進歩発達《しんぽはつたつ》しいるかは無論《むろん》知《し》らざるなり。ゆえに自分《じぶん》の述《の》ぶる宇宙観《うちゆうかん》に対《たい》して、ただちに現代《げんだい》の天文学的《てんもんがくてき》知識《ちしき》をもって臨《のぞ》むとも、にわかに首肯《しゆこう》し難《がた》き点少《てんすく》なからざるべし。

○

前節《ぜんせつ》に引《ひき》つづき太陽《たいよう》のことより順次述《じゆんじの》ぶる事《こと》とせり。

太陽《たいよう》は暗体《あんたい》にして、太陽《たいよう》の色《いろ》が白色《はくしよく》を加《くわ》えたるごとき赤色《せきしよく》に見《み》ゆるは、水《みず》が光《ひか》りいるが故《ゆえ》なり。暗夜《あんや》に赤布《せきふ》と白布《はくふ》とを比較《ひかく》して見《み》れば、白布《はくふ》の方《はう》がハッキリ見《み》ゆるものなり。これによりて見《み》るも水《みず》の光《ひか》りいることが判《はん》じ得《う》るなり。

○

大宇宙間《だいうちゅうかん》の各小宇宙《かくしょううちゅう》はたがいに牽引《けんいん》しているものにして、それと同《おな》じく太陽《たいよう》がその位置《いち》を支持《しじ》するは諸星《しょせい》の牽引力《けんいんりょく》によるものなり。ゆえに天主《てんしゅ》は太陽《たいよう》を支持《しじ》するために先《ま》ず諸星《しょせい》辰《しん》を造《つく》りたり。

○

太陽《たいよう》と我《わ》が地球《ちきゅう》との距離《きょり》は、小宇宙《しょううちゅう》の直径五十六億七千万里《ちょくけいごじゅうろくおくしちせんまんり》の八分《はちぶん》の一《いち》に当《あた》り、しかして大空《たいくう》の諸星《しょせい》は皆《みな》それ自体《じたい》の光《ひかり》を放《はな》ちつつ太陽《たいよう》の高《たか》さ以上《いじょう》の位置《いち》を占《し》めいるなり。太陽《たいよう》の光《ひかり》は、決《けつ》して大空《たいくう》に向《むか》っては放射《ほうしゃ》されず、あたかも懐中電燈《かいちゅうでんとう》のごとく、すべて大地《だいち》に向《むか》ってのみ放射《ほうしゃ》さるるなり。

○

普通我々《ふつうわれわれ》は太陽《たいよう》の昇《のぼ》る方角《ほうがく》を東《ひがし》としているが、本来宇宙《ほんらいうちゅう》それ自体《じたい》よりいへば、東西南北《とうざいなんぼく》の別《べつ》なし。仏説《ぶつせつ》に、

「本来無東西《ほんらいむとうざい》　何処有南北《かしょうなんぼく》」

とあるも、この理《り》に由《よ》る。いま、東西南北《とうざいなんぼく》の区別《くべつ》を立《た》つれば、大地《だいち》の中心《ちゅうしん》たる地球《ちきゅう》が北《ほく》極《きょく》に当《あた》る。北《きた》とは気垂《きたる》、水火垂《いきたる》、呼吸垂《いきたる》、の意《い》なり。南《みなみ》とは「皆見《みなみ》」えるという意味《いみ》の言《こと》霊《たま》なり。

〇

地球《ちきゅう》は前述《ぜんじゅつ》のごとく、世《よ》の学者《がくしゃ》らの信《しん》ずるごとき円球《えんきゅう》にあらずして地平《ちへい》なり。我々《われわれ》のいわゆる地球《ちきゅう》は、大地《だいち》の中心《ちゅうしん》なる極《きは》めて一小部分《いちしょうぶぶん》にて、大地《だいち》は第一図に示《しめ》す如《ごと》く悉《ことごと》く氷山《ひょうざん》なり。しかして、その氷山《ひょうざん》はいわゆる地球《ちきゅう》を相距《あいさ》るほどいよいよ嶮峻《けんしゅん》になりゆく。普通《ふつう》氷《ひょう》山《ざん》の解《と》けるということは、地球《ちきゅう》の中央《ちゅうおう》に接近《せっきん》せる氷山《ひょうざん》の解《と》けるのみにして、大部分《だいぶぶん》の氷山《ひょうざん》は決《けつ》して解《と》くることはなきものなり。

〇

地球説《ちきゅうせつ》の一《ひと》つの証拠《しょうこ》として、人《ひと》が海岸《かいがん》に立《た》ちて沖《おき》へゆく舟《ふね》を眺《なが》める場合《ばあい》に、船《ふね》がだんだん沖《おき》へ行《ゆ》くに従《したが》って、最初《さいしょ》は船体《せんたい》を没《ぼっ》し、次第《しだい》に檣《マスト》を没《ぼっ》してゆくという事実《じじつ》を挙《あ》げられるようだが、それは我々《われわれ》の眼球《めだま》がすでに円球《えんきゅう》に造《つく》られてあるが故《ゆえ》である。望遠鏡《ぼうえんきょう》は凹鏡《おうきょう》であるから、人間《にんげん》の瞳《ひとみ》との関係《かんけい》で、遠方《えんぽう》が見《み》えるのである。ゆえに地球説《ちきゅうせつ》を固執《こしつ》する人々《ひとびと》は、先《ま》ず人間《にんげん》の眼球《めだま》そのものの研究《けんきゅう》より始《はじ》めねばなるまい。

地球《ちきゅう》はまた一種《いっしゅ》の光輝《こうき》を有《ゆう》し、暗体《あんたい》ではない。

○

宇宙全体《うちゅうぜんたい》の上《うえ》にもっとも重大《じゅうだい》なる役目《やくめ》を有《ゆう》するのは、太陰《たいいん》すなわち月《つき》である。太陽《たいよう》の恩《おん》恵《けい》によって万物《ばんぶつ》の生成化育《せいせいかいく》しゆくことは誰《だれ》でも知《し》っているが、蔽《おお》われたる月《つき》の洪大無辺《こうだいむへん》なる恩恵《おんけい》を知《し》る者《もの》はほとんど全《まった》く無《な》い。

宇宙《うちゅう》の万物《ばんぶつ》は、この月《つき》の運行《うんこう》に、微妙《びみょう》にしてかつ重大《じゅうだい》なる関係《かんけい》を有《も》っている。月《つき》は二十《にじゅう》九日余《くにちよ》即《すなわ》ち普通《ふつう》の一月《ひとつき》で、中空《ちゅうくう》を一周《いっしゅう》する。ただし自転的運行《じてんてきうんこう》をするのではなく、単《たん》に同《どう》一《いつ》の姿勢《しせい》を保《たも》って運行《うんこう》するに過《す》ぎない。大空《たいくう》における月《つき》の位置《いち》が、たとえば月《つき》の三日《みっか》には甲天《こうてん》に、四日《よっか》には乙天《おってん》と順次《じゅんじ》に変《かわ》って行《ゆ》くのは、月《つき》が静止《せいし》しているのでなくして西《にし》より東《ひがし》に向《むか》って運行《うんこう》している證拠《しようこ》である。

月《つき》が我々《われわれ》の眼《め》に見《み》えるのは、**第一図**の上線《じやうせん》を月《つき》が運行《うんこう》している場合《ばあい》で、下線《かせん》を通過《つうか》している時《とき》は全然《ぜんぜん》我々《われわれ》には見《み》えない。月《つき》が上線《じやうせん》を運行《うんこう》する時《とき》は、月読命《つきよみのみこと》の活動《かつどう》であり、下線《かせん》を運行《うんこう》する時《とき》は素盞嗚尊《すさのをのみこと》の活動《かつどう》である。

○

次《つぎ》に月《つき》を眺《なが》めて第《だい》一に起《おこ》る疑問《ぎもん》は、あの月面《げつめん》の模様《もよう》である。昔《むかし》から猿《さる》と兎《うさぎ》が餅《もち》を搗《つ》いているといわれるあの模様《もよう》は、我々《われわれ》の所謂《いわゆる》五大洲《ごだいしゆう》の影《かげ》が月面《げつめん》に映《うつ》っているのである。それ故《ゆえ》、何時《いつ》も同《おな》じ模様《もよう》が見《み》えている。蝕《か》けた月《つき》の半面《はんめん》に朧《おぼろ》げな影《かげ》が見《み》えるのは、月《つき》それ自体《じたい》の影《かげ》である。つまり月《つき》の半面《はんめん》たる火球《かきゆう》の部分《ぶぶん》が見《み》えているからである。

○

月蝕《げつしよく》の起《おこ》るは、月《つき》が背後《はいご》から太陽《たいよう》に直射《ちよくしや》された場合《ばあい》である。日蝕《につしよく》は、月《つき》が太陽《たいよう》と地球《ちきゆう》との中間《ちゆうかん》に入《い》って、太陽《たいよう》を遮《さへ》ぎった場合《ばあい》である。

○銀河《ぎんが》は、太陽《たいよう》の光《ひかり》が大地《だいち》の氷山《ひょうざん》に放射《ほうしや》され、それが又大空《またたいくう》に反射《はんしや》して、大空《たいくう》に在《あ》る無数《むすう》の暗星《あんせい》が其《そ》の反射《はんしや》の光《ひかり》によって我々《われわれ》の眼《め》に見《み》えるのである。銀河《ぎんが》の外椽《そとべり》に凸凹《でこぼこ》あるは氷山《ひょうざん》の高低《こうてい》に凸凹《でこぼこ》あるが為《た》めである。

○又彗星《またすいせい》は大虚空《だいこくう》を運行《うんこう》し時《とき》に大地《だいち》より眺《なが》められる。大虚空《だいこくう》とは此《こ》の小宇宙《しょううちゅう》の圏外《けんがい》を称《しょう》するので、青色《せいしょく》を呈《てい》している。大空《たいくう》の色《いろ》は緑色《りょくしょく》である。併《しか》し、我々《われわれ》は大空《たいくう》の色《いろ》のみならず、青色《せいしょく》の大虚空《だいこくう》をも共《とも》に通《とお》して見《み》るが故《ゆえ》に、碧色《へきしょく》に見《み》えるのである。

○此《こ》の小宇宙《しょううちゅう》を外《そと》より見《み》れば、大空《たいくう》は大地《だいち》よりはずっと薄《うす》き紫《むらさき》、赤《あか》、青等各色《あおとうかくしょく》の霊衣《れいい》を以《もつ》て覆《おほ》われ、大地《だいち》は黄《き》、浅黄《あさぎ》、白等各色《しろとうかくしょく》の厚《あつ》き霊衣《れいい》を以《もつ》て包《つつ》まれている。そしてこの宇宙《うちゅう》を全体《ぜんたい》として見《み》る時《とき》は紫色《ししょく》を呈《てい》している。これを顕国《うつしくに》の御玉《みたま》という。

○わが小宇宙《しょううちゅう》はこれを中心《ちゅうしん》として他《た》の諸宇宙《しょうちゅう》と、夫《そ》れぞれ霊線《れいせん》を以《もっ》て蜘蛛《くも》の巣《す》の如《ごと》く四方八方《しほうはっぽう》に連絡《れんらく》し相通《あいつう》じているのであって、それらの宇宙《うちゅう》には、我々《われわれ》の地球上《ちきゅうじゃう》の人間《にんげん》や動植物《どうしょくぶつ》と同《おな》じ様《よう》なものは生息《せいそく》していない。我《わ》が小宇宙《しょううちゅう》に於《お》ける、地球《ちきゅう》以外《いがい》の星《ほし》にも神々《かみがみ》は坐《まし》ませども、地球《ちきゅう》上《じゃう》に棲息《せいそく》する如《ごと》き生物《せいぶつ》は断《だん》じていない。この小宇宙《しょううちゅう》と他《た》の宇宙《うちゅう》

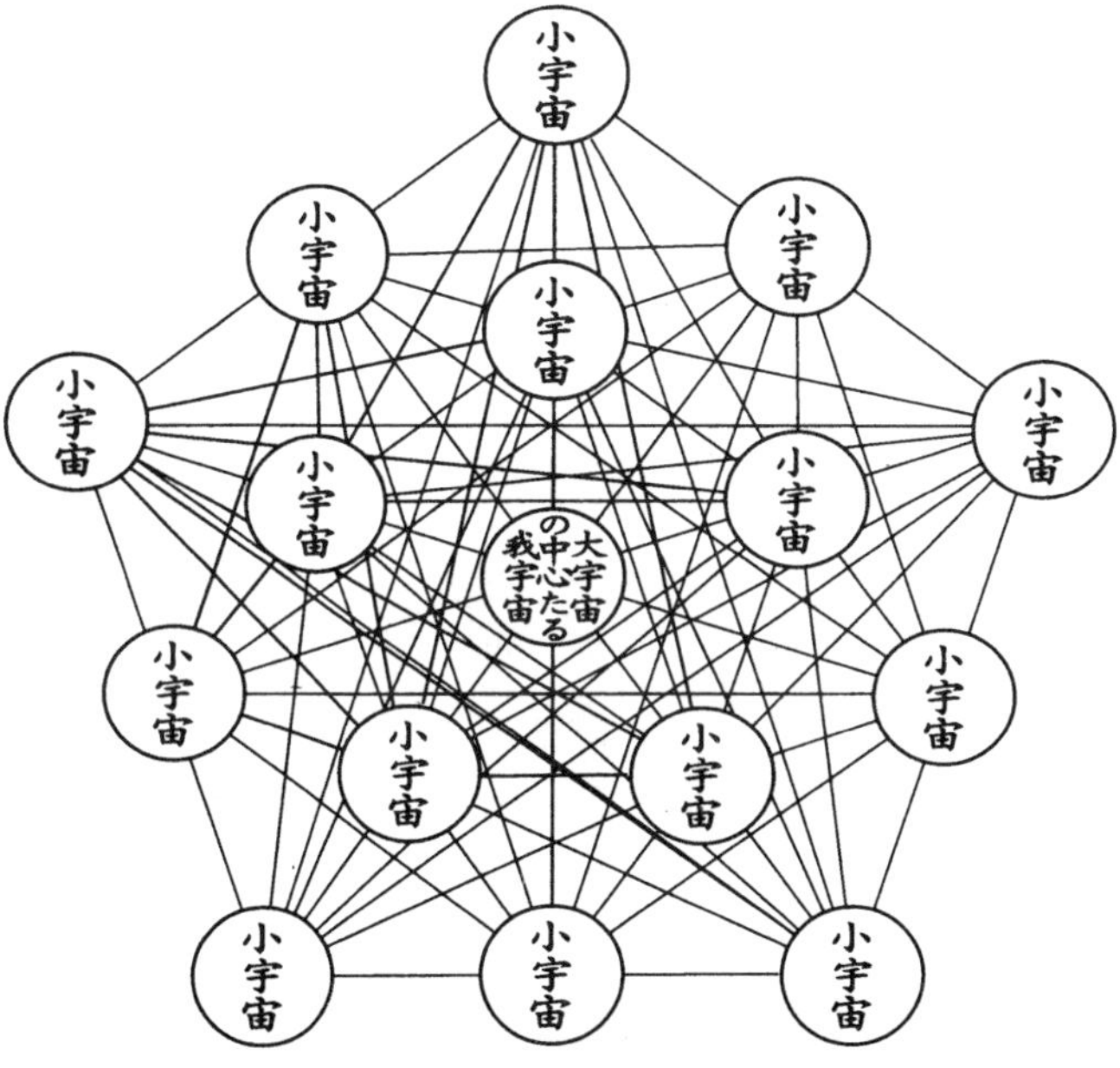

第五図　大宇宙の図

との関係《かんけい》を図《ず》によりて示《しめ》せば、**第五図**の如《ごと》くである。

（『霊界物語』第4巻「神示の宇宙」その2　大正10・12・15）

(三) 神示の宇宙

王仁《わたし》は前章《ぜんしよう》に於《おい》て、太陽《たいよう》は暗体《あんたい》であって、其《そ》の実質《じつしつ》は少《すこ》しも光輝《こうき》を有《ゆう》せぬと言《い》い、また地球《ちきゆう》は光体《こうたい》であると言《い》った事《こと》に就《つ》き、早速疑問《さつそくぎもん》が続出《ぞくしゆつ》しましたから、念《ねん》のために茲《ここ》に改《あらた》めて火《ひ》と水《みず》との関係《かんけい》を解説《かいせつ》しておきます。

されど元来《がんらい》の無学者《むがくしや》で、草深《くさぶか》き山奥《やまおく》の生活《せいかつ》を続《つづ》け、且《か》つ神界《しんかい》よりの厳命《げんめい》で、明治以後《めいじいご》の新学問《しんがくもん》を研究《けんきゆう》する事《こと》を禁《きん》じられ、恰《あたか》も里《さと》の仙人《せんにん》の境遇《きやうぐう》に二十四年間《にじゆうよねんかん》を費《ついや》したものでありますから、今日《こんにち》の学界《がくかい》の研究《けんきゆう》が何《ど》の点《てん》まで進《すす》ンで居《お》るかと云《い》う事《こと》は、私《わたし》には全然見当《ぜんぜんけんとう》が付《つ》かない。

日進月歩《にっしんげっぽ》の世《よ》の中《なか》に於《おい》て、二十四年間読書界《にじゅうよねんかんどくしょかい》と絶縁《ぜつえん》して居《い》たものの口《くち》から吐《は》き出《だ》すのですから、時世《じせい》に遅《おく》れるのは誰《だれ》が考《かんが》えても至当《しとう》の事《こと》であります。昔話《むかしばなし》にある、浦島子《うらしまし》が龍宮《りゅうぐう》から帰《かえ》って来《き》た時《とき》の様《よう》に世《よ》の中《なか》の学界《がくかい》の進歩《しんぽ》は急速《きゅうそく》であって、私《わたし》が今日新《こんにちあらた》なる天文《てんもん》、地文《ちもん》、その他《た》の学問《がくもん》を見《み》ましたならば、嘸驚異《さぞきやうい》の念《ねん》にからるるで在《あ》ろうと思《おも》います。併《しか》し私《わたし》としては今日《こんにち》の科学《かがく》の圏外《けんがい》に立《た》ち、神示《しんじ》のままの実験的物語《じっけんてきものがたり》をする迄《まで》です。

「神《かむ》ながら虚空《こくう》の外《そと》に身《み》をおきて日《ひ》に夜《よ》に月《つき》ぬものがたりする」現代文明《げんだいぶんめい》の空気《くうき》に触《ふ》れた学者《がくしゃ》の耳《みみ》には到底《とうてい》這入《はい》らないのみならず、一種《いっしゅ》の誇大妄想狂《こだいもうそうきょう》と見《み》らるるかも知《し》れませぬ、然《さ》れど「神《かみ》は賢《かしこ》きもの、強《つよ》きものにあらわさずして、愚《おろか》なるもの、弱《よわ》きものに誠《まこと》をあらわし玉《たま》う」と言《い》える聖《せい》キリストの言《げん》を信《しん》じ、愚弱《ぐじゃく》なる私《わたし》に真《しん》の神《かみ》は、宇宙《うちゅう》の真理《しんり》を開示《かいじ》されたのでは無《な》かろうかとも思《おも》われるのであります。

○

凡《すべ》て水《みず》は白《しろ》いものであって、光《ひかり》の元素《げんそ》である。水《みず》の中心《ちゅうしん》には、一《ひと》つのゝ《ほち》があって、水《みず》を自由《じいう》に流動《りゆうどう》させる。若《も》しこの丶《ほち》が水《みず》の中心《ちゆうしん》から脱出《だつしゆつ》した時《とき》は固《かた》く凝《こ》って氷《こおり》となり、少《すこ》しも流動《りゆうどう》せない。故《ゆえ》に水《みず》から丶《ほち》の脱出《だつしゆつ》したのを、氷《こおり》と云《い》い、又《また》は、氷《ひ》と云《い》う。火《ひ》もまたその中心《ちゆうしん》に水《みず》なき時《とき》は、火《ひ》は燃《も》え、且《か》つ光《ひか》る事《こと》は出来《でき》ぬ。要《よう》するに水《みず》を動《うご》かすものは火《ひ》であり、火《ひ》を動《うご》かすものは水《みず》である。故《ゆえ》に、一片《いつぺん》の水気《すいき》も含《ふく》まぬ物体《ぶつたい》は、どうしても燃《も》えない。

○

太陽《たいよう》もその中心《ちゆうしん》に、水球《すいきゆう》より水《みず》を適度《てきど》に注入《ちゆうにゆう》して、天空《てんくう》に燃《も》えて光《ひかり》を放射《ほうしや》し、大地《だいち》はまた、氷山《ひようざん》や水《みず》の自然《しぜん》の光《ひかり》を地中《ちちゆう》の火球《かきゆう》より調節《ちようせつ》して、その自体《じたい》の光《ひかり》を適度《てきど》に発射《はつしや》して居《い》る。

○

次《つぎ》に諸星《しよせい》の運行《うんこう》に、大変《たいへん》な遅速《ちそく》のある様《よう》に地上《ちじよう》から見《み》えるのは、地上《ちじよう》より見《み》て星《ほし》の位置《いち》に、遠近《えんきん》、高低《こうてい》の差《さ》あるより、一方《いつぽう》には急速《きゆうそく》に運行《うんこう》する如《ごと》く見《み》え、一方《いつぽう》には遅《おそ》く運行《うんこう》する様《よう》に見《み》えるのである。が、概《がい》して大地《だいち》に近《ちか》く、低《ひく》き星《ほし》は速《はや》く見《み》え、遠《とお》く高《たか》き星《ほし》はその運行《うんこう》が遅《おそ》い様《よう》に見《み》える。

例《たと》えば、汽車《きしや》の進行中《しんこうちゆう》、車窓《しやそう》を開《ひら》いて遠近《えんきん》の山《やま》を眺《なが》めると、近《ちか》い処《ところ》にある山《やま》は、急速度《きゆうそくど》に汽車《きしや》と反対《はんたい》の方向《ほうこう》に走《はし》る如《ごと》く見《み》え、遠方《えんぽう》にある山《やま》は、依然《いぜん》として動《うご》かない様《よう》に見《み》え又《また》その反対《はんたい》の方向《ほうこう》に走《はし》っても、極《きわ》めて遅《おそ》く見《み》ゆると同一《どういつ》の理《り》である。

○

前述《ぜんじゆつ》の如《ごと》く、太陰《たいいん》（月）は、太陽《たいよう》と大地《だいち》の中間《ちゆうかん》に、一定《いってい》の軌道《きどう》を採《と》って公行《こうこう》し、三角星《さんかくせい》、三《み》ツ星《ぼし》、スバル星《せい》、北斗星《ほくとせい》の牽引力《けんいんりよく》に由《よ》って、中空《ちゆうくう》にその位置《いち》を保《たも》って公行《こうこう》して居《い》る。月《つき》と是等《これら》の星《ほし》の間《あいだ》には、月《つき》を中心《ちゆうしん》として、恰《あたか》も交感神経系統《こうかんしんけいけいとう》の如《よ》うに、一種《いつしゆ》の微妙《びみよう》なる霊線《れいせん》を以《もつ》て、維持《いじ》されてある。

太陽《たいよう》と、大空《たいくう》の諸星《しよせい》との関係《かんけい》も亦同様《またどうよう》に太陽《たいよう》を中心《ちゆうしん》として、交感神経系統《こうかんしんけいけいとう》の如《よ》うに一種《いつしゆ》微妙《びみよう》の霊線《れいせん》を以《もつ》て保維《ほい》され、動《どう》、静《せい》、解《かい》、凝《ぎよう》、引《いん》、弛《ち》、合《ごう》、分《ぶん》の八大神力《はちだいしんりき》の、適度《てきど》の調節《ちようせつ》に由《よ》って、同位置《どういち》に安定《あんてい》しながら、小自動傾斜《しようじどうけいしや》と、大自動傾斜《だいじどうけいしや》を永遠《えいえん》に続《つづ》けて、太陽自体《たいようじたい》の呼吸作用《こきゆうさよう》を営《いとな》んで居《い》る。

○

大地《だいち》も亦《また》その中心《ちゅうしん》の地球《ちきゅう》をして、諸汐球《しょせききゅう》との連絡《れんらく》を保《たも》ち、火水《かすい》の調《ちょう》節《せつ》によって呼吸作用《こきゅうさよう》を営《いとな》み居《い》る事《こと》は、太陽《たいよう》と同様《どうよう》である。地球《ちきゅう》を中《ちゅう》心《しん》として、地中《ちちゅう》の諸汐球《しょせききゅう》は、交感《こうかん》神経系統《しんけいけいとう》の如《ごと》く微妙《びみょう》なる霊線《れいせん》を通《つう》じて、地球《ちきゅう》の安定《あんてい》を保維《ほい》して居《い》る。

また地球面《ちきゅうめん》を大地《だいち》の北極《ほくきょく》と云《い》う意味《いみ》は、キタとは、前述《ぜんじゅつ》の如《ごと》く、火《い》水《き》垂《た》ると云《い》うことであって、第六図の如《ごと》く、太陽《たいよう》の水火《すいか》と、大地《だいち》

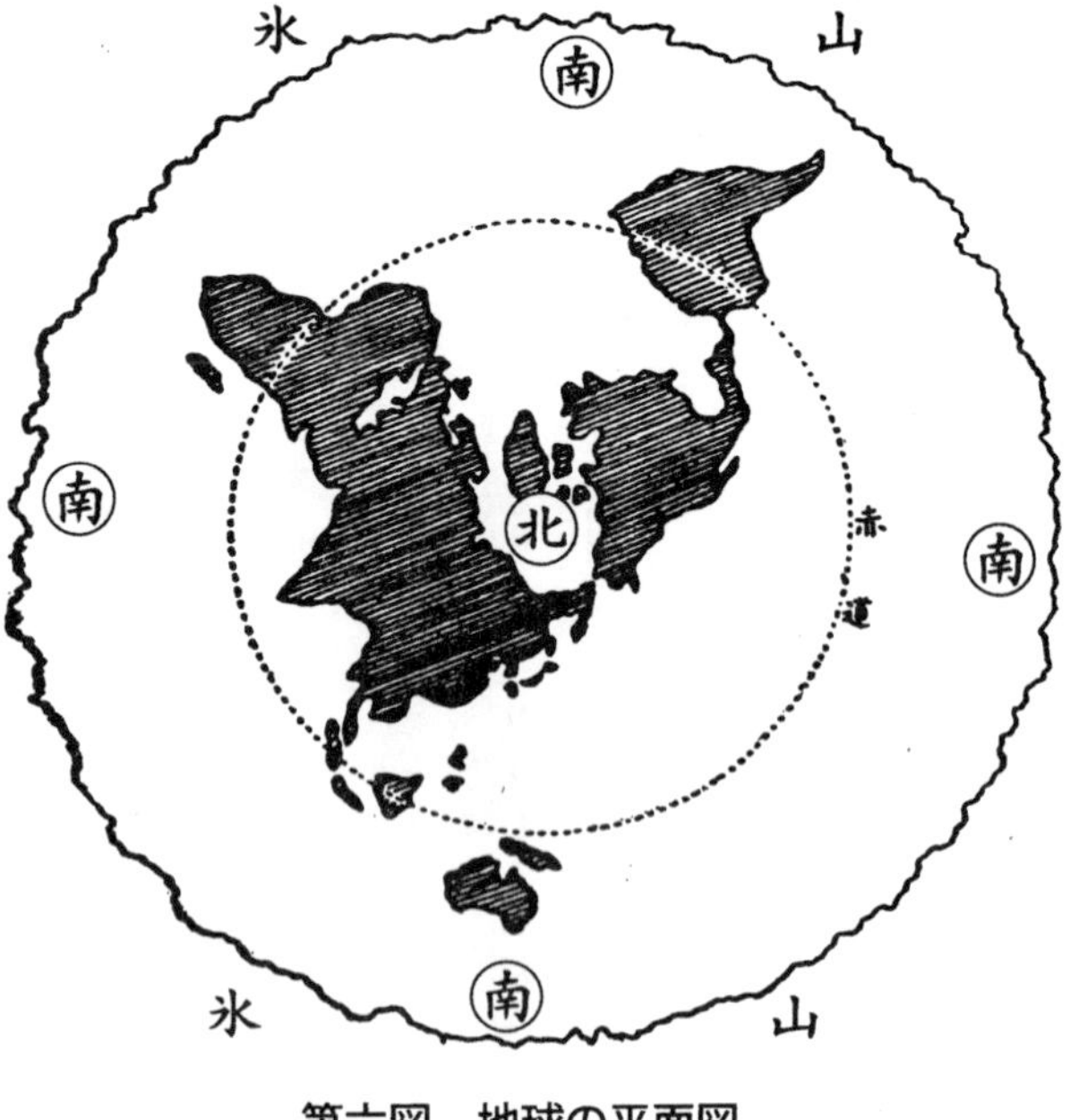

第六図　地球の平面図

の中心《ちゅうしん》の水火《すいか》と、大地上《だいちじょう》の四方《しほう》の氷山《ひょうざん》の水火《すいか》と、太陰《たいいん》の水火《すいか》の垂下《すいか》したる中心《ちゅうしん》の意味《いみ》である。

○

人間《にんげん》が地球《ちきゅう》の陸地《りくち》に出生《しゅっせい》して活動《かつどう》するのを、水火定《いきる》と云《い》う。故《ゆえ》に地球《ちきゅう》は生物《せいぶつ》の安住所《あんじゅうしょ》であり、活動経綸場《かつどうけいりんじょう》である。また水火《すいか》即《すなわ》ち霊体分離《れいたいぶんり》して所謂《いわゆる》死亡《しぼう》するのを、身枯留《まかる》、水枯定《まかる》と云《い》うのは、火水《かすい》の調節《ちょうせつ》の破《やぶ》れた時《とき》の意《い》であります。されど霊魂上《れいこんじゃう》より見《み》る時《とき》は生《せい》なく、死《し》なく、老幼《ろうよう》の区別《くべつ》なく、万劫末代生通《まんごうまつだいいきとお》しであって、霊魂《れいこん》即《すなわ》ち吾人《ごじん》の本守護神《ほんしゅごじん》から見《み》れば、単《たん》にその容器《ようき》を代《か》えるまでであります。

（『霊界物語』第4巻「神示の宇宙」その3　大正10・12・27）

（四）神示の宇宙

「瑞月憑虚空、照破万界暗《ずいげつこくうにかかりばんかいのやみをしょうはす》」とは神示《しんじ》の一端《いったん》である。

瑞月王仁《わたし》は前述《ぜんじゅつ》の如《ごと》く、現代《げんだい》の盛《さか》んな学説《がくせつ》に少《すこ》しも拘泥《こうでい》せず、霊界《れいかい》にあって見聞《みき》きせるそのままを、出放題《でほうだい》に喋舌《しゃべ》る斗《ばか》りである。是《これ》に就《つ》いては、満天下《まんてんか》の智者学者《ちしゃがくしゃ》が邪説怪論《じゃせつかいろん》として、攻撃《こうげき》の矢《や》を向《む》けて来《く》るであろう。

○

大空《たいくう》に懸《かか》る無数《むすう》の星辰《せいしん》の中《なか》には、其《そ》の光度《こうど》に強弱《きょうじゃく》あり、厚薄《こうはく》ありて、その色光《しょくこう》一定《いってい》して居《い》ないのは、決《けつ》して星《ほし》の老若大小《ろうにゃくだいしょう》に依《よ》るのではない。その水火調節《すいかちょうせつ》の分量《ぶんりょう》及《およ》び金《きん》、銀《ぎん》、銅《どう》、鉄等《てつとう》の包含《ほうがん》の多少《たしょう》の如何《いかん》に由《よ》って種々《しゅじゅ》に光色《こうしょく》が変《かわ》って見《み》えるまでである。

水《みず》の分量《ぶんりょう》の多《おお》い時《とき》は白光《はっこう》を顕《あら》わし、火《ひ》の分量《ぶんりょう》の多《おお》い星《ほし》は赤色《せきしょく》を表《あら》わす。故《ゆえ》に星《ほし》の高低《こうてい》や位置《いち》に由《よ》って種々《しゅじゅ》の光色《こうしょく》を各自《かくじ》に発射《はっしゃ》して居《い》る。

星《ほし》の光《ひかり》の☆の如《ごと》く五光射形《ごこうしゃけい》に地球《ちきゅう》より見《み》えるのは火《ひ》の量分《りょうぶん》の多《おお》い星《ほし》であり、✩の如《ごと》く六光射形《ろくこうしやけい》に見《み》ゆるのは水《みず》の量分《りようぶん》の多《おお》い星《ほし》である。

火《ひ》の字《じ》の各端《かくたん》に○点《てん》を附《ふ》して見《み》ると ✻ のごとく五《いつ》つの○点《てん》となる。五《ご》は天《てん》を象《かたど》り、火《ひ》を象《かたど》る。

また水《みず》の字《じ》の各端《かくたん》に○点《てん》を附《ふ》して見《み》ると、✻ の如《ごと》く六《む》つの○点《てん》となる。六《ろく》は水《みず》を象《かたど》り、地《ち》を象《かたど》る。故《ゆえ》に五光射星《ごこうしやせい》と六光射星《ろくこうしやせい》は天上《てんじよう》にあって水火《すいか》の包含量《ほうがんりよう》の多少《たしよう》を顕《あら》わして居《い》るのである。

又星《またほし》は太陽《たいよう》の如《ごと》く、自動傾斜運動《じどうけいしやうんどう》を為《な》さず、月球《げつきゆう》のように星自体《ほしじたい》が安定《あんてい》して光《ひか》って居《お》るから、五光射《ごこうしや》、六光射《ろくこうしや》が良《よ》く地球上《ちきゆうじやう》から見得《みえ》らるるのである。

○

太陽《たいよう》もまた星《ほし》の様《よう》に、安定《あんてい》し自体《じたい》の傾斜運動《けいしやうんどう》をせなかったら、五光射体《ごこうしやたい》と見《み》え、又《また》は六《ろく》光射体《こうしやたい》と見《み》えるのであるが、その自動的傾斜運動《じどうてきけいしやうんどう》の激《はげ》しきために、その光射体《こうしやたい》が円《まる》く見《み》えるのである。

譬《たと》えば蓄音機《ちくおんき》の円盤《えんばん》に、色々《いろいろ》の画《え》や文字《もじ》を書《か》き記《しる》しておいて、これを廻《まわ》して見《み》ると、その色々《いろいろ》の形《かたち》の書画《しょが》が盤《ばん》と同様《どうよう》に、丸《まる》くなって見《み》えるようなものである。

○

また北斗星《ほくとせい》と云《い》うのは、北極星《ほつきよくせい》に近《ちか》い星《ほし》であって、俗《ぞく》に之《これ》を七剣星《しちけんせい》、又《また》は破軍星《はぐんせい》と称《とな》えられている。この七剣星《しちけんせい》はまた天《あま》の瓊矛《ぬぼこ》とも言《い》い、伊邪那岐《いざなぎ》の神《かみ》、伊邪那美《いざなみ》の神《かみ》が天《あま》の浮《うき》橋《はし》に立《た》って漂《ただよ》える泥海《どろうみ》の地《ち》の世界《せかい》を、塩古淤呂古淤呂《しほこおろこおろ》にかき鳴《な》らしたまいし宇宙修理固成《うちゆうしゆうりこせい》の神器《しんき》である。今日《こんにち》も猶我国《なおわがくに》より見《み》る大空《たいくう》の中北部《ちゆうほくぶ》に位置《いち》を占《し》めて、太古《たいこ》の儘《まま》日《ひ》、地《つち》、月《つき》の安定《あんてい》を保維《ほい》して居《お》る。

また北斗星《ほくとせい》は、円《えん》を画《えが》いて運行《うんこう》しつつある如《ごと》く地上《ちじよう》より見《み》えて居《い》るが、是《これ》は大空《たいくう》の傾斜《けいしや》運動《うんどう》と、大地《だいち》の傾斜運動《けいしやうんどう》の作用《さよう》に由《よ》って、北斗星《ほくとせい》が運行《うんこう》する如《ごと》く見《み》ゆる斗《ばか》りである。万一《まんいち》北斗星《ほくとせい》が運行《うんこう》する様《よう》な事《こと》があっては、天地《てんち》の大変《たいへん》を来《きた》すのである。併《しか》し他《た》の星《ほし》は、地上《ちじよう》より見《み》て、東天《とうてん》より西天《せいてん》に没《ぼつ》する如《ごと》くに見《み》えるに拘《かかわ》らず、北斗星《ほくとせい》の運行軌道《うんこうきどう》の、東西南北《とうざいなんぼく》に頭《かしら》を向《む》けて、天界《てんかい》を循環《じゅんかん》するが如《ごと》くに見《み》えるのは、その大空《たいくう》の中心《ちゅうしん》と、大地《だいち》の北中心《きたちゅうしん》に位《くらい》して居《お》るため、他《た》の諸星《しょせい》と同《おな》じ様《よう》に見《み》えぬのみである。

譬《たとえ》ば、雨傘《あまがさ》を拡《ひろ》げて、その最高中心部《さいこうちゅうしんぶ》に北極星《ほつきょくせい》稍《やや》下《くだ》って北斗星《ほくとせい》の画《が》を描《えが》き、その他《た》の傘《かさ》の各所一面《かくしょいちめん》に、星《ほし》を描《えが》いて直立《ちょくりつ》しその傘《かさ》の柄《え》を握《にぎ》り、東南西北《とうなんせいほく》と傾斜運動《けいしゃうんどう》をさせて見《み》ると、北斗星《ほくとせい》は円《えん》を描《えが》いて、軌道《きどう》を巡《めぐ》る如《ごと》く見《み》え、広《ひろ》い端《はし》になるほどその描《えが》いた星《ほし》が、東《ひがし》から西《にし》へ運行《うんこう》するように見《み》える。之《これ》を見《み》ても、北斗星《ほくとせい》が北極星《ほつきょくせい》を中心《ちゅうしん》として円《まる》き軌道《きどう》を運行《うんこう》するのでない事《こと》が分《わか》るであろう。

○

また太陽《たいよう》の光線《こうせん》の直射《ちょくしゃ》の中心《ちゅうしん》は赤道《せきどう》であるが、大地《だいち》の中心《ちゅうしん》は北極《ほつきょく》即《すなわ》ち地球《ちきゅう》である。大地《だいち》の中心《ちゅうしん》に向《む》かって、大空《たいくう》の中心《ちゅうしん》たる太陽《たいよう》が合《あわ》せ鏡《かがみ》の如《ごと》くに位置《いち》を占《し》めて居《お》るとすれば、地球《ちきゅう》の中心《ちゅうしん》たる北部《ほくぶ》の中津国《なかつくに》即《すなわ》ち我《わ》が日本《にほん》が赤道《せきどう》でならねばならぬと云《い》う人《ひと》があるが、それは太陽《たいよう》の傾斜運動《けいしゃうんどう》と、地球《ちきゅう》の傾斜運動《けいしゃうんどう》の或《あ》る関係《かんけい》より、光線《こうせん》の中心《ちゅうしん》が地球《ちきゅう》の中心《ちゅうしん》即《すなわ》ち北部《ほくぶ》なる我日本《わがにほん》に直射《ちょくしゃ》せないためである。

○

また赤道《せきどう》を南《みなみ》に距《さ》るほど、北斗星《ほくとせい》や北極星《ほっきょくせい》が段々《だんだん》と低《ひく》く見《み》え、終《つい》には見《み》えなく成《な》って了《しま》うのは、大空《たいくう》と大地《だいち》の傾斜《けいしゃ》の程度《ていど》と、自分《じぶん》の居《お》る地位《ちい》とに関係《かんけい》するからである。是《これ》も雨傘《あまがさ》を上《うえ》と下《した》と二本合《にほんあわ》して傾斜廻転《けいしゃかいてん》をなし乍《なが》ら考《かんが》えて見《み》ると、その原因《げんいん》が判然《はんぜん》と分《わか》って来《く》る。

（『霊界物語』第4巻「神示の宇宙」その4　大正10・12・27）

（五）神示の宇宙

宇宙間《うちゅうかん》には、神霊原子《しんれいげんし》というものがある。又単《またたん》に霊素《れいそ》と言《い》ってもよい、一名火素《いちめいかそ》とも言《い》う。火素《かそ》は万物一切《ばんぶついっさい》の中《うち》に包含《ほうがん》されてあり、空中《くうちゅう》にも沢山《たくさん》に充実《じゅうじつ》して居《い》る。又体素《またたいそ》というものがあって単《たん》に水素《すいそ》とも云《い》う。火素水素相抱擁帰一《かそすいそあいほうようきいつ》して、精気《せいき》なるもの宇宙《うちゅう》に発生《はっせい》する、火素水素《かそすいそ》の最《もつと》も完全《かんぜん》に活用《かつよう》を始《はじ》めて発生《はつせい》したものである。この精気《せいき》より電子《でんし》が生《うま》れ、電子《でんし》は発達《はつたつ》して宇宙間《うちゆうかん》に電気《でんき》を発生《はつせい》し、一切《いつさい》の万物活動《ばんぶつかつどう》の原動力《げんどうりよく》となるのである。

そして此《こ》の霊素《れいそ》を神界《しんかい》にては、高皇産神《たかみむすびかみ》と云《い》い、体素《たいそ》を神皇産神《かむみむすびかみ》と云《い》う。この霊体二素《れいたいにそ》の神霊《しんれい》より、遂《つい》に今日《こんにち》の学者《がくしや》の所謂電気《いわゆるでんき》が発生《はつせい》し、宇宙《うちゆう》に動《どう》、静《せい》、解《かい》、凝《ぎよう》、引《いん》、弛《ち》、合《ごう》、分《ぶん》の八力完成《はちりきかんせい》し、遂《つい》に大宇宙小宇宙《だいうちゆうしようちゆう》が形成《けいせい》された。ニユートンとやらの地球引力説《ちきゆういんりよくせつ》では、到底宇宙《とうていうちゆう》の真理《しんり》は判明《はんめい》しないでありましよう。

○

物質文明《ぶつしつぶんめい》は日《ひ》に月《つき》に発達《はつたつ》し、神秘《しんぴ》の鍵《かぎ》を以《もつ》て、神界《しんかい》の秘門《ひもん》を開《ひら》いた如《ごと》くに感《かん》ぜられる世《よ》の中《なか》になったと言《い》って、現代《げんだい》の人間《にんげん》は誇《ほこ》って居《お》るようであるが、未《ま》だ未《ま》だ宇宙《うちゆう》の真理《しんり》や科《か》学《がく》は神界《しんかい》の門口《かどぐち》にも達《たつ》して居《い》ない。

併《しか》し今日《こんにち》は、高皇産霊《たかみむすび》（霊系《れいけい》）、神皇産霊《かむみむすび》（体系《たいけい》）の二大原動力《にだいげんどうりよく》より発生《はつせい》したる電気《でんき》の応用《おうよう》は多少進《たしようすす》ンで来《き》て、無線電信《むせんでんしん》や、電話《でんわ》やラヂオが活用《かつよう》されて来《き》たのは、五六七《みろく》の神政《しんせい》の魁《さきがけ》として、尤《もっと》も結構《けっこう》な事《こと》であります。

併《しか》し乍《なが》ら物《もの》には一利一害《いちりいちがい》の伴《ともな》うもので、善悪相混《ぜんあくあいこん》じ、美醜互《びしゅうたがい》に交わる造化《ぞうか》の法則《ほうそく》に漏《も》れず、便利《べんり》になればなる程《ほど》、一方《いっぽう》に又《また》それに匹敵《ひってき》する所《ところ》の不便利《ふべんり》な事《こと》が出来《でき》るものである。

電気《でんき》なるものは、前述《ぜんじゅつ》の如《ごと》く宇宙《うちゅう》の霊素《れいそ》、体素《たいそ》より生成《せいせい》したものであるが、其《そ》の電気《でんき》の濫用《らんよう》のために、宇宙《うちゅう》の霊妙《れいみょう》なる精気《せいき》を費消《ひしょう》すればするだけ、反対《はんたい》に邪気《じゃき》を発生《はっせい》せしめて宇《う》宙《ちゅう》の精気《せいき》を抹消《まっしょう》し、為《ため》に人間《にんげん》その他一切《たいっさい》の生物《せいぶつ》をして軟弱《なんじゃく》ならしめ、精神的《せいしんてき》に退化《たいか》せしめ、邪悪《じゃあく》の気宇宙《きうちゅう》に充《み》つれば満《み》つる程《ほど》、空気《くうき》は濁《にご》り悪病発生《あくびょうはっせい》し害虫《がいちゅう》が増加《ぞうか》する。

されど今日《こんにち》の人間《にんげん》としては、是以上《これいじょう》の発明《はつめい》はまだ出来《でき》て居《い》ないから、五六七《みろく》神世出現《しんせいしゅつげん》の過渡時代《かとじだい》に於《お》ては、最《もっと》も有益《ゆうえき》にして必要《ひつよう》なものとなって居《お》る。モ一歩《いっぽ》進《すす》んで不増不減《ふぞうふげん》の霊《れい》気《き》を以《もっ》て電気電話《でんきでんわ》に代《か》える様《よう》になれば、宇宙《うちゅう》に忌《いま》わしき邪気《じゃき》の発生《はっせい》を防《ふせ》ぎ、至粋至純《しすいしじゅん》の精《せい》気《き》に由《よ》って、世界《せかい》は完全《かんぜん》に治《おさ》まって来《く》る。この域《いき》に達《たっ》するにも、今日《こんにち》のような浅薄《せんぱく》なものを捨《す》て、神霊《しんれい》に目醒《めざ》めねばならぬ。

大本信者《おほもとしんじや》の中《なか》には、電気燈《でんきとう》を排斥《はいせき》する方々《かたがた》が、たまたま在《あ》るように聞《き》きますが、夫《それ》は余《あま》り気《き》が早過《はやす》ぎる。これ以上《いじよう》の文明利器《ぶんめいりき》が発明《はつめい》されて、昔《むかし》の行燈《あんどう》が不用《ふよう》になった様《よう》に、電燈《でんとう》が不用《ふよう》になる時機《じき》の来《き》た時《とき》に電気《でんき》を廃《はい》すればよい。

○

また宇宙《うちゆう》には無限《むげん》の精気《せいき》が充満《じゆうまん》してあるから、何程電気《なにほどでんき》を費消《ひしよう》しても無尽蔵《むじんぞう》である。決《けつ》して、無《な》くなると云《い》う心配《しんぱい》は要《い》らぬ。また一旦電気《いったんでんき》濫費《らんぴ》より発生《はつせい》した邪気《じやき》も宇宙無限《うちゆうむげん》の水《すい》火《か》の活動《かつどう》によって、新陳代謝《しんちんたいしや》が始終行《しじゆうおこな》われて居《お》るから大丈夫《だいぢようぶ》である。この新陳代謝《しんちんたいしや》の活用《かつよう》こそ、神典《しんてん》に所謂祓戸四柱《いわゆるはらひどよはしら》の大神《おほかみ》の不断的活動《ふだんてきかつどう》に由《よ》るのである。

○

人間《にんげん》は宇宙《うちゆう》の縮図《しゆくづ》であって天地《てんち》の移写《いしや》である。故《ゆえ》に人体一切《じんたいいつさい》の組織《そしき》と活用《かつよう》が判《わか》れば、宇《う》宙《ちゆう》の真相《しんそう》が明瞭《めいりよう》になって来《く》る。諺《ことわざ》に曰《い》う「燈台下暗《とうだいもとくら》し」と、吾人《ごじん》の体内《たいない》にて間断《かんだん》なく天《あめ》の御柱《みはしら》なる五大父音《ごだいふおん》と、国《くに》の御柱《みはしら》なる九大母音《くだいぼおん》が声音《せいおん》を発《はつ》して生理作用《せいりさよう》を営《いとな》み居《い》る如《ごと》く、宇《う》宙《ちゅう》にもまた無限絶大《むげんぜつだい》の声音《せいおん》が鳴《な》り鳴《な》りて、鳴《な》り余《あま》りつつある。

而《しか》して大空《たいくう》は主《しゅ》として五大父音《ごだいふおん》を発声《はっせい》し、地上及《ちじょうおよ》び地中《ちちゅう》は主《しゅ》として九大母音《くだいぼおん》が鳴《な》り鳴《な》りて、鳴《な》り足《た》らざる部分《ぶぶん》は天空《てんくう》の五大父音《ごだいふおん》を以《もつ》て之《これ》を補《おぎな》い、生成化育《せいせいかいく》の神業《しんぎょう》を完成《かんせい》しつつある。天空《てんくう》もまた大地《だいち》の九大母音《くだいぼおん》の補《おぎな》いに依《よ》って、克《よ》く安静《あんせい》を保《たも》ち、光温《こうおん》を生成化育《せいせいかいく》しつつある。またこの天地父母《てんちふぼ》の十四大音声《じゅうしだいおんせい》の言霊力《げんれいりょく》によって、キシチニヒミイリヰの火《ひ》の言霊《ことたま》を生成《せいせい》し、またケセテネヘメエレヱの水《みず》の言霊《ことたま》と、コソトノホモヨロヲの地《ち》の言霊《ことたま》と、クスツヌフムユルウの結《むすび》（即《すなわ》ち神霊《しんれい》）の言霊《ことたま》とを生成《せいせい》し、天地間《てんちかん》の森羅万象《しんらばんしやう》を活《い》き働《はたら》かしめつつ造化《ぞうか》の神業《しんぎょう》が永遠無窮《えいえんむきゅう》に行《おこな》われて居《い》る。

◯

試《こころ》みに天空《てんくう》の声《こえ》を聞《き》かむとすれば、深夜心《しんやこころ》を鎮《しづ》めて、左右《さゆう》の人指《ひとさし》を左右《さゆう》の耳《みみ》に堅《かた》く当《あ》てて見《み》ると、慥《たしか》にアオウエイの五大父音《ごだいふおん》を歴然《れきぜん》と聞《き》くことが出来《でき》る。

瑞月王仁《ずいげつ》の無学者《むがくしや》が斯《こ》んなことを言《い》っても、現代《げんだい》の学者《がくしや》は迂遠極《うえんきわ》まる愚論《ぐろん》と一笑《いっしょう》に附《ふ》し去《さ》るであろうが、身体《しんたい》を循環《じゅんかん》する呼吸器音《こきゅうきおん》や、血液《けつえき》や、食道管《しょくどうかん》や、腸胃《ちょうい》の蠕動音《じゅどうおん》がそれである。然《しか》るにその音声《おんせい》を以《もっ》て宇宙《うちゅう》の音響《おんきょう》と見做《みな》すなど、実《じつ》に呆《あき》れて物《もの》が言《い》えぬと笑《わら》われるであろう。安《いづ》くんぞ知《し》らむ、人間《にんげん》の体内《たいない》に発生《はっせい》する音響《おんきょう》そのものは、宇宙《うちゅう》の神音霊声《しんおんれいせい》なることを。

今医家《いまいか》の使用《しよう》する聴診器《ちょうしんき》を応用《おうよう》して考《かんが》え見《み》る時《とき》は、心臓部《しんぞうぶ》より上半身《かみはんしん》の体内《たいない》の音響《おんきょう》は、五大父音《ごだいふおん》が主《しゅ》として鳴《な》り轟《とどろ》き、以下《いか》の内臓部《ないぞうぶ》の音響《おんきょう》は九大母音《くだいぼおん》鳴《な》り渡《わた》り、その他《た》の火水地《かすいち》結《けつ》の音声《おんせい》の互《たがい》に交叉運動《こうさうんどう》せる模様《もよう》を聞《き》くことが出来《でき》る。人体《じんたい》にして是等《これら》の音声休止《おんせいきゅうし》する時《とき》は、生活作用《せいかつさよう》の廃絶《はいぜつ》した時《とき》である。宇宙《うちゅう》も亦《また》この大音声休止《だいおんせいきゅうし》せば、宇宙《うちゅう》は茲《ここ》に潰滅《かいめつ》して了《しま》う。

地中《ちちゅう》の神音《しんおん》は人間下体部《にんげんかたいぶ》の音響《おんきょう》と同一《どういつ》である。只宇宙《ただうちゅう》と人体《じんたい》とは大小《だいしょう》の区別《くべつ》あるを以《もっ》て、其《そ》の音声《おんせい》にも大小《だいしょう》あるまでである。大声耳裡《たいせいじり》に入《い》らず、故《ゆえ》に天眼通《てんがんつう》、所謂透視《いわゆるとうし》を為《な》すに瞑《めい》目《もく》する如《ごと》く、宇宙《うちゅう》の大声《たいせい》を聞《き》かむとすれば、第《だい》一に閉耳《へいじ》するの必要《ひつよう》がある。

神典《しんてん》に曰《い》う、「鳴《な》り鳴《な》りて鳴《な》り余《あま》れる処一所《ところひとところ》あり、鳴《な》り鳴《な》りて鳴《な》り足《た》らざる処一所《ところひとところ》あり」と、是《こ》れ大空《たいくう》及《およ》び大地《だいち》の音声活用《おんせいかつよう》の神理《しんり》を示《しめ》されたものである。聖書《せいしょ》に曰《い》う「太初《はじめ》に道《ことば》あり云々《うんぬん》」と、之《これ》に依《よ》りて宇宙言霊《うちゅうげんれい》の如何《いか》なる活用《かつよう》あるかを窺知《きち》すべきである。

（『霊界物語』第4巻「神示の宇宙」その5　大正10・12・28
昭和10・1・23　於車中　王仁校正）

㈥ 宇宙太元

大宇宙《だいうちゅう》の元始《げんし》に当《あた》って、湯気《ゆげ》とも煙《けむり》とも何《なん》とも形容《けいよう》の仕難《しがた》い一種異様《いっしゅいよう》の微妙《びみょう》のものが漂《ただよ》い居《い》たり。この物《もの》は殆《ほとん》ど十億年間《じゅうおくねんかん》の歳月《さいげつ》を経《へ》て、一種無形《いっしゅむけい》、無声《むせい》、無色《むしょく》の霊物《れいぶつ》となりたり。之《これ》を宇宙《うちゅう》の大元霊《だいげんれい》と云《い》う。我《わ》が神典《しんてん》にては、天御中主神《あめのみなかぬしのかみ》と称《とな》え又《また》は天之峰火男《あまのみねひを》の神《かみ》と称《しょう》し、仏典《ぶってん》にては阿弥陀如来《あみだにょらい》と称《しょう》し、キリスト教《きょう》にては、ゴッド又《また》はゼウスと云《い》ひ、易学《えきがく》にては太極《たいきよく》と云《い》い、支那《しな》にては天主《てんしゆ》、天帝《てんてい》、又《また》は単《たん》に天《てん》の語《ご》をもって示《しめ》され居《い》るなり。国《くに》によっては造物主《ぞうぶつしゆ》、又《また》は世界《せかい》の創造者《そうぞうしや》とも云《い》うあり。

この天御中主神《あめのみなかぬしのかみ》の霊徳《れいとく》は、漸次《ぜんじ》宇宙《うちゆう》に瀰漫《びまん》し、氤氳化醇《いんうんかじゆん》して遂《つい》に霊《れい》、力《りよく》、体《たい》を完成《かんせい》し、無始無終《むしむしゆう》無限絶対《むげんぜつたい》の大宇宙《だいうちゆう》の森羅万象《しんらばんしよう》を完成《かんせい》したる神《かみ》を称《しよう》して大国治立尊《おほくにはるたちのみこと》（一名《いちめい》天常立命《あめのとこたちのみこと》）と云《い》い、ミロクの大神《おほかみ》とも云《い》うなり。

〇

宇宙《うちゆう》の大原因《だいげんいん》たる、一種微妙《いつしゆびみよう》の霊物《れいぶつ》、天御中主神《あめのみなかぬしのかみ》の無色無形無声《むしよくむけいむせい》の純霊《じゆんれい》は遂《つい》に霊力《れいりよく》を産出《さんしゆつ》するに至《いた》れり。これを霊系《れいけい》の祖神《そしん》高皇産霊神《たかみむすびのかみ》と云《い》う。

次《つぎ》に元子《げんし》、所謂水素《いわゆるすいそ》（また元素《げんそ》という）を醸成《じようせい》した、之《これ》を体系《たいけい》の祖神《そしん》神皇産霊神《かむみむすびのかみ》という。霊《れい》は陽主陰従《ようしゆいんじゆう》にして、体《たい》は陰主陽従《いんしゆようじゆう》なり。かくして此二神《このにしん》の霊《れい》と体《たい》とより一種異様《いつしゆいよう》の力徳《りきとく》を生《しよう》じたり。之《これ》を霊体《ちから》という。ほとんど三十億年《さんじゆうおくねん》の歳月《さいげつ》を要《よう》して、霊力体《れいりよくたい》のやや完全《かんぜん》を期《き》することを得《え》たるなりき。皇典《こうてん》に於《おい》ては、之《これ》を造化《ぞうか》の三神《さんしん》という。

茲《ここ》に完全《かんぜん》なる水素《すいそ》を産出《さんしゅつ》した。水素《すいそ》は漸次《ぜんじ》集合《しゅうごう》して現今《げんこん》の呑《の》むごとき清水《せいすい》となりぬ。この清水《せいすい》には高皇産霊神《たかみむすびのかみ》の火霊《かれい》を宿《やど》し、よく流動《りゅうどう》する力《ちから》が備《そな》わりぬ。水《みず》を動《うご》かすものは火《ひ》にして、火《ひ》を働《はたら》かすものは水《みず》なることは先《さき》に（本書112頁）に述《の》べたるがごとし。この水《みず》の流《りゅう》体《たい》を、神典《しんてん》にては葦茅彦遅神《あしがひこぢのかみ》という。一切動物《いっさいどうぶつ》の根元《こんげん》をなし、之《これ》に霊系《れいけい》即《すなは》ち火《ひ》の霊《れい》を宿《やど》して一種《いっしゅ》の力徳《りきとく》を発生《はっせい》し、動物《どうぶつ》の本質《ほんしつ》となる。神祇官所祭《しんぎかんしょさい》の生魂《いくむすび》これなり。

○

次《つぎ》に火水《ひみず》抱合《ほうごう》して一種《いっしゅ》の固形物体《こけいぶつたい》発生《はっせい》し、宇宙一切《うちゅういっさい》を修理《しゅうり》固成《こせい》するの根元力《こんげんりょく》となる。之《これ》を常立神《とこたちのかみ》といい、剛体素《ごうたいそ》という。神祇官所祭《しんぎかんしょさい》の玉留魂《たまつめむすび》これなり。金《きん》、銀《ぎん》、銅《どう》、鉄《てつ》、燐《りん》、砂《すな》、石等《いしとう》はこの玉留魂《たまつめむすび》を最《もつと》も多量《たりょう》に包含《ほうがん》し、万有一切《ばんゆういっさい》の骨《ほね》となり居《い》るなり。この剛体素《ごうたいそ》、玉留《たまつめ》魂《むすび》の完成《かんせい》するまでに太初《たいしょ》より殆《ほとん》ど五十億年《ごじゅうおくねん》を費《ついや》しいるなり。茲《ここ》に海月《くらげ》なす漂《ただよ》える宇宙《うちゅう》は漸《ようや》く固体《こたい》を備《そな》うるに至《いた》りぬ。この水《みず》を胞衣《えな》となして創造《そうぞう》されたる宇宙一切《うちゅういっさい》の円形《えんけい》なるは、水《みず》の微粒子《びりゅうし》の円形《えんけい》なるに基《もとづ》くものなり。剛体《ごうたい》は玉留魂《たまつめむすび》、即《すなは》ち常立《とこたち》の命《みこと》の神威発動《しんいはつどう》に依《よ》って、日《ひ》地《つち》月《つき》星《ほし》は漸《ようや》く形成《けいせい》されたり。

されど第《だい》一巻《かん》（本書「天地の剖判」）に述《の》ぶるがごとく、大宇宙《だいうちゅう》の一小部分《いちしょうぶぶん》たる我《わ》が宇《う》宙《ちゅう》の大地《だいち》は、あたかも炮烙《ほうらく》を伏《ふ》せたるが如《ごと》き山《やま》と、剛流《ごうりゅう》の混淆《こんこう》したる泥海《どろうみ》なりしなり。茲《ここ》に絶対無限力《ぜつたいむげんりょく》の玉留魂《たまつめむすび》の神《かみ》は弥々《いよいよ》その神徳《しんとく》を発揮《はっき》して大地《だいち》の海陸《かいりく》を区別《くべつ》し、清軽《せいけい》なるものは靉《たなび》きて大空《たいくう》となり、重濁《じゅうだく》なるものは淹滞《えんたい》して下《した》に留《とど》まり、大地《だいち》を形成《けいせい》したり。されど此時《このとき》の宇宙《うちゅう》の天地《てんち》は生物《せいぶつ》の影《かげ》未《いま》だ無《な》かりけり。ここに流《りゅう》剛《ごう》すなはち生魂《いくむすび》と玉留魂《たまつめむすび》との水火《いき》合《がつ》して不完全《ふかんぜん》なる呼吸《こきゅう》を営《いとな》み、其中《そのうち》より植物《しょくぶつ》の本質《ほんしつ》たる柔体《じゅうたい》足魂《たるむすび》を完成《かんせい》したり。之《これ》を神典《しんてん》にては豊雲野命《とよくもぬのみこと》というなり。

いよいよ宇宙《うちゅう》は霊《れい》、力《りょく》、体《たい》の元子《げんし》なる、剛《ごう》柔《じゅう》流《りゅう》の本質完成《ほんしつかんせい》されたのである。されど宇宙《うちゅう》は未《いま》だその活動《かつどう》を開始《かいし》するに至《いた》らなかった。

○

これらの元子《げんし》と元因《げんいん》とは互《たが》いに生成化育《せいせいかいく》し、力《ちから》はますます発達《はったつ》して、動《どう》、静《せい》、解《かい》、凝《ぎょう》、引《いん》、弛《ち》、分《ぶん》、合《ごう》の八力《はちりき》を産出《さんしゅつ》した。神典《しんてん》にては、宇宙《うちゅう》の動力《どうりょく》を大戸地神《おほとのぢのかみ》といい、静力《せいりょく》を大戸辺《おほとのべの》神《かみ》といい、解力《かいりょく》を宇比地根神《うひぢねのかみ》といい、凝力《ぎょうりょく》を須比地根神《すひぢねのかみ》といい、また引力《いんりょく》を生杙神《いくぐひのかみ》といい、弛力《ちりょく》を角杙神《つぬぐひのかみ》といい、合力《ごうりょく》を面足神《おもたるのかみ》といい、分力《ぶんりょく》を惶根神《かしこねのかみ》という。

この八力完成《はちりきかんせい》して始《はじ》めて宇宙《うちゅう》の組織成就《そしきじょうじゅ》し、大空《たいくう》に懸《かか》れる太陽《たいよう》は、無数《むすう》の星晨《せいしん》の相互《そうご》の動《どう》、静《せい》、解《かい》、凝《ぎょう》、引《いん》、弛《ち》、分《ぶん》、合《ごう》の八力《はちりき》の各自《かくじ》の活動《かつどう》によって、その地位《ちい》を保《たも》ち大地《だいち》亦《また》この八力《はちりき》によって、その地位《ちい》を保持《ほじ》する事《こと》となりしなり。かくして大宇宙《だいうちゅう》は完成《かんせい》に至《いた》るまで殆《ほとん》ど**五十六億万年**《ごじゅうろくおくまんねん》を費《ついや》した。

○

茲《ここ》に宇宙《うちゅう》の主宰神《しゅさいしん》と顕現《けんげん》し玉《たま》う無限絶対《むげんぜったい》の力《ちから》を、大国治立命《おほくにはるたちのみこと》と称《しょう》し奉《たてまつ》る。国治立命《くにはるたちのみこと》は、豊雲野命《とよくもぬのみこと》（又《また》の御名《みな》豊国姫命《とよくにひめのみこと》）と剛柔相対《ごうじゅうあいたい》して地上《ちじょう》に動植物《どうしょくぶつ》を生成化育《せいせいかいく》し、二神《にしん》の水火《いき》より諸冊二尊《なぎなみにそん》を生《う》み、日月《じつげつ》を造《つく》りてその主宰神《しゅさいしん》たらしめたまいける。

○

かくて大宇宙《だいうちゅう》の大原因霊《だいげんいんれい》たる天御中主神《あめのみなかぬしのかみ》は**五十六億万年**《ごじゅうろくおくまんねん》を経《へ》て宇宙一切《うちゅういっさい》を創造《そうぞう》し、茲《ここ》に大国治立命《おほくにはるたちのみこと》と顕現《けんげん》し、その霊魂《れいこん》を分派《ぶんぱ》して我《わ》が宇宙《うちゅう》に下《くだ》したまえり。即《すなは》ち国治立命《くにはるたちのみこと》これなり。

国治立命《くにはるたちのみこと》の仁慈《じんじ》無限《むげん》の神政《しんせい》も、星移《ほしうつ》り年重《としかさ》なるに連《つ》れて妖邪《ようじゃ》の気《き》、宇宙《うちゅう》に瀰漫《びまん》し、遂《つい》にその邪気《じゃき》のために一時《いちじ》「独神而《ひとりがみに》して隠身《かくりみ》なり」の必然的経綸《ひつぜんてきけいりん》を行《おこな》わせたまう事《こと》とはなりける。

而《しか》して『霊界物語《れいかいものがたり》』の第《だい》一巻《かん》より本巻《ほんかん》（六巻）に亘《わた》り口述《こうじゅつ》するところは、大宇宙《だいうちゅう》の完成《かんせい》するまでに**五十六億万年**《ごじゅうろくおくまんねん》を要《よう》したる時《とき》より以後《いご》の事《こと》を述《の》べたものなり。これより以前《いぜん》の事《こと》は、神々《かみがみ》として完全《かんぜん》に花々《はなばな》しき御活動《ごかつどう》はなく、時《とき》の力《ちから》によりて氤氳化醇《いんうんかじゅん》の結果《けつか》、宇宙《うちゅう》が形成《けいせい》するを待《ま》たれたるなり。

（『霊界物語』第6巻　第1章「宇宙太元」大正11・1・16
昭和10・1・27　於筑紫別院　王仁校正）

天《てん》界《かい》を開《ひら》きたまひし神々《かみがみ》の
みわざをつぶさに示《しめ》すこの文《ふみ》

久《ひさ》方《かた》の高《たか》天《あま》原《はら》も地《ち》の上《うへ》も
皆《みな》主《ス》の神《かみ》の御《み》水《い》火《き》に生《い》くるも

高《たか》光《ひか》る神《かみ》の功《いさ》績《を》は目《まの》前《あたり》
月《つき》日《ひ》を見《み》るも明《あきら》かなりけり

我《われ》は今《いま》宇《う》宙《ちゅう》の外《そと》に身《み》をおきて
天《てん》界《かい》の事《じ》象《しょう》を語《かた》りつづくる

第四編　天祥地瑞

（一）　紫微天界《しびてんかい》　天之峯火夫《あめのみねひを》の神

天《てん》もなく地《ち》もなく宇宙《うちゅう》もなく、大虚空中《だいこくうちゅう》に一点《いってん》のヽ忽然《ほちこつぜん》と顕《あらわ》れ給《たま》う。このヽ《ほち》たるや、すみきり澄《す》みきらひつゝ、次第々々《しだいしだい》に拡大《かくだい》して、一種《いっしゅ》の円形《えんけい》をなし、円形《えんけい》よりは湯気《ゆげ》よりも煙《けむり》よりも霧《きり》よりも微細《びさい》なる神明《しんめい》の気放射《きほうしゃ》して、円形《えんけい》の圏《けん》を描《えが》きヽ《ほち》を包《つつ》み、初《はじ》めて⦿《ス》の言霊《ことたま》生《うま》れ出《い》でたり。此《こ》の⦿《ス》の言霊《ことたま》こそ宇宙万有《うちゅうばんゆう》の大根元《だいこんげん》にして、主《ス》の大神《おほかみ》の根元太極元《こんげんたいきょくげん》となり、皇神国《すめらみくに》の大本《だいほん》となり給《たま》う。我日《わがひ》の本《もと》は此《こ》の⦿《ス》の凝結《ぎょうけつ》したる万古不易《ばんこふえき》に伝《つた》わりし神霊《しんれい》の妙機《みょうき》として、言霊《ことたま》の助《たす》くる国《くに》、言霊《ことたま》の天照《あまて》る国《くに》、言霊《ことたま》の生《い》くる国《くに》、言霊《ことたま》の幸《さち》はう国《くに》と称《しょう》するも、此《こ》の⦿《ス》の言霊《ことたま》に基《もと》づくものと知《し》るべし。

○

キリストの聖書《せいしょ》にヨハネ伝《でん》なるものあり。ヨとはあらゆる宇宙《うちゅう》の大千世界《だいせんせかい》の意《い》なり、ハは無限《むげん》に発達開展《はったつかいてん》、拡張《かくちょう》の意《い》なり、ネは声音《せいおん》の意《い》にして宇宙大根本《うちゅうだいこんぽん》の意《い》なり。ヨハネ伝首《でんしゅ》章《しやう》に曰《いわ》く、「太初《はじめ》に道《ことば》あり道《ことば》は神《かみ》と偕《とも》にあり、道《ことば》は即《すなわ》ち神《かみ》なり。此《こ》の道《ことば》は太初《はじめ》に神《かみ》と偕《とも》に在《あり》き。万物《よろづのもの》これに由《より》て造《つく》らる、造《つく》られたる者《もの》に一《ひとつ》として之《これ》に由《よ》らで造《つく》られしは無《なし》」と明示《めいじ》しあるも、宇宙《うちゆう》の大根元《だいこんげん》を創造《そうぞう》したる主《ス》の神《かみ》の神徳《みとく》を称《たた》えたる言葉《ことば》なり。

○

清朗無比《せいろうむひ》にして、澄切《すみき》り澄《す》みきらい、スースースースーと四方八方《しほうはつぽう》に限《かぎ》りなく、極《きわ》みなく伸《の》び拡《ひろ》がり膨《ふく》れ上《あが》り、遂《つい》に⦿《ス》は極度《きよくど》に達《たつ》してウの言霊《ことたま》を発生《はつせい》せり。ウは万有《ばんゆう》の体《たい》を生《う》み出《だ》す根元《こんげん》にして、ウの活動極《かつどうきわ》まりて又上《またうえ》へ〳〵と昇《のぼ》りアの言霊《ことたま》を生《う》めり。又《また》は降《くだ》って遂《つい》にオの言霊《ことたま》を生《う》む。

○

⦿《ス》の活動《かつどう》を称《しよう》して主《す》の大神《おほかみ》と称《しよう》し、又天之峯火夫《またあめのみねひを》の神《かみ》、又《また》の御名《みな》を大国常立神言《おほくにとこたちのみこと》と奉称《ほうしよう》す。大虚空中《だいこくうちゆう》に、葦芽《あしがひ》の如《ごと》く一点《いつてん》の丶発生《ほちはつせい》し、次第々々《しだいしだい》に膨《ふく》れ上《あが》り、鳴《な》り〳〵て遂《つい》に神明《しんめい》の形《かたち》を現《げん》じたまう。⦿《ス》神《しん》の神霊《しんれい》は⦿《ス》の活動力《かつどうりよく》によりて、上下左右《じようげさゆう》に拡《ひろ》ごり、⦿《ス》極《きわ》まりてウの活用《かつよう》を現《げん》じたり。ウの活用《かつよう》より生《あ》れませる神名《しんめい》を宇迦須美《うがすみ》の神《かみ》と云《い》う、宇迦須美《うがすみ》は上《うえ》にのぼり下《した》に下《くだ》り、神霊《みたま》の活用《かつよう》を両分《りようぶん》して物質《ぶつしつ》の大元素《だいげんそ》を発生《はつせい》し給《たま》い、上《うえ》にのぼりては霊《れい》魂《こん》の完成《かんせい》に資《し》し給《たま》う。今日《こんにち》の天地《てんち》の発生《はつせい》したるも、宇迦須美《うがすみ》の神《かみ》の功《いさお》なり。ウーウーウーと鳴《な》り〱て鳴極《なりきわ》まる処《ところ》に神霊《しんれい》の元子《げんし》生《う》れ物質《ぶつしつ》の原質《げんしつ》生《う》まる。故《ゆえ》に天之峯火夫《あめのみねひを》の神《かみ》と宇迦《うが》須美《すみ》の神《かみ》の妙《みよう》の動《うご》きによりて、天津日鉾《あまつひほこ》の神大虚空中《かみだいこくうちゆう》に出現《しゆつげん》し給《たま》い、言霊《ことたま》の原動力《げんどうりよく》となり七十五声《しちじゆうごせい》の神《かみ》を生《う》ませ給《たま》い、至大天球《しだいてんきゆう》を創造《そうぞう》し給《たま》いたるこそ、実《げ》に畏《かしこ》き極《きわ》みなりし。再拝《さいはい》。

（『霊界物語』73巻「天祥地瑞」第1章「天之峯火夫の神」昭和8・10・4）

（二）紫微天界における高天原

大虚中《だいきよちう》たゞ一点《いつてん》のヽ《ほち》現《あ》れて　至大天界《しだいてんかい》生《う》まれ給《たま》へり

こゝに宇迦須美《うがすみ》の神《かみ》は⦿《ス》の神《かみ》の神言《みこと》もちて、大虚空中《だいこくうちゅう》に活動《かつどう》し給《たま》い、遂《つい》にオの言霊《ことたま》を神《しん》格化《かくか》して大津瑞穂《おほつみづほ》の神《かみ》を生《う》み給《たま》い、高《たか》く昇《のぼ》りて天津瑞穂《あまつみづほ》の神《かみ》を生《う》ませ給《たま》いぬ。大津瑞穂《おほつみづほ》の神《かみ》は、天津瑞穂《あまつみづほ》の神《かみ》に御逢《みあ》いてタの言霊《ことたま》、高鉾《たかほこ》の神《かみ》、カの言霊《ことたま》、神鉾《かむほこ》の神《かみ》を生《う》ませ給《たま》いぬ。高鉾《たかほこ》の神《かみ》は太虚中《たいきよちゅう》に活動《かつどう》を始《はじ》め給《たま》い、東《ひがし》に西《にし》に南《みなみ》に北《きた》に、乾坤巽艮上下《けんこんそんごんじようげ》の区別《くべつ》なくターターター、タラリ〱、トータラリ、タラリヤリリ、トータラリとかけ廻《めぐ》り、神鉾《かむほこ》の神《かみ》は、比古神《ひこがみ》と共《とも》にカーカーカーと言霊《ことたま》の光《ひかり》かゞやき給《たま》い、茲《ここ》にいよ〱タカの言霊《ことたま》の活動始《かつどうはじ》まり、高鉾《たかほこ》の神《かみ》は左旋運動《させんうんどう》を開始《かいし》し、神鉾《かむほこ》の神《かみ》は右旋運動《うせんうんどう》を開始《かいし》して円満清朗《えんまんせいろう》なる宇宙《うちゅう》を構造《こうぞう》し給《たま》えり。茲《ここ》に於《おい》て両神《りようしん》の活動《はたらき》は無限大《むげんだい》の円形《えんけい》を造《つく》り給《たま》えり。この円形《えんけい》の活《かつ》動《どう》をマの言霊《げんれい》と云《い》う、天津真言《あまつまこと》の大根元《だいこんげん》はこのマの言霊《ことたま》より始《はじ》まれり。

高鉾《たかほこ》の神《かみ》、神鉾《かむほこ》の神《かみ》、宇宙《うちゅう》に現《あらわ》れ給《たま》いし形《かたち》をタカアと云《い》い、円満《えんまん》に宇宙《うちゅう》を形成《けいせい》し給《たま》いし活動《かつどう》をマと云《い》い、このタカアマの言霊《げんれい》、際限《さいげん》なく虚空《こくう》に拡《ひろ》がりて果《は》てなし、この言霊《げんれい》をハと云《い》い速言男《はやことのを》の神《かみ》と云《い》う。両神《りようしん》は速言男《はやことのを》の神《かみ》に言依《ことよ》さし給《たま》いて、大宇宙完成《だいうちゅうかんせい》の神業《みわざ》を命《めい》じ給《たま》う。速言男《はやことのを》の神《かみ》は右《みぎ》に左《ひだり》に廻《めぐ》り〱鳴《な》り〱て螺線形《らせんけい》をなし、ラの言霊《ことたま》を生《う》み給《たま》う。この状態《じょうたい》を称《しょう》してタカアマハラと云《い》うなり。

○

高天原《たかあまはら》の六言霊《ろくげんれい》の活動《はたらき》によりて無限絶対《むげんぜったい》の大宇宙《だいうちゅう》は形成《けいせい》され、億兆無数《おくちょうむすう》の小宇宙《しょううちゅう》は次《つい》で形成《けいせい》さるゝに至《いた》れり。清軽《せいけい》なるもの、霊子《れいし》の根元《こんげん》をなし、重濁《ぢゅうだく》なるものは物質《ぶつしつ》の根元《こんげん》をなし、茲《ここ》にいよ〱天地《てんち》の基礎《きそ》は成《な》るに至《いた》れり。

○

未《いま》だ速言男《はやことのを》の神《かみ》以前《いぜん》の世《よ》は宇宙《うちゅう》なるもの無《な》く、日月星辰《じつげつせいしん》の如《ごと》き霊的物質形《れいてきぶつしつかたち》をとめず、虚《こ》空《くう》はたゞ霊界《れいかい》のみ創造《そうぞう》され、物質的分子《ぶつしつてきぶんし》は微塵《みぢん》だもなかりけるが、この六言霊《ろくげんれい》の活用《かつよう》によりて、天界《てんかい》の物質《ぶつしつ》は作《つく》られたるなり。これより天地剖判《てんちぼうはん》に至《いた》るまで数十代《すうじゅうだい》の神《かみ》あり、之《これ》を天《あめ》の世《よ》と称《しょう》し奉《まつ》る。

○

天《あめ》の世《よ》は霊界《れいかい》のみにして現界《げんかい》は形《かたち》だにもなく、実《じつ》に寂然《せきぜん》たる時代《じだい》なりき。この高天原《たかあまはら》六言霊《ろくげんれい》の鳴《な》り〱て鳴《な》り止《や》まざる活用《かつよう》によりて、大虚空《だいこくう》に紫微圏《しびけん》なるものあらわれ、次《し》第々《だいしだい》に水火《すいか》を発生《はっせい》して虚空《こくう》に光《ひかり》を放《はな》ち、其光一所《そのひかりひとところ》に凝結《ぎょうけつ》して無数《むすう》の霊線《れいせん》を発射《はっしゃ》し、大虚《だいこ》空《くう》をして紫色《ししょく》に輝《かがや》く紫微圏層《しびけんそう》の世《よ》を創造《そうぞう》し給《たま》いぬ。紫微圏層《しびけんそう》についで蒼明圏層現《さうめいけんそうあらわ》れ、次《つぎ》に照明圏層《しょうめいけんそう》、次《つぎ》に水明圏層現《すいめいけんそうあらわ》れ、最後《さいご》に成生圏層《せいせいけんそう》という大虚空《だいこくう》に断層発生《だんそうはっせい》したり。この高《たか》さ広《ひろ》さ到底算《とうていかぞ》うべき限《かぎ》りにあらず、無限絶対無始無終《むげんぜったいむしむしゅう》と称《しょう》するより語《かた》るべき言葉《ことば》なし。鳴《あ》呼《あ》惟神《かむながら》霊幸倍坐世《たまちはへませ》。

（『霊界物語』73巻「天祥地瑞」第2章「高天原」昭和8・10・4）

すみきりて清《きよ》くかしこき天界《てんかい》に　千万《ちよろづ》の神《かみ》生《うま》れましけり

（三）天之高火男《あめのたかひを》の神

主《ス》の神《かみ》は高鉾《たかほこ》の神《かみ》、神鉾《かむほこ》の神《かみ》に言依《ことよ》さし給《たま》いて高天原《たかあまはら》を造《つく》らせ給《たま》い、南《みなみ》に廻《めぐ》りて中央《ちゅうおう》に集《あつま》る言霊《ことたま》を生《う》み、北《きた》に廻《めぐ》りては外《そと》を統《す》べる言霊《ことたま》を生《う》み、次《つ》ぎ〱に東北《とうほく》より廻《めぐ》り給《たま》いて声《せい》音《おん》の精《せい》を発揮《はっき》し万有《ばんゆう》の極元《きょくげん》となり、一切《いっさい》の生《な》らざる処《ところ》なき力《ちから》を生《う》み給《たま》う。

此《こ》の言霊《ことたま》は自由自在《じゆうじざい》に至大天球《しだいてんきゅう》の内外《ないがい》悉《ことごと》くを守《まも》り涵《ひた》し給《たま》い、宇宙《うちゅう》の水火《いき》と現《あらわ》れ柱《はしら》となり、八方《はっぽう》に伸《の》び極《きわ》まり滞《とどこお》りなし。八紘《はっこう》を統《す》べ六合《りくごう》を開《ひら》き本末《ほんまつ》を貫《つらぬ》き無限《むげん》に澄《す》みきり澄《す》み徹《とお》り、吹《ふ》く水火《いき》吸《す》う水火《いき》の活用《かつよう》によりて八極《はっきょく》を統《す》べ給《たま》う。

此《こ》の神力《しんりき》を継承《けいしょう》して、以後《いご》の諸神《しょしん》は高天原《たかあまはら》の中心《ちゅうしん》に収《おさ》まり紫微宮圏層《しびきゅうけんそう》に居《きょ》を定《さだ》め、一種《いっしゅ》の水気《すいき》を発射《はっしゃ》し給《たま》いて雲霧《うんむ》を造《つく》り、又火《またひ》の元子《げんし》を生《う》み給《たま》い、紫微圏層《しびけんそう》をして益々清《ますますきよ》く美《うるわ》しく澄《す》み徹《とお》らしめ給《たま》い、狭依男《さよりを》の神《かみ》を生《う》み給《たま》いて紫微《しび》の霊国《れいごく》を無限《むげん》に無極《むきょく》に開《ひら》かせ給《たま》い、茲《ここ》に清麗無比《せいれいむひ》の神居《しんきょ》を開《ひら》き給《たま》いぬ。狭依男《さよりを》の神《かみ》の又《また》の御名《みな》を天之高火男《あめのたかひを》の神《かみ》と言《い》う。何《いず》れもタカアマハラの言霊《ことたま》より生《な》りませる大神《おほかみ》にして神威赫々八紘《しんいかくかくはっこう》に輝《かがや》き給《たま》う。

○

天之高火男《あめのたかひを》の神《かみ》は天之高地火《あめのたかちほ》の神《かみ》と共《とも》に、力《ちから》を合《あわ》せ心《こころ》を一《いつ》にして天《あめ》の世《よ》を修理固成《しゅうりこせい》し給《たま》い、蒼明圏層《そうめいけんそう》に折々下《おりおりくだ》りて、天津神《あまつかみ》の住所《すみか》を開《ひら》かむと茲《ここ》に諸々《もろもろ》の星界《せいかい》を生《う》み出《い》で給《たま》いて、昼夜間断《ちゅうやかんだん》なく立活《たちはたら》き鳴《な》りくて鳴《な》り止《や》まず坐《ま》しぬ。

天之高火男《あめのたかひを》の神《かみ》、天之高地火《あめのたかちほ》の神《かみ》の二神《にしん》はタカの言霊《ことたま》より天界《てんかい》の諸神《しょしん》を生《な》り出《い》で給《たま》い、荘厳無比《そうごんむひ》なる紫微宮《しびきゅう》を造《つく》りて主神《スしん》の神霊《しんれい》を祀《まつ》り、昼夜敬拝《ちゅうやけいはい》して永遠《えいえん》に鎮《しず》まり給《たま》う。紫微圏《しびけん》界《かい》に坐《まし》ます万星界《よろずせいかい》の神々《かみがみ》は、其数日《そのすうひ》に月《つき》に増《ま》し行《ゆ》きて数百億《すうひゃくおく》の神人《しんじん》を現《あらわ》し、此《こ》の圏層《けんそう》の霊《れい》界建設《かいけんせつ》に奉仕《ほうし》し給《たま》う。

○

これより数百億万年《すうひゃくおくまんねん》を経《へ》て今日《こんにち》に至《いた》りたるを思《おも》えば、宇宙創造《うちゅうそうぞう》の年代《ねんだい》の遠《とお》き実《じつ》に呆然《ぼうぜん》たらざるを得《え》ざる次第《しだい》なり。

紫微圏層《しびけんそう》の霊界《れいかい》を称《しょう》して天極紫微宮界《てんきょくしびきゅうかい》といい、寸時《すんじ》も間断《かんだん》なくタカくの言霊輝《ことたまかがや》き、東《ひがし》は西《にし》に、西《にし》は東《ひがし》に、南《みなみ》は北《きた》に、北《きた》は南《みなみ》に、上《うえ》は下《した》に、下《した》は上《うえ》に鳴《な》りくて鳴《な》り止《や》まざる言《こと》霊《たま》の元子《げんし》は、終《つい》に七十五声《しちじゅうごせい》の神々《かみがみ》を生《う》み給《たま》うに至《いた》れり。主《ス》の神《かみ》は一点《いってん》の、より現《あらわ》れ給《たま》いて、終《つい》に大虚空《だいこくう》に紫微圏層《しびけんそう》を完成《かんせい》し次第《しだい》に五種《ごしゅ》の圏層《けんそう》を生《う》み給《たま》いて霊国《れいごく》を開《ひら》き、諸神《しょしん》の安住地《あんじゅうち》と成《な》し給《たま》いしぞ畏《かしこ》けれ。嗚呼《ああ》言霊《ことたま》の玄妙不可思議力《げんみょうふかしぎりょく》よ。

（『霊界物語』73巻「天祥地瑞」第3章「天之高火男の神」昭和8・10・4）

（四）⦿《ス》の神声《しんせい》

此《こ》の至大天球《しだいてんきゅう》の未《いま》だ成立《せいりつ》せざる⦿《ス》の神時代《かみじだい》の天《あめ》の世《よ》は、唯《ただ》至大《ヒロキ》浩々《ヒロク》而《テ》氤氳《スズロ》ぎたる極微點《コゴコ》の神霊分子《しんれいぶんし》が撒霧《サギリ》に撒散《サギリ》而、至大浩々霊々湛々《カガダタ》たる極微點《コゴコ》分子が玄《ク》々漠《ク》々妙《ズ》々たり。漂《ケ》々點《ケ》々烈《デ》々兮《タリ》、恒《キ》々極《ギ》々鋳《チ》々兮《タリ》、平《タ》々運《ラ》々洞《ナ》々兮《タリ》、几《ト》々白《ロ》々渺《ノ》々兮《タリ》、剛《ツ》々神《ル》々寂《ヌ》々兮《タリ》、照《テ》々電《レ》々精《ネ》々兮《タリ》、満《チ》々既《リ》々着《ニ》々兮《タリ》、汎《ハ》々膨《サ》々凝《ザ》々兮《タリ》、登《ホ》々軟《ソ》々挿《ゾ》々兮《タリ》、進《フ》々酸《ス》々黒《ズ》々兮《タリ》、降《ヘ》々責《セ》々臨《ゼ》々兮《タリ》、赤《ヒ》々炭《シ》々止《ジ》々兮《タリ》焉《と》して万性《ばんせい》を含有《がんいう》し極平《きょくこ》として純々《じゅんじゅん》たり。神代神楽翁三番叟《じんだいかぐらおきなさんばそう》の謡《うたい》に、

「タータータラーリ、タラリーラー、タラリ、アガリ、ララーリトー、チリーヤ、タラリ、ララリトー」

と言《い》うは、此《こ》の神秘《しんぴ》の転化《てんか》したる語《ご》にして、天《あめ》の世開設《よかいせつ》の形容《けいよう》を顕示《けんじ》したるなり。

○

故《ゆえ》に此《こ》の霊声《れいせい》を総《すべ》て一言《いちげん》に⊙《ス》と謂《い》う。此《こ》の⊙《ス》声《こえ》の神霊《ことたま》を明細《めいさい》に説《と》き明《あ》かす時《とき》は、世界一切《せかいいっさい》の太極本元《たいきょくほんげん》の真体《しんたい》及《およ》び其《そ》の成立《せいりつ》の秩序《ちつじょ》も、億兆万々劫々年度《おくちょうまんまんごうごうねんど》劫《オ》大《ホ》約《ツ》恒《ナ》々兮《タル》大造化《だいぞうか》の真象《しんしょう》も、逐一明《ちくいちあきら》かに資《はか》り得《え》らるるなり。

蓋《けだ》し⊙《ス》の言《げん》たるや⊙《ス》にして⊙《ス》なるが故《ゆえ》に、既《すで》に七十五声《しちじゅうごせい》の精霊《せいれい》を完備《かんび》して、純乎《じゅんこ》として各自皆《かくじみな》その真位《みくらい》を保《たも》ちつゝあり。然《しか》して其《そ》の真位《みくらい》と謂《い》うは、皆両 々相向《みなりようちようあいむか》いて遠近皆 悉《えんきんみなことごと》く返対力《へんたいりよく》が純一《じゆんいち》に密合《みつごう》の色《いろ》を保《たも》ちて実相《じつそう》しつゝ、至大極乎《しだいきよくこ》として恒々兮《こうこうたり》、活気臨々《かつきりんりん》として点々《てんてん》たり、所謂至大氤氳《いわゆるしだいいんうん》の気《き》が声《こえ》と鳴《な》り起《たた》むと欲《ほつ》して、湛々《たんたん》の中《なか》に神機《しんき》を含蔵《がんぞう》するの時《とき》なり。故《ゆえ》に世《よ》に人《ひと》たる者《もの》は先《ま》ず第一《だいいち》に此《こ》の⊙《ス》の謂《いわ》れを明《あきら》かに知《し》るべきものとす。何故《なぜ》なれば

⦿《ス》は皇《スベラギ》の極元《きよくげん》なればなり。

（「天祥地瑞」第73巻・第4章「⦿の神声」昭和8・10・5）

（五）言幸比古《ことさちひこ》の神

速言男《はやことのを》の神《かみ》は紫微宮圏《しびきゆうけん》の世界《せかい》の万神《ばんしん》を指揮《しき》し修理固成《しゆうりこせい》し、永遠無窮《えいえんむきゆう》に天《あめ》の世界《せかい》の経綸《けいりん》に全力《ぜんりよく》を尽《つく》し給《たま》い、茲《ここ》に造化三神《ぞうかさんしん》を初《はじ》め四柱《よはしら》の神《かみ》の宮殿《きゆうでん》を造《つく》りて、至忠至孝《しちゆうしかう》の大道《だいどう》を顕彰《けんしよう》し給《たま》えり。

天《あめ》の世界《せかい》の造化三神《ぞうかさんしん》とは、天極紫微宮《てんきよくしびきゆう》に坐《ま》す天之峯火夫《あめのみねひを》の神《かみ》、宇迦須美《うがすみ》の神《かみ》、天津日鉾《あまつひほこ》の神《かみ》に坐《まし》まし、左守《さもり》と仕《つか》え給《たま》うは大津瑞穂《おほつみづほ》の神《かみ》、天津瑞穂《あまつみづほ》の神《かみ》の二神《にしん》なり。又右守《またうもり》の神《かみ》と仕《つか》え給《たま》うは高鉾《たかほこ》の神《かみ》、神鉾《かむほこ》の神《かみ》なり。

速言男《はやことのを》の神《かみ》は一二三《ひとふたみ》即《すなわ》ち霊力体《れいりよくたい》の三大元《さんだいげん》を以《もつ》て大宮《おおみや》に要《よう》する霊《たま》の御柱《みはしら》を造《つく》り給《たま》い、此《こ》の柱《はしら》を四方《しほう》に建《た》て並《なら》べて霊《たま》の屋根《やね》を以《もつ》て空《そら》を覆《おお》い、光輝燦然《こうきさんぜん》たる紫微《しび》の大宮《おおみや》を造営《ぞうえい》し給《たま》いぬ。

抑《そもそ》も此《こ》の宮《みや》は天極紫微宮《てんきよくしびきゆう》と称《とな》え奉《まつ》り、造化三神《ぞうかさんしん》を初《はじ》め左守右守《さもりうもり》の四柱神《よはしらがみ》を永遠《えいえん》に祭祀《さいし》し給《たま》わむが為《た》めなり。

○

此《こ》の時霊力体《ときれいりよくたい》の三元《さんげん》スの言霊《ことたま》の玄機妙用《げんきみようよう》によりて、紫微宮《しびきゆう》の世界《せかい》に大太陽《だいたいよう》を顕現《けんげん》し給《たま》い、大虚空中《だいこくうちゆう》に最初《さいしよ》の宇宙《うちゆう》を生《な》り出《い》で給《たま》いたるなり。紫微宮天界《しびきゆうてんかい》の諸神《しよしん》は幾億万里《いくおくまんり》の果《はて》よりも集《あつま》り来《きた》りて、大宮造営完成《おおみやぞうえいかんせい》の祝歌《しゆくか》を謡《うた》い給《たま》う。速言男《はやことのを》の神《かみ》は紫微台上《しびだいじよう》に昇《のぼ》りて声《こえ》も厳《おごそ》かに、

「一二三四五六七八九十百千万《ひとふたみよいつむゆななやここのたりももちよろづ》」

と繰返《くりかえ》しく謡《うた》い給《たま》えば、百雷《ひやくらい》の一時《いちじ》に轟《とどろ》く如《ごと》き大音響四方《だいおんきようしほう》に起《おこ》りて、紫微宮天界《しびきゆうてんかい》は為《ため》に震動《しんどう》し、紫《むらさき》の光《ひかり》は四辺《あたり》を包《つつ》み、太陽《たいよう》の光《ひかり》は次第々々《しだいしだい》に光彩《こうさい》を増《ま》し、現今《げんこん》の我宇宙界《わがうちゆうかい》にある太陽《たいよう》の光《ひかり》に増《ま》すこと約七倍《やくしちばい》の強《つよ》さとなれり。速言男《はやことのを》の神《かみ》は以上《いじよう》の天《あま》の数歌《かずうた》を唱《とな》へ終《おわ》りて紫《し》微台《びだい》の高御座《たかみくら》に端坐《たんざ》し、両眼《りようがん》を閉《と》じて天界《てんかい》の完成《かんせい》を祈《いの》り給《たま》う。

○

茲《ここ》に速言男《はやことのを》の神《かみ》の左守神《さもりがみ》として仕《つか》え給《たま》う言幸比古《ことさちひこ》の神《かみ》は、言霊《ことたま》の発動《はつどう》に生《な》れる紫微宮《しびきゅう》の荘厳《そうごん》を祝《しゅく》して、

「アオウエイ
カコクケキ
サソスセシ
タトツテチ
ナノヌネニ
ハホフヘヒ
マモムメミ
ヤヨユエイ
ラロルレリ
ワヲウヱヰ

ガゴグゲギ
ザゾズゼジ
ダドヅデヂ
バボブベビ
パポプペピ」

と神声《みこえ》朗《ほが》らかに宣《の》り上《あ》げ給《たま》えば、天界《てんかい》は益々《ますます》清《きよ》く明《あきら》けく澄切《すみき》り澄渡《すみわた》りつゝウアの神霊元子《コヱノコ》大活躍《だいかつやく》を始《はじ》め、一瞬《いつしゅん》にして千万里《せんまんり》を照走《しょうそう》する態《さま》電気《でんき》よりも速《すみや》かなりき。

○

茲《ここ》に右守《うもり》の神言幸比女《かみことさちひめ》の神《かみ》は左守《さもり》の神《かみ》の後《あと》をうけ給《たま》いて、

「アカサタナハマヤラワガザダバパ
イキシチニヒミイリヰギジヂビピ
ウクスツヌフムユルウグズヅブプ

エケセテネヘメエレヱゲゼデベペ
オコソトノホモヨロヲゴゾドボポ」

と七十五声《しちじゆうごせい》の真言《まこと》を横《よこ》に謳《うた》い給《たま》えば、八百万《やおよろず》の神々《かみがみ》は之《これ》に和《わ》して謹《つつし》み敬《いやま》い言霊《ことたま》を奏上《そうじよう》し、タカ〱と拍手《はくしゅ》をなして喜《よろこ》び歓《あら》ぎ給《たま》いける。………。

朝夕《あさゆふ》の神言《かみごと》宣《の》りて天《あめ》の世《よ》は　いやつぎ〱に開《ひら》かれにける

（『霊界物語』73巻「天祥地瑞」第5章「言幸比古の神」昭和8・10・6）

(六) 太《おほ》祓《はらい》

天之高火男《あめのたかひを》の神《かみ》、天之高地火《あめのたかちほ》の神《かみ》の二神《にしん》は、紫微圏界《しびけんかい》の国土《こくど》を経営《けいえい》せむとして、(国土《こくど》と雖《いえど》も霊的国土《れいてきこくど》にして、現在《げんざい》の地球《ちきゆう》の如《ごと》きものに非《あら》ずと知《し》るべし。以下《いか》総《すべ》て之《これ》に準《じゆん》ず) 先《ま》ず味鋤《あじすき》の神《かみ》をして紫天界《してんかい》に遣《つか》わし給《たま》いぬ。紫天界《してんかい》は紫微宮界《しびきゅうかい》の中央《ちゅうおう》に位《くらい》し、至厳《しげん》、至美《しび》、至粋《しすい》、至純《しじゅん》の透明国《とうめいこく》なり。先《ま》ず紫天界成《してんかいな》り終《お》えて、次《つぎ》に蒼天界形成《そうてんかいけいせい》され、次《つぎ》に紅天界《こうてんかい》、次《つぎ》に白天界《はくてんかい》、次《つぎ》に黄天界《こうてんかい》、次々《つぎつぎ》にかたちづくられたり。本章《ほんしょう》に於《お》いては先《ま》ず、紫微圏界《しびけんかい》に於《お》ける其《そ》の第一位《だいいちい》たる紫天界《してんかい》の修理固成《しゅうりこせい》につき其《そ》の大略《たいりやく》を説《と》き明《あか》すなり。

○

ウの言霊《ことたま》の御稜威《みいづ》によりて天之道立《あめのみちたつ》の神《かみ》は、其《そ》の神力《しんりき》を発揮《はつき》し給《たま》い、日照男《ほてりを》の神《かみ》、夜守《よるもり》の神《かみ》、玉守《たまもり》の神《かみ》、戸隠《とがくし》の神《かみ》の四柱《よはしら》をして昼《ひる》と夜《よる》とを分《わか》ち守《まも》らせ給《たま》いぬ。玉守《たまもり》の神《かみ》は朝《あさ》を守《まも》り、日照男《ほてりを》の神《かみ》は日中《にっちゅう》を守《まも》り、戸隠《とがくし》の神《かみ》は夕《ゆう》を守《まも》り、夜守《よるもり》の神《かみ》は夜《よる》を守《まも》り給《たま》いて、天界《てんかい》の経綸《けいりん》を行《おこな》い給《たま》う。併《しか》しながら紫微圏界《しびけんかい》にては、夜半《やはん》と雖《いえど》も我《わ》が地球《ちきゅう》の真昼《まひる》よりも明《あか》るく、唯意志想念《ただいしそうねん》の上《うえ》に於《おい》て夜《よる》の至《いた》るを感《かん》ずる程度《ていど》のものなり。朝《あさ》は朝《あさ》の想念起《そうねんお》こり、昼《ひる》は昼《ひる》、夕《ゆう》は夕《ゆう》の意志想念《いしそうねん》に感《かん》ずる程度《ていど》なり。我《わ》が地球《ちきゅう》の如《ごと》く明暗《めいあん》さだかならざるも、霊的天界《れいてきてんかい》なるが故《ゆえ》なり。

○

天之道立《あめのみちたつ》の神《かみ》は諸神《しょしん》を従《したが》えて、紫微圏界《しびけんかい》に於《お》ける数千億万里《すうせんおくまんり》の霊界《れいかい》を非常《ひじょう》の速力《そくりょく》をもって経繞《へめぐ》り、神業《みわざ》に活躍《かつやく》し給《たま》えり。至美《しび》、至明《しめい》、至尊《しそん》、至厳《しげん》の霊国《れいごく》も、燃《も》ゆる火《ひ》の焔《ほのお》の末《すえ》より出ずる黒煙《こくえん》の如《ごと》く、鈍濁《どんだく》の気《き》凝《こ》り固《かた》まりて、美醜善悪《びしゅうぜんあく》の次第《しだい》に区別《くべつ》を生《しょう》じ、最初《さいしょ》の神《かみ》の意志《いし》の如《ごと》く永久《とこしへ》に至善《しぜん》、至美《しび》、至尊《しそん》、至厳《しげん》なる事《こと》、全体《ぜんたい》に於《おい》て能《あた》わざるに至《いた》れるも、霊的《れいてき》自然《しぜん》の結果《けつか》にして、如何《いか》に造化《ぞうか》の神徳《しんとく》と雖《いえど》も、此《こ》の醜悪《しゅうあく》を絶滅《ぜつめつ》する余地《よち》なかりしなり。

総《すべ》て宇宙一切《うちゅういっさい》のものには霊的《れいてき》にも、体的《たいてき》にも表裏《ひょうり》あり、善悪美醜《ぜんあくびしゅう》混《こん》じ交《まじ》わりて、而《しか》して後《のち》に確乎不動《かくこふどう》の霊物《れいぶつ》は創造《そうぞう》さるるものなり。神《かみ》は至善至美至愛《しぜんしびしあい》にましませども、年処《ねんしょ》を経《ふ》るに従《したが》って醜悪分子《しゅうあくぶんし》の湧出《ゆうしゅつ》するは、恰《あたか》も清水《せいすい》の長《なが》く一所《ひとところ》に留《とど》まれば、次第《しだい》に混濁《こんだく》して腐《ふ》敗《はい》し、昆虫《こんちゅう》を発生《はっせい》するが如《ごと》し。

天之道立《あめのみちたつ》の神《かみ》は、主《ス》の神《かみ》の至善《しぜん》、至美《しび》、至愛《しあい》の霊性《れいせい》を摂受《せつじゅ》し給《たま》いて、紫天界《してんかい》を円満清朗《えんまんせいろう》に且《か》つ幸福《こうふく》に諸神《しょしん》を安住《あんじゅう》せしめむと、昼夜守《ちゅうやまも》りの四神《ししん》をして神事《しんじ》を取《と》り行《おこな》い給《たま》えど、惟神《かむながら》自然《しぜん》の真理《しんり》は如何《いかん》ともするに由《よし》なく、さしもの紫天界《してんかい》にも、彼方《かなた》、此方《こなた》の隅々《すみずみ》に妖邪《ようじゃ》の気《き》発生《はっせい》し、やうやく紫天界《してんかい》は擾乱《じょうらん》の国土《こくど》と化《か》せむとせり。茲《ここ》に天之道立《あめのみちたつ》の神《かみ》は、此《こ》の形勢《けいせい》を深《ふか》く憂慮《ゆうりょ》し給《たま》いて、天極紫微宮《てんきょくしびきゅう》に朝夕《ちょうせき》を詣《もう》で、天《あま》の数歌《かずうた》を奏上《そうじょう》し、かつ三十一文字《みそひともじ》をもって、妖邪《ようじゃ》の気《き》を剿滅《そうめつ》せむと図《はか》り給《たま》うぞ畏《かしこ》けれ。

○

天之道立《あめのみちたつ》の神《かみ》は黄金《おうごん》の肌麗《はだうるわ》しく、裸体《らたい》にて神前《しんぜん》に神嘉言《かむよごと》を奏上《そうじょう》し給《たま》う。（紫微圏界《しびけんかい》は最《さい》奥天界《おうてんかい》にして、此所《ここ》に住《じゅう》する神々《かみがみ》は総《すべ》て裸体《らたい》にましませり。然《しか》りと雖《いえど》も身心《しんしん》共《とも》に清浄無垢《せいじょうむく》にましませば、現在地球人《げんざいちきゅうじん》の如《ごと》く醜態《しゅうたい》を感《かん》ずることなく、裸体《らたい》そのものが、却《かえ》って美《うるわ》しく、かつ荘厳《そうごん》に輝《かがや》き給《たま》うなり。依《よ》って最奥天界《さいおうてんかい》、第一天界《だいいちてんかい》の神人《しんじん》はいずれも裸体《らたい》に在《ま》す事《こと》は、今日迄《こんにちまで》の『霊界物語《れいかいものがたり》』に於《おい》て説明《せつめい》したる如《ごと》し）

○

「掛巻《かけまく》も綾《あや》に畏《かしこ》きむらく〱さきの、極微点《こごこ》輝《かがや》き、美《うるわ》しき宮居《みやい》にます主《ス》の大神《おほかみ》の大御前《おおみまえ》に斎司《いはひつかさ》、天之道立《あめのみちたつ》の神《かみ》、謹《つつし》み敬《いやま》い畏《かしこ》み畏《かしこ》み願《ね》ぎまつる。抑《そもそも》この紫微圏界《しびけんかい》は、主《ス》の大神《おほかみ》とます天之峯火夫《あめのみねひを》の神《かみ》、宇迦須美《うがすみ》の神《かみ》、天津日鉾《あまつひほこ》の神三柱《かみみはしら》の広《ひろ》き深《ふか》き雄々《おお》しき御稜威《みいづ》により、一二三《ひとふたみ》の力《ちから》もて恂怜《うまら》に委曲《つばら》に造《つく》り固《かた》め給《たま》いけるを、日《ひ》を重《かさ》ね、月《つき》を閲《けみ》し、年《とし》を経《ふ》るままに御世《みよ》はややややに濁《にご》り曇《くも》らい、いとも美《うるわ》しく、厳《おごそ》かなるべき紫天界《してんかい》の至《いた》るところに心汚《こころきたな》き神々《かみがみ》の現《あらわ》れ来《きた》りて、主《ス》の大神《おほかみ》の大御心《おおみこころ》に背《そむ》きまつり、神国《みくに》を乱《みだ》しまつる事《こと》のいとも畏《かしこ》く、いみじくあれば、夜《よ》の守《まも》り、日《ひ》の守《まも》りと四柱《よはしら》の神《かみ》を四方《よも》にくまりて教《をし》え諭《さと》し守《まも》りまつれど、あまりに広《ひろ》き国《くに》にしあれば、如何《いか》で全《また》きを望《のぞ》み得《え》む。さはあれ吾等《われら》は神《かみ》の大宮《おおみや》に仕《つか》えまつる身《み》にしあれば、天津誠《あまつまこと》の大道《おおみち》を恂怜《うまら》に委曲《つばら》に説《と》き明《あか》し、もろ〱の荒《あら》ぶる神達《かみたち》を言向《ことむ》け和《や》わし、大御神《おおみかみ》の御稜威《みいづ》をかかぶりて紫天界《してんかい》は神《かみ》の造《つく》らしし昔《むかし》にかえり、曇《くも》りなく濁《にご》りなく、曲《まが》の気《け》だに止《とど》めじと、祈《いの》る誠《まこと》を聞《きこ》し召《め》し、吾《われ》に力《ちから》を与《あた》え給《たま》え。惟神神《かむながらかみ》の大前《おおまえ》に一二三四五六七八九十百千万布留辺由良《ひとふたみよいつむゆななやここのたりももちよろづふるべゆら》、布留辺由良由良由良《ふるべゆらゆらゆら》と幣《ぬさ》打《う》ち振《ふ》り、比礼《ひれ》打《う》ち靡《なび》け、大御神楽《おおみかぐら》を奏《かな》でつつ、左手《ゆんで》に御鈴《みすず》を打《う》ちふり、右手《めて》に幣《ぬさ》ふりかざし、七十五声《しちじゆうごせい》の言霊《ことたま》を恂怜《うまら》に委曲《つばら》に宣《の》りまつる。此有様《このありさま》を平《たいら》けく安《やす》らけく聞《きこ》し召《め》し相諾《あいうづな》い給《たま》えと、畏《かしこ》みくも願《ね》ぎまつる」

○

斯《か》く太祝詞《ふとのりと》を宣《の》り給《たま》えば、紫微宮《しびきゆう》の紫金《しこん》の扉《とびら》はキーキー、ギーギーと御音《みおと》清《すが》しく左右《さゆう》にあけ放《はな》たれ、茲《ここ》にキの言霊《ことたま》は鳴《な》り出《い》で、次《つぎ》にギの言霊《ことたまな》鳴り出《い》でましぬ。是《これ》より四方《よも》の曲津《まがつ》を斬《き》り払《はら》い、清《きよ》め澄《す》まし、天清《てんきよ》く、神清《かみきよ》く、道亦清《みちまたきよ》く、百神《ももがみ》の濁《にご》れる心《こころ》は清《きよ》まりて紫微天界《しびてんかい》は次第々々《しだいしだい》に妖邪《ようじや》の気消《きき》え失《う》せにける。さりながら大前《おおまえ》に神嘉言《かむよごと》一日《ひとひ》だも怠《おこた》る時《とき》は再《ふたた》び妖邪《ようじや》の気湧《きわ》き出《い》でて世《よ》を曇《くも》らせ、諸神《しよしん》は荒《あら》び乱《みだ》るるに至《いた》るこそ是非《ぜひ》なけれ。

茲《ここ》に天之道立《あめのみちたつ》の神《かみ》は、朝夕《あさゆう》のわかちなく、神《かみ》を祭《まつ》り、言霊《ことたま》を宣《の》り、妖邪《ようじや》の気《き》を払《はら》わむとして払《はら》い、言葉《ことば》の功《いさお》のいやちこなることを悟《さと》り、初《はじ》めて太祓《おおはら》いの道《みち》を開《ひら》き給《たま》いしこそ畏《かしこ》けれ。再拝《さいはい》。

（『霊界物語』73巻「天祥地瑞」第7章「大祓」昭和8・10・9）

生《い》きくて生《い》きの果《は》てなき天界《てんかい》の　姿《すがた》は人《ひと》の眼《め》には写《うつ》らじ

果《は》てしなき紫微天界《しびてんかい》の神々《かみがみ》は　祓《はら》ひ言《ごと》のみいそしみ給《たま》へり

（七）国生《くにう》み神生《かみう》みの段

天《あめ》の道立《みちたつ》の神《かみ》は、紫微《しび》の大宮《おおみや》の清庭《すがにわ》に立《た》ちて布留辺由良《ふるべゆら》、布留辺由良《ふるべゆら》と大幣《おおぬさ》を振《ふ》り給《たま》えば、紫微天界《しびてんかい》の西南《せいなん》の空《そら》を焦《こが》して入《い》り来《きた》る神《かみ》あり。其《そ》の御姿《みすがた》は百有余旬《ひやくいうよじゆん》の大鰻《おおうなぎ》の姿《すがた》にして、肌滑《はだなめ》らけく青水晶《あをすいしよう》の如《ごと》く、長大身《ちやうだいしん》ながらも拝《はい》しまつりて権威《けんい》の心《こころ》を起《おこ》さず、寧《むし》ろ敬慕《けいぼ》の念《ねん》に満《み》たされつつ、天之道立《あめのみちたつ》の神《かみ》は紫微《しび》の大宮《おおみや》に鰭伏《ひれふ》して、

「来《きた》ります神《かみ》は何神《なにがみ》なりや」

と神慮《しんりよ》を伺《うかが》いまつりけるに、

「天之峯火夫《あめのみねひを》の神言《みこと》もちて、今《いま》より来《きた》る神《かみ》は太元顕津男《おほもとあきつを》の神《かみ》」

と宣《の》らせ給《たま》いぬ。

○

太元顕津男《おほもとあきつを》の神《かみ》は紫微圏界《しびけんかい》の成出《なりい》でし最初《さいしょ》にあたり、大虚空《だいこくう》の西南《せいなん》に位置《いち》を定《さだ》め、百《もも》の神業《みわざ》を司《つかさど》り給《たま》いしが、ようやく大神業《おおみわざ》を仕《つか》え終《お》え給《たま》いし折《おり》もあれ、天之道立《あめのみちたつ》の神《かみ》の生言霊《いくことたま》の祓《はら》いの神業《みわざ》に感《かん》じ給《たま》いて、此処《ここ》に寄《よ》り来《き》ませるなりき。太元顕津男《おほもとあきつを》の神《かみ》は横目立鼻《よこめたちはな》の神《しん》人《じん》と化《か》し給《たま》い、大宮《おおみや》の御前《みまえ》に額《ぬか》づきて宣《の》り給《たま》わく、

「我《われ》は主《ス》の神《かみ》の神言《みこと》もちて、西南《せいなん》の空《そら》を修理固成《しゅうりこせい》し終《おわ》れり。我《われ》この後《のち》は如何《いか》にして神業《みわざ》に仕《つか》えまつらむや、恂怜《うまら》に委曲《つばら》に事依《ことよ》さし給《たま》え」

と、天津誠《あまつまこと》の言霊《ことたま》をもて祈《いの》らせ給《たま》えば、紫微《しび》の宮居《みやい》の扉《とびら》は再《ふたた》び静《しずか》に開《ひら》かれて、茲《ここ》に高鉾《たかほこ》の神《かみ》、神鉾《かむほこ》の神《かみ》、四辺《あたり》を紫金色《しこんしょく》に照《てら》させながら、儼然《げんぜん》として宣《の》りたまわく、

「宜《うべ》なり宜《うべ》なり太元顕津男《おほもとあきつを》の神《かみ》よ。我《われ》主《ス》の神《かみ》の神言《みこと》もちて汝《なれ》に宣《の》り聞《き》かす事《こと》あり、慎《つつし》み畏《かしこ》み神業《みわざ》に仕《つか》えまつれよ。是《これ》より東北万里《とうほくばんり》の国土《こくど》に於《おい》て天界経綸《てんかいけいりん》の聖場《せいじょう》あり、称《しょう》して

高地秀《たかちほ》の峯《みね》という。この高地秀《たかちほ》の峯《みね》こそ我主《あがス》の神《かみ》の出《い》でませし清所《すがど》なれば、汝《なれ》は一時《いちじ》も早《はや》く高地秀《たかちほ》の峯《みね》に下《くだ》りて紫天界《してんかい》の経綸《けいりん》に仕《つか》えまつれ。八百万《やおよろず》の神《かみ》を汝《なれ》に従《したが》えて其《そ》の神業《みわざ》を助《たす》けしめむ」

と、右手《めて》に大幣《おおぬさ》を打《う》ちふり、左手《ゆんで》に百成《ももなり》の鈴《すず》を打《う》ちふり給《たま》いつゝ、殿内深《でんないふか》く隠《かく》れ給《たま》いぬ。

茲《ここ》に太元顕津男《おほもとあきつを》の神《かみ》は天之道立《あめのみちたつ》の神《かみ》に深《ふか》く感謝《かんしや》の意《い》をのべながら、時遅《ときおく》れじと再《ふたた》び長大身《ちやうだいしん》に還元《かんげん》しつつ、光線《こうせん》の速《はや》さよりも速《はや》く、見《み》るく姿《すがた》を隠《かく》させ給《たま》えり。

○

太元顕津男《おほもとあきつを》の神《かみ》は、天《あめ》の高地秀《たかちほ》の山《やま》に下《くだ》り給《たま》いつゝ、茲《ここ》に造化《ぞうか》の三神《さんしん》を斎《いわ》い祭《まつ》り、朝《あさ》な夕《ゆうな》に誠心《まごころ》の極《きわ》みを尽《つく》し、言霊《ことたま》の限《かぎ》りを竭《つく》して、天界《てんかい》の平和幸福《へいわこうふく》を祈《いの》らせ給《たま》う。

紫微圏界《しびけんかい》に坐《ま》す主《ス》の大神《おほかみ》の御稜威《みいづ》によりて、平《たひ》らけく安《やす》らけく清《きよ》く明《さや》けく治《おさ》まりたれども、百万里東方《ひやくまんりとうはう》の国土《こくど》は未《いま》だ神徳《しんとく》に潤《うるお》わず、漸《ようや》く妖薜《ようへき》の気群《きむら》がり起《おこ》り、神々《かみがみ》は水火《すいか》の呼吸《いき》の凝結《かたまり》より漸《ようや》く愛情《あいじよう》の心《こころ》を起《おこ》し、神生《かみう》みの業《わざ》は日々《ひび》に盛《さかん》になりたれども、善悪相混《ぜんあくあいこん》じ美醜《びしゆう》互《たがい》に交《まじ》わる惟神《かむながら》の摂理《せつり》によりて、遂《つい》に混濁《こんだく》の気《き》国内《こくない》に満《み》ち、万《よろず》の禍《わざわい》群《む》れおきむとせしを甚《いた》く歎《なげ》かせ給《たま》い、高地秀《たかちほ》の大宮《おおみや》に百日百夜《ももかももや》間断《かんだん》なく祈《いの》り給《たま》えば、主《ス》の神《かみ》はここにも再《ふた》び現《あらわ》れまして神言《みこと》厳《おごそ》かにのたまはく、

「汝是《なれこれ》より国生《くにう》み、神生《かみう》みの神業《みわざ》に仕《つか》えまつれ。其《そ》の御樋代《みひしろ》として八十《やそ》の比女神《ひめがみ》を汝《なれ》に従《したが》わしめむ」

と宣《の》り給《たま》えば、太元顕津男《おほもとあきつを》の神《かみ》は主《ス》の神《かみ》の神宣《みことのり》のあまりの畏《かしこ》さに、応《こた》へまつる言葉《ことば》もなく、宮《みや》の清庭《すがにわ》に鰭伏《ひれふ》して直《ただ》ひたすらに驚《おどろ》き打《う》ち慄《ふる》い給《たま》いける。

○

主《ス》の神《かみ》より太元顕津男《おほもとあきつを》の神《かみ》に対《たい》し八十《やそ》比女神《ひめがみ》を授《さず》け給《たま》いしは、神界経綸《しんかいけいりん》につきて深《ふか》き広《ひろ》き大御心《おおみこころ》のおわしますことなりけり。天界《てんかい》に於《おい》ても漸《ようや》く茲《ここ》に横目《よこめ》立鼻《たちはな》の神人《しんじん》現《あらわ》れ、愛欲《あいよく》に心《こころ》乱《みだ》されて至善至美至愛《しぜんしびしあい》の天界《てんかい》も濁《にご》り曇《くも》らいければ、其汚《そのけが》れを払《はら》わむとして至善《しぜん》、至美《しび》、至粋《しすい》、至純《しじゅん》、至仁《しじん》、至愛《しあい》、至厳《しげん》、至重《しちょう》の神霊《しんれい》を宿《やど》し給《たま》う太元顕津男《おほもとあきつを》の神《かみ》に対《たい》して、国魂《くにたま》の

神《かみ》を生《う》ましめむとの御心《みこころ》なりける。譬《たと》えば醜草《しこくさ》の種《たね》は生《は》え安《やす》く茂《しげ》り安《やす》くして世《よ》に寸効《すんこう》もなく、道《みち》を塞《ふさ》ぎ悪虫《あくちゅう》を生《しょう》じ足《あし》を容《い》るる処《ところ》なきまでに至《いた》るを憂《うれ》い給《たま》いて、至粋至純《しすいしじゅん》なる白梅《しらうめ》の種《たね》を植《う》え広《ひろ》めしめむと、八十比女神《やそひめがみ》を御樋代《みひしろ》に、国《くに》の守《まも》りと国魂神《くにたまがみ》を生《う》ませ給《たま》わむ御心《みこころ》なりける。曇《くも》り乱《みだ》れの種《たね》を天界《てんかい》に蒔《ま》き広《ひろ》むる時《とき》は益々曇《ますますくも》り乱《みだ》れ、遂《つい》には神明《しんめい》の光《ひかり》も知《し》らざるに至《いた》るものなり。

（『霊界物語』73巻「天祥地瑞」第8章「国生み神生みの段」昭和8・10・10）

言霊《ことたま》の水火《みいき》に天界《てんかい》発生《はっせい》し　百《もも》の神達《かみたち》生《うま》れますなり

山《やま》も川《かは》も大海原《おほうなばら》も言霊《ことたま》の　神《かみ》の水火《みいき》に生《あ》れ出《い》でしものよ

（八）水火《すいか》の活動

大宇宙間《だいうちゆうかん》に鳴《な》り〱て、鳴《な》り止《や》まず、鳴《な》りあまれる厳《いづ》の生言霊《いくことたま》ス声《ごえ》によりて、七十五声《しちじゆうごせい》の神現《かみあらわ》れ給《たま》いしことは、既《すで》に前述《ぜんじゆつ》の如《ごと》し。

スの言霊《ことたま》は鳴《な》り〱て、遂《つい》に大宇宙間《だいうちゆうかん》に火《ひ》と水《みづ》との物質《ぶつしつ》を生《う》み給《たま》う。抑々一切《そもそもいつさい》の霊魂物《れいこんぶつ》質《しつ》は何《いず》れもスの言霊《ことたま》の生《う》むところなり。而《しか》して火《ひ》の性質《せいしつ》は横《よこ》に流《なが》れ、水《みづ》の性質《せいしつ》は縦《たて》に流《なが》るるものなり。故《ゆえ》に火《ひ》は水《みづ》の力《ちから》によりて縦《たて》にのぼり、又水《またみづ》は火《ひ》の横《よこ》の力《ちから》によりて横《よこ》に流《なが》る。

○

昔《むかし》の言霊学者《げんれいがくしや》は火《ひ》は縦《たて》にして、水《みづ》は横《よこ》なりと言《い》えれども、其《そ》の根元《こんげん》に至《いた》りては然《しか》らず、火《ひ》も水《みづ》なければ燃《も》ゆる能《あた》わず光《ひか》る能《あた》わず、水《みづ》も亦火《またひ》の力添《ちからそ》はざれば流動《りゆうどう》する能《あた》わず、遂《つい》に凝《こ》り固《かた》まりて氷柱《ひようちゆう》となるものなり。冬《ふゆ》の日《ひ》の氷《こおり》は火《ひ》の気《け》の去《さ》りし水《みづ》の本質《ほんしつ》なり、此《こ》の理《り》によりて水《みづ》は縦《たて》に活用《はたらき》をなし、火《ひ》は横《よこ》に動《うご》くものなる事《こと》を知《し》るべし。

○

天界《てんかい》に於《お》ける光彩炎熱《こうさいえんねつ》も内包《ないほう》せる水気《すいき》の力《ちから》なり。紫微天界《しびてんかい》には大太陽現《だいたいようあらわ》れ給《たま》いて左旋運《させんうん》動《どう》を起《おこ》し、東《ひがし》より西《にし》にコースを取《と》るのみにして、西《にし》より東《ひがし》に廻《まわ》る太陰《たいいん》なし。炎熱猛烈《えんねつもうれつ》にして神人《しんじん》を絶対的《ぜつたいてき》に安住《あんじゆう》せしむる機関《きかん》とはならざりしかば、茲《ここ》に太元顕津男《おほもとあきつを》の神《かみ》は高地秀《たかちほ》の峯《みね》にのぼらせ給《たま》い、幾多《いくた》の年月《としつき》の間《あいだ》、生言霊《いくことたま》を奏上《そうじよう》し給《たま》えば、大神《おほかみ》の言霊宇宙《ことたまうちゆう》に凝《こ》りて茲《ここ》に大太陰《だいたいいん》は顕現《けんげん》されたるなり。而《しか》して大太陰《だいたいいん》は水気多《すいきおお》く火《ひ》の力《ちから》をもって輝《かがや》き給《たま》えば、右旋《うせん》運動《うんどう》を起《おこ》して西《にし》より東《ひがし》にコースをとり、天界《てんかい》の神人《しんじん》を守《まも》らせ給《たま》う。天之道立《あめのみちたつ》の神《かみ》は大太陽《だいたいよう》を機関《きかん》として、凡百《ぼんぴやく》の経綸《けいりん》を行《おこな》い給《たま》い、太元顕津男《おほもとあきつを》の神《かみ》は大太陰《だいたいいん》を機関《きかん》として宇宙天界《うちゆうてんかい》を守《まも》らせ給《たま》えば、茲《ここ》に天界《てんかい》はいよ〳〵火水《かすい》の調節《ちようせつ》なりて以前《いぜん》に勝《まさ》る万有《ばんゆう》の栄《さかえ》を見《み》るに至《いた》れり。

○

　太元顕津男《おほもとあきつを》の神《かみ》は大太陰界《だいたいいんかい》に鎮《しず》まり給《たま》いて至仁至愛《みろく》の神《かみ》と現《げん》じ給《たま》い、数百億年《すうひやくおくねん》の末《すえ》の世《よ》迄《まで》も永久《とこしへ》に鎮《しず》まり給《たま》うぞ畏《かしこ》けれ。至仁至愛《みろく》の大神《おほかみ》は数百億年《すうひやくおくねん》を経《へ》て今日《こんにち》に至《いた》るも、若返《わががえ》り若返《わががえ》りつつ今《いま》に宇宙一切《うちゆういつさい》の天地《てんち》を守《まも》らせ給《たま》い、今《いま》や地上《ちじよう》の覆滅《ふくめつ》せむとするに際《さい》し、瑞《みづ》の御《み》霊《たま》の神霊《しんれい》を世《よ》に降《くだ》して更生《こうせい》の神業《みわざ》を依《よ》さし給《たま》うべく、肉《にく》の宮居《みやい》に降《くだ》りて神代《かみよ》に於《お》ける御活《ごかつ》動《どう》そのまゝに、迫害《はくがい》と嘲笑《ちょうしょう》との中《なか》に終始一貫尽《しゅうしいっかんつく》し給《たま》うこそ畏《かしこ》けれ。

○

大太陽《だいたいよう》に鎮《しず》まり給《たま》う大神《おほかみ》を厳《いづ》の御霊《みたま》と称《たた》え奉《まつ》り、大太陰界《だいたいいんかい》に鎮《しず》まりて宇宙《うちゅう》の守護《しゅご》に任《にん》じ給《たま》う神霊《しんれい》を瑞《みづ》の御霊《みたま》と称《たた》え奉《まつ》る。

厳《いづ》の御霊《みたま》、瑞《みづ》の御霊《みたま》二神《にしん》の接合《せつごう》して至仁至愛《みろく》神政《しんせい》を樹立《じゅりつ》し給《たま》う神《かみ》の御名《みな》を伊都能売神《いづのめのかみ》と申《もう》す。即《すなわ》ち伊都《いづ》は厳《いづ》にして火《ひ》なり、能売《のめ》は水力《すいりょく》、水《みづ》の力《ちから》なり、水《みづ》は又瑞《またみづ》の活用《はたらき》を起《おこ》して茲《ここ》に瑞《みづ》の御霊《みたま》となり給《たま》う。

紫微天界《しびてんかい》の開闢《かいびゃく》より数億万年《すうおくまんねん》の今日《こんにち》に至《いた》りていよ〳〵伊都能売神《いづのめのかみ》と顕現《けんげん》し、大宇宙《だいうちゅう》の中心《ちゅうしん》たる現代《げんだい》の地球《ちきゅう》（仮《かり》に地球《ちきゅう》という）の真秀良場《まほらば》に現《あらわ》れ、現身《うつせみ》をもちて、宇宙更生《うちゅうこうせい》の神《み》業《わざ》に尽《つく》し給《たま》う世《よ》とはなれり。

○

厳御霊瑞《いづみたまみづ》の御霊《みたま》の接合《せつがふ》を　伊都能売御霊《いづのめみたま》と称《たた》へまつらふ

厳《いづ》の御霊太陽界《みたまたいやうかい》に在《おは》しまして
火《ひ》の活動《はたらき》を行《おこな》ひたまふ

瑞《みづ》の御霊太陰界《みたまたいいんかい》にましまして
水《みづ》の活動《はたらき》を行《おこな》はせたまふ

いづくし厳《いづ》の御霊《みたま》の活用《はたらき》に
宇宙《うちう》を包《つつ》む火《ひ》は光《ひか》るなり

みづくし瑞《みづ》の御霊《みたま》は幸《さち》はひて
宇宙《うちう》に水《みづ》の力《ちから》を与《あた》ふ

こゝに説《と》く太陽太陰両神《たいやうたいいんりやうしん》は
我《わ》が地《ち》より見《み》る陰陽《いんやう》に非《あら》ず

火《ひ》は水《みづ》の力《ちから》に動《うご》き水《みづ》は火《ひ》の
力《ちから》によりて流動《りうどう》するなり

何事《なにごと》も水《みづ》のみにしては成《な》らざらむ
火《ひ》の助《たす》けこそ水《みづ》を生《い》かすも

火《ひ》のみにていかで燃《も》ゆべき光《ひか》るべき
水《みづ》の力《ちから》をかりて動《うご》くも

火《ひ》と水《みづ》の言霊《ことたま》これを火水《かみ》といひ
又《また》火水《ほし》と言《い》ふ宇宙《うちう》の大道《だいだう》

水《みづ》と火《ひ》の言霊合《ことたまがつ》して水火《しほ》となり
宇宙万有《うちうばんいう》の水火《いき》となるなり

火《ひ》と水《みづ》は即《すなは》ち火水《かみ》なり水《みづ》と火《ひ》は
即《すなは》ち水火《しほ》なり陰陽《いんやう》の活動《はたらき》

水《みづ》と火《ひ》の活用《はたらき》によりてフの霊《みたま》
即《すなは》ち力《ちから》あらはるゝなり

雨《あめ》も風《かぜ》も雪霜霰《ゆきしもあられ》も水《みづ》と火《ひ》の
大空《おほぞら》に輝《かがや》く日月星辰《じつげつせいしん》も
火《ひ》の系統《けいとう》ばかり処《ところ》を得顔《えがほ》なる
猛烈《まうれつ》なる力《ちから》をもちて万有《ばんいう》を
火《ひ》の力《ちから》のみ活動《はたら》ける世《よ》の中《なか》は
地《ち》の上《うへ》の百《もも》の国々《くにぐに》日《ひ》に月《つき》に
乱《みだ》れ果《は》てし世《よ》を正《ただ》さむと瑞御霊《みづみたま》
瑞御霊《みづみたま》の力《ちから》のみにて万有《ばんいう》は
火《ひ》と水《みづ》を塩梅《あんばい》なして世《よ》に出《い》づる
伊都能売《いづのめ》の神《かみ》は地上《ちじやう》に降《くだ》りまし
厳御霊陽気《いづみたまやうき》を守《まも》り瑞御霊《みづみたま》
瑞御霊至仁至愛《みづみたまみみろく》の神《かみ》と現《あらは》れて

交《まじ》はる度合《どあひ》によりてなるなり
雷　電《いかづちいなづま》も水火《すゐくわ》の力《ちから》よ
世《よ》は曇《くも》るより外《ほか》に道《みち》なし
焼尽《せうじん》するは火《ひ》の行為《すさび》なり
乱《みだ》れ曇《くも》りて治《をさ》まることなし
禍《わざはひ》　起《おこ》るは火《ひ》のみの世《よ》なり
厳《いづ》の御霊《みたま》と共《とも》に出《い》でませり
如何《いか》で栄《さか》えむ火《ひ》のあらざれば
伊都能売神《いづのめのかみ》の活動《はたらき》尊《たふと》し
宇宙更生《うちうかうせい》に着手《ちやくしゆ》したまへり
陰《いん》を守《まも》りて国《くに》は治《をさ》まる
天《あめ》の御柱《みはしら》たつる神代《みよ》なり

伊都能売《いづのめ》の神《かみ》の功《いさを》のなかりせば　世《よ》の行先《ゆくさき》は亡《ほろ》び行《ゆ》くべし
万有《ばんいう》を育《そだ》て助《たす》くる神業《かむわざ》は　瑞《みづ》の御霊《みたま》の力《ちから》なりけり
火《ひ》と水《みづ》の二《ふた》つの神業《みわざ》ありてこそ　天地活動《てんちくわつどう》次《つ》ぎく起《おこ》る
われは今《いま》伊都能売《いづのめ》の神《かみ》の功《いさを》もて　曇《くも》れる神代《みよ》を光《てら》さむと思《おも》ふ
（『霊界物語』73巻「天祥地瑞」第12章「水火の活動」昭和8・10・11）

地《ち》の上《うへ》の森羅万象《しんらばんしやう》悉《ことごと》く　主神《スしん》の水火《いき》に栄《さか》えこそすれ

（九）国生《くにう》みの旅

火《ひ》は水《みづ》の力《ちから》によりて高《たか》く燃《も》え立《た》ち上《あが》り其熱《そのねつ》と光《ひかり》を放《はな》ち、水《みづ》は又火《またひ》の力《ちから》によりて横《よこ》に流《なが》れ低《ひく》きにつく、之《これ》を水火自然《すいかしぜん》の活用《はたらき》と言《い》う。火《ひ》も水《みづ》の力《ちから》なき時《とき》は横《よこ》に流《なが》れて立《た》つ能《あた》わず、水《みづ》は又《また》火《ひ》の力《ちから》なき時《とき》は高《たか》く上《のぼ》りて直立不動《ちょくりつふどう》となりて、其用《そのよう》をなさず。霧《きり》となり、雲《くも》となり、雨《あめ》となりて、四方《よも》の国土《こくど》を湿《うるお》すも皆水《みなみづ》の霊能《れいのう》なり。火《ひ》を本性《ほんせい》として現《あらわ》れ給《たま》う厳《いづ》の御霊《みたま》を天《あめ》之道立《のみちたつ》の神《かみ》と申《もう》すも此《こ》の原理《げんり》より出《い》づるなり。

次《つぎ》に太元顕津男《おほもとあきつを》の神《かみ》と称《たた》うるも、水気《すいき》の徳《とく》あらゆる万有《ばんゆう》に浸潤《しんじゅん》して其徳《そのとく》を顕《あらわ》すの意《い》なり。故《ゆえ》に天之道立《あめのみちたつ》の神《かみ》は紫微《しび》の宮居《みやい》に永久《とこしへ》に鎮《しず》まりて経《たて》の教《をしえ》を宣《の》り給《たま》い、太元顕津男《おほもとあきつを》の神《かみ》は高《たか》地秀《ちほ》の宮《みや》に鎮《しず》まりまして、四方《よも》の神々《かみがみ》を初《はじ》めあらゆる国土《こくど》を湿《うる》おし給《たま》う御職掌《ごしょくしょう》なりける。故《ゆえ》に主《ス》の大神《おほかみ》は太元顕津男《おほもとあきつを》の神《かみ》に対《たい》し、国生《くにう》み神生《かみう》みの神業《みわざ》を依《よ》さし給《たま》いて、八十柱《やそはしら》の比《ひ》女神《めがみ》を御樋代《みひしろ》として顕津男《あきつを》の神《かみ》に降《くだ》し給《たま》い、殊《こと》に才色勝《さいしょくすぐ》れたる八柱《やはしら》の神《かみ》を選《え》りて御側近《みそばちか》く仕《つか》えしめ給《たま》いしは、天界経綸《てんかいけいりん》の基礎《きそ》とこそ知《し》られけり。

○

茲《ここ》に顕津男《あきつを》の神《かみ》は天理《てんり》に暗《くら》き百神達《ももがみたち》の囁《ささや》きに堪《た》え兼《か》ね給《たま》いて、尊《たふと》き神業《みわざ》に躊躇《ちゅうちょ》し給《たま》いけるが、主《ス》の神《かみ》の大神宣《おほみことも》黙《だ》し難《がた》く、紫微《しび》の宮居《みやい》に参《ま》い詣《もう》で、天之道立《あめのみちたつ》の神《かみ》に我《わが》もてる職掌《しょくしょう》を恂伶《うまら》に委曲《つばら》に宣《の》り給《たま》いしかども、素《もと》より火《ひ》の本性《ほんせい》を有《も》たす神《かみ》なれば、顕津男《あきつを》の神《かみ》の神言《みことば》を諾《うべな》い給《たま》わず、紫微《しび》の宮居《みやい》の百神達《ももがみたち》も言葉《ことば》を極《きわ》めて顕津男《あきつを》の神《かみ》の行動《こうどう》を裁《さば》きまつりければ、茲《ここ》に御神《みかみ》は深《ふか》く心《こころ》を定《さだ》めつつ、高地秀《たかちほ》の宮《みや》に帰《かえ》らせ給《たま》い、一柱《ひとはしら》の侍神《じしん》も伴《ともな》わず、月光《つきて》る夜《よ》半《わ》を独《ひと》りとぼ〳〵立出《たちい》でまし給《たま》えば、白梅《しらうめ》の香《かおり》ゆかしく咲《さ》き香《にお》う栄城山横《さかきのやまよこた》わる。茲《ここ》に顕津《あきつ》男《を》の神《かみ》はほっと御息《みいき》をつかせ給《たま》い、栄城山《さかきのやま》の頂《いただき》に登《のぼ》りて、日月両神《じつげつりようしん》を拝《はい》し天津祝詞《あまつのりと》を奏上《そうじよう》し、我神業《わがみわざ》の完成《かんせい》せむ事《こと》を恂伶《うまら》に委曲《つばら》に祈《いの》り給《たま》いける。

顕津男《あきつを》の神《かみ》は尾上《おのえ》に茂《しげ》る常磐木《ときはぎ》の松《まつ》を根《ね》こじにこじ、白梅《しらうめ》の香《かお》る小枝《こえだ》を手折《たお》らせ給《たま》いて松《まつ》の梢《こずえ》にしばりまし、右手《めて》に手握《たにぎ》り左手《ゆんで》の掌《たなごころ》に、夜光《やこう》の玉《たま》を静《しずか》に柔《やわら》かに捧《ささ》げ持《も》たし、松《まつ》梅《うめ》の幣《みてくら》を左右左《さゆうさ》に打振《うちふ》り〳〵御声爽《みこゑさはや》かに祈《いの》り給《たま》う。

○

其神言霊《そのみことたま》は忽《たちま》ち天地《てんち》に感動《かんどう》し、紫微天界《しびてんかい》の諸神《しよしん》は時《とき》を移《うつ》さず神集《かむつど》いに集《つど》いまして、顕津《あきつ》男《を》の神《かみ》の太祝詞言《ふとのりとごと》を謹《つつし》み畏《かしこ》み聴聞《ちようもん》し給《たま》う。

「掛《か》けまくも綾《あや》に畏《かしこ》き久方《ひさかた》の、神国《みくに》の基《もとい》とあれませる天《あま》の峯火夫《みねひを》の神《かみ》は、澄《す》みきり〳〵主《ス》の言霊《ことたま》の神水火《みいき》をうけて、空高《そらたか》くあらはれ給《たま》い、心《こころ》を浄《きよ》め身《み》を清《きよ》め、いよ〳〵茲《ここ》に紫微天界《しびてんかい》を初《はじ》めとし、外《ほか》に四層《しそう》の天界《てんかい》を恂怜《うまら》に委曲《つばら》に生《な》り出《い》でましぬ。紫微天界《しびてんかい》の要《かなめ》天極紫微《てんきよくしび》の宮《みや》を見《み》たて給《たま》い、之《これ》を天《あめ》の御柱《みはしら》の宮《みや》となづけ給《たま》いて、天之道立《あめのみちたつ》の神《かみ》に霊《れい》界《かい》のことを恂怜《うまら》に委曲《つばら》に任《ま》け給《たま》い、神《かみ》の御代《みよ》をば開《ひら》かせ給《たま》えと、つぎ〳〵曇《くも》る天界《てんかい》の此有様《このありさま》を覧《みそな》わし、我《われ》を東《ひがし》につかわして、高地秀山《たかちほやま》に下《くだ》らせつ、茲《ここ》に宮居《みやい》を造《つく》るべく依《よ》さし給《たま》えば、ひたすらに畏《かしこ》みまつり、天津国《あまつくに》の遠《とお》き近《ちか》きに聳《そび》えます、山《やま》の尾上《おのえ》や谷々《たにだに》の、茂木《しげぎ》の良《よ》き木《き》を撰《えら》み立《た》て、本打切《もとうちき》り末打断《すえうちた》ちて、貴《うづ》の御柱削《みはしらけづ》り終《お》え、高天原《たかあまはら》に千《ち》木高知《ぎたかし》りて、我《われ》は朝夕仕《あさゆうつか》えまつりぬ。百神達《ももがみたち》は紫微《しび》の宮居《みやい》に対照《たいしよう》して東《ひがし》の宮《みや》と呼《よ》ばわりつ、伊寄《いよ》り集《つど》いて大前《おおまえ》に、朝《あさ》な夕《ゆう》なの神嘉言《かむよごと》宣《の》り上《あ》げまつる折《おり》もあれ、主《ス》の大神《おほかみ》は厳《おごそ》かに、東《ひがし》の宮居《みやい》に下《くだ》りまし、国《くに》の御柱《みはしら》の大宮《おおみや》と名《な》を賜《たま》いたる尊《とうと》さよ。茲《ここ》に主《ス》の神《かみ》もろ〳〵の大御経綸《おおみしぐみ》と任《ま》け給《たま》い、あらゆる国《くに》を治《おさ》むべく国魂神《くにたまがみ》を生《う》ませよと、八十柱《やそはしら》の比女神《ひめがみ》を我《われ》に下《くだ》して、御空高《みそらたか》く元津御座《もとつみくら》に帰《かえ》りましくぬ。我《われ》はもとより瑞御霊《みづみたま》、一所《ひとところ》に留《とど》まるべきにあらねば、栄城山《さかきのやま》の上《へ》に今立《いまた》ちて、四方《よも》の神々《かみがみ》さし招《まね》き、職掌《つとめ》を委曲《つぶさ》に、百《もも》の神々司神《かみがみつかさがみ》に今《いま》あらためて宣《の》り告《つ》ぐる。百神達《ももがみたち》は主《ス》の神《かみ》の、神言《みこと》をうけし我言葉《わがことば》、恂怜《うまら》に委曲《つばら》に聞召《きこしめ》し、厳《いづ》の御霊《みたま》は言《い》うも更《さら》、瑞《みづ》の御霊《みたま》の宣言《のりごと》も、浜《はま》の千鳥《ちどり》と聞《き》きながさず、心《こころ》の奥《おく》に納《をさ》めおきて、我神業《わがみわざ》を救《すく》へかし。嗚呼《ああ》惟神々々《かむながらかむながら》、天津真言《あまつまこと》の言霊《ことたま》もて心《こころ》の丈《たけ》を告《つ》げまつる」

○

かく謡《うた》ひ終《おわ》り給《たま》えば、百神達《ももがみたち》は何《なん》の答《いら》えもなく鰭伏《ひれふ》して合掌《がつしょう》するのみ。時《とき》しもあれや主《ス》の神《かみ》の主《ス》の言霊《ことたま》は四方《よも》に響《ひび》き渡《わた》り、微妙《びみよう》の音楽《おんがく》非時《ときじく》聞《きこ》えて、其荘厳《そのそうごん》さ愉快《ゆかい》さ譬《たと》うるにものなし。迦陵頻伽《かりようびんが》は満山《まんざん》の白梅《しらうめ》に枝《えだ》も撓《たわわ》に集《あつま》り来《きた》りて美音《びおん》を放《はな》ち、鳳凰《ほうおう》は幾百千《いくひやくせん》ともなく彼《か》方《なた》此方《こなた》の天《てん》より集《あつま》り来《きた》り、栄城山《さかきのやま》の上空《じようくう》を悠々《ゆうゆう》翔《か》けまわる様《さま》、実《じつ》に最奥天国《さいおうてんごく》の有様《ありさま》なりける。

ここに大御母《おおみはは》の神《かみ》は、数多《あまた》の神々《かみがみ》を従《したが》え数百頭《すうひやくとう》の麒麟《きりん》を率《ひき》いて此処《ここ》に現《あらわ》れ給《たま》い、山頂《さんちやう》の広場《ひろば》に整列《せいれつ》して、顕津男《あきつを》の神《かみ》の門出《かどで》を祝《しゆく》し給《たま》う。茲《ここ》に顕津男《あきつを》の神《かみ》は大御母《おおみはは》の神《かみ》の奉《たてまつ》りし麒麟《きりん》に跨《またが》り山路《やまじ》を下《くだ》り給《たま》えば、大御母《おおみはは》の神《かみ》を初《はじ》め百神達《ももがみたち》は各《おの》もくと麒麟《きりん》の背《せ》に跨《またが》り、其《その》他《た》は鳳凰《ほうおう》の翼《つばさ》に駕《が》して従《したが》い給《たま》う。大太陽《だいたいよう》の光《ひかり》は益々強《ますますつよ》く、大太陰《だいたいいん》は慈光《じこう》を放《はな》ち、清涼《せいりよう》の気《き》を送《おく》りて其炎熱《そのえんねつ》を調和《ちようわ》し給《たま》い、水火和合《すいかわごう》の祥徴《しやうちよう》実現《じつげん》して、紫微天界《しびてんかい》は忽《たちま》ち浄土《じやうど》の光景《こうけい》を現《げん》じける。再拝《さいはい》。

(『霊界物語』73巻「天祥地瑞」第15章「国生みの段」昭和8・10・12)

第五編　宇宙小論

（一）宇宙は愛の発動より

無始無終《むしむしゆう》の宇宙間《うちゆうかん》において、最《もつと》も強《つよ》く美《うつく》しきものは愛《あい》の発動《はつどう》なり。大虚空中《だいこくうちゆう》に愛《あい》の発動《はつどう》ありて始《はじ》めてスの言霊《ことたま》は生《うま》れ、天地《てんち》の万神《ばんしん》は生《うま》る。故《ゆえ》に神《かみ》は愛《あい》なり力《ちから》なりと称《しよう》する所以《ゆえん》なり。愛《あい》あるが故《ゆえ》に宇宙《うちゆう》は創造《そうぞう》され、万物《ばんぶつ》は発生《はつせい》す。宇宙間一切《うちゆうかんいつさい》のものはこの愛《あい》に左右《さゆう》され、創造《そうぞう》も建設《けんせつ》も破壊《はかい》も滅亡《めつぼう》も混乱《こんらん》も生《しよう》ずるものなり。

愛《あい》は最《もつと》も尊《とうと》ぶべくかつ恐《おそ》るべきものとす。愛《あい》よりスク、スカヌの言霊《ことたま》は生《うま》れるなり。愛《あい》の情動《じようどう》にしてその度合《どあい》よろしければ、生成化育《せいせいかいく》の神業《みわざ》は完成《かんせい》し、愛《あい》の情動《じようどう》の度合過《どあいす》ぐれば、遂《つい》には一切《いつさい》を破壊《はかい》するに至《いた》る。

而《しか》して、愛《あい》には善《ぜん》あり、悪《あく》あり、大《だい》あり、小《しよう》あり。神《かみ》の愛《あい》は愛善《あいぜん》にして、世間一切《せけんいつさい》の愛《あい》は愛悪《あいあく》なり。神《かみ》の愛《あい》は大愛《たいあい》にして世間《せけん》の愛《あい》は小愛《しようあい》なり。わが身《み》を愛《あい》し、わが家《いえ》を愛《あい》し、わが郷土《きようど》を愛《あい》し、わが国土《こくど》を愛《あい》するは所謂自己愛《いわゆるじこあい》にして、神《かみ》の大愛《たいあい》に比《ひ》して雲泥《うんでい》の相違《そうい》あり。

故《ゆえ》に小愛《しょうあい》は我情《がじょう》我慾《がよく》の心《こころ》を増長《ぞうちょう》せしめ、遂《つい》には自己愛《じこあい》のために他人《たにん》を害《がい》し、他家《たけ》を破《やぶ》り、他郷《たきょう》と争《あらそ》い、他《た》の国《くに》と戦《たたか》い、遂《つい》に彼我《ひが》共《とも》に惨禍《さんか》の洗礼《せんれい》を受《う》けるに至《いた》る。

また神《かみ》の愛《あい》は大愛《たいあい》なれば、宇宙一切万有《うちゆういつさいばんゆう》に普遍《ふへん》して毫《ごう》も依怙《えこ》の沙汰《さた》なし。世間《せけん》の愛《あい》は他《た》を顧《かえり》みず、只管《ひたすら》にわが身《み》を愛《あい》し、わが家《いえ》を愛《あい》し、わが郷土《きょうど》を愛《あい》し、わが国家《こっか》を愛《あい》するが故《ゆえ》に、他《た》よりもし不利益《ふりえき》を加《くわ》えられると見《み》る時《とき》は、たちまち立《た》って反抗《はんこう》し争闘《そうとう》し、身《み》を破《やぶ》り家《いえ》を破《やぶ》り国家《こっか》を破《やぶ》るに至《いた》る。恐《おそ》るべきは愛《あい》の情動《じょうどう》の度合《どあい》なり。

（『霊界物語』「天祥地瑞」第74巻・第14章「真心の雲らひ」）

（二）真の宗教

宗教《しゅうきょう》の宗《しゅう》の字《じ》は、国語《こくご》にて宗《むね》と訓《くん》ず、宇宙《うちゆう》一切《さい》の経緯《けいい》を示《しめ》すという意味《いみ》である。ウ冠《かんむり》のウは、天地万有《てんちばんゆう》一切《さい》を生《う》み出《だ》す神《かみ》の経綸《けいりん》と云《い》う言霊《ことたま》であり、下《した》の示すと云《い》う字《じ》は、天地人開《てんちじんひら》くと云《い》う意味《いみ》である。

宗教と云《い》う意味《いみ》は、天地人《てんちじん》一切《さい》に関《かん》する根本《こんぽん》の真理《しんり》を開示《かいじ》し、神《かみ》の意志《いし》によって人心《じんしん》を導《みちび》き、民《たみ》をおさめ、一切《さい》の万有《ばんゆう》を安息《あんそく》せしめむべき意味《いみ》が含《ふく》まれて居《い》る。故《ゆえ》に宗教《しゅうきょう》は、天文《てんもん》、地文《ちもん》、政治《せいじ》、教育《きょういく》、芸術《げいじゅつ》、経済《けいざい》、其他《そのた》ありと所有《あらゆる》ものに対《たい》し、根本的解決《こんぽんてきかいけつ》を与《あた》うるものの云《い》いである。

今迄《いままで》の既成宗教《きせいしゅうきょう》は何《いず》れも天《てん》に傾《かたむ》き、地《ち》に傾《かたむ》き、或《あるい》は心《こころ》に傾《かたむ》き、そして一切《さい》の人間界《にんげんかい》と乖離《かいり》して居《い》る傾《かたむ》きがある。現実界《げんじつかい》を疎外《そがい》し厭離穢土《えんりえど》だとか、苦《く》の世界《せかい》だとか、火宅土《かたくど》とか、種々軽侮的扱《しゅじゅけいぶてきあつか》いをなし、而《そう》して目《め》に見《み》えない霊界《れいかい》を賛美渇仰《さんびかつこう》し、人間生活《にんげんせいかつ》の要諦《ようたい》にふれて居《い》ないもの計《ばか》りである。

（『水鏡』160頁）

（三）空相と実相

龍樹菩薩《りゅうずぼさつ》は空《くう》を説《と》いた。空《くう》と言《い》うのは神又《かみまた》は霊《れい》と言《い》う事《こと》である。目《め》に見《み》えず、耳《みみ》に聞《き》こえぬ世界《せかい》であるから空《くう》と言《い》うのである。空相《くうそう》は実相《じっそう》を生《う》む、霊《れい》より物質《ぶっしつ》が生《う》まれて来《く》る事《こと》を意味《いみ》する。無《む》より有《ゆう》を生《しょう》ずるというのも同《おな》じ意味《いみ》で、神《かみ》が総《すべ》ての根元《こんげん》でありそれより森羅《しんら》万象《ばんしょう》を生《しょう》ずるのである。霊《れい》が先《さき》であり体《たい》が後《あと》である。家《いえ》を建《た》てようと思《おも》う思《おも》いは外的《がいてき》に見《み》て空《くう》である。けれども其思《そのおも》いの中《なか》には、ちゃんと立派《りっぱ》な建造物《けんぞうぶつ》が出来上《できあが》って居《い》るのである、それがやがて設計図《せっけいず》となって具体化《ぐたいか》する。更《さら》に木材《もくざい》の蒐集《しゅうしゅう》となり組立《くみたて》となり、遂《つい》に実際《じっさい》の大廈高楼《たいかこうろう》が現出《げんしゅつ》する。空相《くうそう》が実相《じっそう》を生《う》み、無《む》より有《ゆう》が生《しょう》じたのである。

真如実相《しんにょじっそう》という意《い》を聞《き》くのか、真如《しんにょ》は神《かみ》、仏《ほとけ》、絶対無限《ぜったいむげん》の力《ちから》を言《い》うのであるから、前《まえ》と同《おな》じ意味《いみ》である。実相《じっそう》は物質的意味《ぶっしつてきいみ》である。

（『月鏡』94頁）

（四）宇宙の声音

此宇宙《このうちゅう》には、アオウエイの五大父音《だいふおん》が鳴《な》りくて鳴《な》りやまず不断《ふだん》に轟《とどろ》いている。そして此父音《このふおん》より発《はつ》する七十五声《せい》の音響《おんきよう》は種々様々《しゆじゆさまざま》に相交錯《あいこうさく》して、音楽《おんがく》の如《ごと》く、鳥《とり》の声《こえ》の如《ごと》く、秋野《あきの》にすだく虫《むし》の音《ね》の如《ごと》く、微妙《びみよう》の音声《おんせい》を絶《た》えず放《はな》っている。此《こ》の微妙《びみよう》の音声《おんせい》は、天地進《てんちしん》展《てん》の響《ひび》きであって、これによって森羅万象《しんらばんしよう》一切《さい》が生育発達《せいいくはつたつ》を遂《と》げているのである。言霊《ことたま》の幸《さち》はう国《くに》、言霊《ことたま》の天照《あまて》る国《くに》、言霊《ことたま》の助《たす》くる国等《くになど》という言葉《ことば》は日本《にっぽん》のみの事《こと》ではなく、天《てん》地森羅万象《ちしんらばんしよう》一切《さい》の進展的活動《しんてんてきかつどう》に対《たい》して称《とな》えたる言葉《ことば》である。大声耳裡《たいせいじり》に入《い》らずと云《い》って人間《にんげん》の聴覚力《ちようかくりよく》には限界《げんかい》があって余《あま》り大《だい》なる音響《おんきよう》も亦微細《またびさい》なる音響《おんきよう》も聞《き》きとる事《こと》が出来《でき》ないのであるが、言霊《ことたま》の大道《だいどう》に通《つう》じた人《ひと》の耳《みみ》には、五大父音《だいふおん》をはじめ森羅万象《しんらばんしよう》より発《はつ》する七十五声《せい》の微妙《びみよう》の音声《おんせい》を聞《き》く事《こと》が出来得《できう》るのである。

大本開祖《おおもとかいそ》はいつも宇宙万有《うちゆうばんゆう》の微妙《びみよう》の声《こえ》を聞《き》いてその天造力《てんぞうりよく》の偉大《いだい》さを讃歎《さんたん》されていた。然《しか》し老齢《ろうれい》の為耳鳴《ためみみな》りがしたのとは全然訳《ぜんぜんわけ》が違《ちが》うのである。人間《にんげん》の聴覚力《ちようかくりよく》は風雨雷霆《ふううらいてい》の音《おと》や禽獣虫魚《きんじゆうちゆうぎよ》のなく声《こえ》、人間同志《にんげんどうし》の言語《げんご》又《また》は器物《きぶつ》より発《はつ》する音楽《おんがく》の外《ほか》、宇宙《うちゆう》の声音《せいおん》は聞《き》きとる事《こと》が出来《でき》ないので、王仁《わたし》が宇宙《うちゆう》の声《こえ》を常《つね》に聴《き》くといっても容易《ようい》に信《しん》ずる事《こと》は出来《でき》ないのを遺憾《いかん》に思《おも》う次第《しだい》である。

（『玉鏡』139頁）

（五）宇宙の声

「道《みち》」は充《み》つ満《み》つるの意《い》である。この宇宙《うちゆう》には言霊《ことたま》が充《み》ち満《み》ちている。即《すなわ》ち一つの機械《きかい》でも動《うご》かせば非常《ひじよう》なる音響《おんきよう》を発《はつ》するごとくに、此《こ》の宇宙《うちゆう》も大旋回《だいせんかい》しているから、非常《ひじよう》な大《だい》音響《おんきよう》を何時《いつ》も発《はつ》している。即《すなわ》ちアオウエイの五大父音《だいふおん》が鳴《な》り鳴《な》りて鳴《な》り止《や》まずに居《い》るのである。

音響《おんきよう》もまた言葉《ことば》の一種《しゆ》である。意識的《いしきてき》に発《はつ》するのが言葉《ことば》であり、無意識《むいしき》に発《はつ》するのが音響《おんきよう》である。とにかく、言葉《ことば》は「道《みち》」であり「神《かみ》」である。

（『玉鏡』140頁）

(六) 天津祝詞と五大父音

宇宙《うちゅう》にはアオウエイの大父音《だいふおん》が間断《かんだん》なくなり響《ひび》いているが、人々《ひとびと》が発《はつ》する正《ただ》しからざる言霊《ことたま》によっては之《これ》が濁《にご》るのであるから、常《つね》に天津祝詞《あまつのりと》を奏上《そうじょう》して、音律《おんりつ》の調節《ちょうせつ》を行《おこ》なうのである。

（『玉鏡』142頁）

(七) ヨハネ伝

今日《こんにち》の牧師《ぼくし》に一番惜《ばんお》しむべきは、ヨハネ伝福音書《でんふくいんしょ》の第《だい》一章《しょう》が真解出来《しんかいでき》ぬ所《ところ》にある。「太初《はじめ》に道《ことば》あり、道《ことば》は神《かみ》と偕《とも》にあり、道《ことば》は即《すなわ》ち神《かみ》なり」とあるが、言葉即《ことばすなわ》ち道《みち》は充《み》ち満《み》つるの意味《いみ》で高天原《たかあまはら》のことである。この天地《てんち》は言霊《ことたま》の幸《さち》はう国《くに》で即《すなわ》ち神《かみ》である。祝詞《のりと》や祈《いの》りの言霊《ことたま》によって、よい神《かみ》が現《あら》われるのである。

（『玉鏡』52頁）

（八）五十六億七千万年

今年《こんねん》、即《すなわ》ち昭和《しょうわ》三年辰年《ねんたつどし》は、此世初《このよはじ》まってから、五十六億《おく》七千万年目《まんねんめ》に相当《そうとう》する年《とし》である。

（『水鏡』120頁）

（九）月は母体

今《いま》の学者達《がくしゃたち》は何《なに》も知《し》って居《い》ないが、其中《そのなか》でも天文学者《てんもんがくしゃ》が一番物《ばんもの》を知《し》らぬ。あの月《つき》の面《おも》に見《み》ゆる凹凸面《おうとつめん》について、学者《がくしゃ》は噴火口《ふんかこう》の跡《あと》だなどと種々《しゅじゅ》の説《せつ》を主張《しゅちょう》して居《お》るが何《なに》も分《わか》って居《い》ない。あの黒《くろ》く見《み》えて居《お》るのは星《ほし》を生《う》み出《だ》した穴《あな》の跡《あと》である。星《ほし》も人間《にんげん》と同《おな》じく生《う》まれた時《とき》は小《ちい》さくても、だん〳〵と成長《せいちょう》するのである。月《つき》より大《おお》きな星《ほし》があっても何《なに》も不思議《ふしぎ》は無《な》い。親《おや》よりも大《おお》きな子《こ》が幾何《いくら》でもあるじゃないか、それと同《おな》じ道理《どうり》である。

星《ほし》のうちではオリオンの三つ星《ぼし》が一番《ばん》に生《うま》れたので、これは月《つき》の総領《そうりよう》である。星《ほし》の母《はは》が月《つき》であって、父《ちち》が太陽《たいよう》である。水火《いき》を合《あわ》せて、つぎ〳〵に星《ほし》を生《う》んでいったので、それで星即《ほしすなわ》ち火水《ほし》と呼《よ》ばるゝのである。

太陽系《たいようけい》に属《ぞく》する星《ほし》は皆月《みなつき》から生《うま》れたのである。故《ゆえ》にお月様《つきさま》を母神《ははがみ》といい、またミロク様《さま》とも云《い》うのである。

月《つき》は西《にし》から出《で》て東《ひがし》に廻《まわ》り、右《みぎ》から左《ひだり》へと廻《まわ》る。太陽《たいよう》は左《ひだり》より右《みぎ》に廻《まわ》るのである。廻《まわ》ると云《い》うても、太陽《たいよう》と地球《ちきゆう》は傾斜運動《けいしやうんどう》をするだけで、お月様《つきさま》だけが運行《うんこう》して居《い》るのである。月《つき》のみ軌道《きどう》がある訳《わけ》である。月《つき》は三十日《にち》で地球《ちきゆう》を一周《しゆう》し、太陽《たいよう》は一日《にち》で一周《しゆう》する。一周《しゆう》と雖《いえど》も、傾斜運動《けいしやうんどう》の程度《ていど》によって一周《しゆう》する如《ごと》く見《み》ゆるのである。

（『玉鏡』134頁）

（一〇）大宇宙

大宇宙《だいうちゅう》と云《い》えば、世人皆大《せじんみなおお》きな世界《せかい》と云《い》う意味《いみ》に承知《しょうち》して居《い》るようであるが、そうでは無《な》い。宇宙《うちゅう》は大《だい》の字《じ》の形《かたち》をして居《い》るので、それで大宇宙《だいうちゅう》というのである。大《だい》の字《じ》は又人間《またにんげん》の形《かたち》である。頭《あたま》があり、両手両足《りようてりようあし》があり、胴《どう》がある形《かたち》だ。更生館《こうせいかん》は新《あらた》に生《うま》れた事《こと》を記念《きねん》する為《た》めに大《だい》の字《じ》の形《かたち》に造《つく》ったのである。

艮《うしとら》の金神様《こんじんさま》は、そのお筆先《ふでさき》に於《おい》て生神《いきがみ》であると云《い》う事《こと》を常《つね》に申《もう》されて居《い》る。之《これ》は宇宙《うちゅう》其物《そのもの》が生物《いきもの》であると云《い》う事《こと》を申《もう》されて居《い》るので、開祖様《かいそさま》が嘗《かつ》て「一度大神様《どおおかみさま》のお姿《すがた》を拝《おが》みとう厶《ござ》います」と申上《もうしあ》げられると「其方《そなた》の姿《すがた》が此方《わし》の姿《すがた》であるわい」と仰有《おつしや》った。そうして又《また》「本当《ほんとう》の姿《すがた》は青雲笠着《あおくもがさき》て耳《みみ》が隠《かく》れぬわい」と仰《おお》せられた。之《これ》は人体的《じんたいてき》に顕現《けんげん》せらるゝ場合《ばあい》と、御本体《ごほんたい》とを区別《くべつ》して申《もう》されたので、御本体即《ごほんたいすなわ》ち大国常立尊《おおくにとこたちのみこと》としては宇宙《うちゅう》と其拡《そのひろ》がりを等《ひと》しゅうせらるゝ訳《わけ》である。実際生《じっさいい》きて居《お》られて、其《その》お姿即《すがたすなわ》ち大宇宙《だいうちゅう》の姿《すがた》も人体《じんたい》と同《おな》じ形《かたち》である。無論人間《むろんにんげん》の肉眼《にくがん》をもってしても、又如何《またいか》なる精巧《せいこう》なる望遠鏡《ぼうえんきょう》をもってしても決《けつ》して見得《みう》るものではないのである。

之《これ》を譬《たと》えれば、象《ぞう》の足《あし》にとまった蟻《あり》が決《けつ》して象全体《ぞうぜんたい》の形《かたち》を見得《みえ》ぬと同《おな》じ事《こと》である。たとえどんな遠方《えんぽう》に離《はな》れて之《これ》を見《み》ても遂《つい》に其全部《そのぜんぶ》の姿《すがた》を見得《みえ》ぬであろう。毛《け》の中《なか》に潜《もぐ》り込《こ》んだ蟻《あり》などは大密林《だいみつりん》に遭遇《そうぐう》し、行《ゆ》けども行《ゆ》けども平地《へいち》に出《で》られないという風《ふう》にも思《おも》うだろう。大宇宙《だいうちゅう》は生《い》きて居《い》る、大《だい》の字《じ》即《すなわ》ち人《ひと》の形《かたち》をして生《い》きて居《い》る。頭《あたま》もあれば、手《て》も足《あし》もあれば、目《め》もある。だがそれは人《ひと》の想像《そうぞう》に絶《ぜつ》したものである。象《ぞう》の比喩《たとえ》でもって推理《すいり》して考《かんが》えて見《み》たらよい。

（『玉鏡』136頁）

(一一) 宇宙は太の字

宇宙《うちゅう》は太《たい》の字《じ》であって一は天《てん》（空）ノは火《ひ》、＼は水《みず》、丶は大地《だいち》で、ホチと云《い》うのは水《みず》の中《なか》にうかんでいるからホチと云《い》うのである。大《だい》は大《おお》きいと云《い》うことである。

（『新月のかげ』昭和18年・八幡書店刊）

（一二）太陽も月も霊体

太陽《たいよう》も月《つき》も霊体《れいたい》であって透明体《とうめいたい》である。大地《だいち》（地球《ちきゅう》）のみが物質《ぶっしつ》であって、本体《ほんたい》である。太陽《たいよう》も月《つき》も大地《だいち》の附属物《ふぞくぶつ》である。

（『玉鏡』199頁）

（一三）地球も太陽も人も呼吸している

地球《ちきゅう》は火《ひ》であるから地月《ちげつ》（地汐《ちげき》）によって調節《ちょうせつ》して呼吸《こきゅう》しているのである。人間《にんげん》も太陽《たいよう》も一切《さい》のものがそれぞれ呼吸《こきゅう》しているのである。一つ一つ呼吸《こきゅう》は違《ちが》うのである。

（『新月のかげ』昭和19年11月1日）

（一四）太陽の黒点

今年《ことし》（昭和《しょうわ》七年《ねん》）暖《あたた》かいのは太陽《たいよう》に黒点《こくてん》が出来《でき》たからだ、と云《い》う学者《がくしゃ》があるようだが、そうではない。大地《だいち》が熱《ねつ》しているからである。大地《だいち》が熱《ねつ》して暖《あたた》かいから、それが黒点《こくてん》となって太陽面《たいようめん》に表《あら》われて居《い》るのである。つまり黒点《こくてん》が出来《でき》たから暖《あたた》かいのでなくて、暖《あたた》かいから黒点《こくてん》が出来《でき》たのである。総《すべ》て之《これ》は大地《だいち》が元《もと》である。

一般《ぱん》に太陽《たいよう》が大地《だいち》より非常《ひじょう》に熱《あつ》いものの様《よう》に思《おも》われ、地上《ちじょう》の熱《ねつ》は太陽《たいよう》のみから来《く》るように思《おも》われているが、実《じつ》は大地《だいち》が元《もと》で熱《あつ》いのである。太陽《たいよう》も素《もと》より熱《あつ》い事《こと》は熱《あつ》いが、大体元《だいたいもと》は大地《だいち》から反射《はんしゃ》した熱《ねつ》であって、その熱《ねつ》が高《たか》まり過《す》ぎて燃《も》えて居《い》るのでる。

太陽《たいよう》が大地《だいち》より熱《あつ》く、大地《だいち》の熱《ねつ》は太陽《たいよう》のみから来《く》るものなら、太陽《たいよう》に近《ちか》い上《うえ》の方程《ほうほど》――高山程暖《こうざんほどあたた》かい筈《はず》だが、事実《じじつ》は之《これ》に反《はん》して大地《だいち》に近《ちか》い処程熱《ところほどあつ》いのである。大地《だいち》の熱《ねつ》は其儘《そのまま》、または太陽《たいよう》と反射《はんしゃ》し合《あ》って空気《くうき》の濃度《のうど》に従《したが》って空気中《くうきちゅう》に籠《こも》るのである。故《ゆえ》に空気《くうき》の希薄《きはく》になる処《ところ》程《ほど》熱度《ねつど》は低下《ていか》するのである。之《これ》は富士山《ふじさん》の如《ごと》き高山《こうざん》に登《のぼ》ればよく判《わか》る、上《うえ》へ登《のぼ》る程空気《ほどくうき》が希薄《きはく》になる、それで高《たか》い程寒《ほどさむ》くなる。要《よう》するに大地《だいち》が余《あま》り暖《あたた》かなので其熱《そのねつ》が太《たい》陽面《ようめん》に反射《はんしや》し灼熱《しやくねつ》して、ひどい処《ところ》は赤色《せきしよく》を呈《てい》して燃《も》えているのであって、その赤《あか》い部分《ぶぶん》が黒点《こくてん》に見《み》えるのである。

凡《すべ》て赤《あか》は黒《くろ》く見《み》えるもので、写真《しやしん》に赤色《せきしよく》が黒《くろ》く映《うつ》って見《み》えるのも同《おな》じ理《り》である。

（『玉鏡』210頁）

（一五）神示の宇宙

『霊界物語《れいかいものがたり》』に神示《しんじ》の宇宙《うちゆう》として示《しめ》してあることは、決《けつ》して今日《こんにち》の学者《がくしや》に分《わか》らせむが為《ため》ではない。幾百年後《いくねんご》の智者学者《ちしやがくしや》の為《た》めに書《か》き残《のこ》して置《お》くのである。

王仁《わたし》の云《い》う地平説《ちへいせつ》は、決《けつ》して扁平《へんぺい》な方形《ほうけい》を云《い》うのではない。例《たと》えば餅《もち》の如《ごと》き形《かたち》を云《い》うのである。月《つき》は大地《だいち》を一周《しゅう》するが、太陽《たいよう》も地球《ちきゅう》もただ傾斜運動《けいしゃうんどう》をするだけで、同《おな》じ処《ところ》を動《うご》かないものである。その傾斜《けいしゃ》にも大傾斜《だいけいしゃ》、中傾斜《ちゅうけいしゃ》、小傾斜《しょうけいしゃ》がある。六十年目《ねんめ》に大傾斜《だいけいしゃ》するのであって、その為《た》めに気候《きこう》も変化《へんか》する。最近《さいきん》の気候《きこう》の変化《へんか》はラジオなどの影響《えいきょう》ばかりではない。

月《つき》は西《にし》から出《で》て東《ひがし》へ廻《まわ》り、一ヵ月《げつ》で一周《しゅう》する。天体《てんたい》のことは傘《かさ》をひろげて廻《まわ》して見《み》れば分《わか》かり易《やす》い。

（『玉鏡』138頁）

（一六）地平説について

『霊界物語《れいかいものがたり》』第《だい》四巻《かん》「神示《しんじ》の宇宙《うちゅう》」に述《の》べてある地平説《ちへいせつ》に就《つい》て、合点《がってん》のゆかぬと首《くび》をひねる人《ひと》が多《おお》いとか、尤《もつと》もな話《はなし》である。今《いま》の学者《がくしゃ》ではわからぬのは無理《むり》もない。あれは後日《ごじつ》の学者《がくしゃ》の為《た》めに書《か》いておいたのである。科学《かがく》がウンと進歩《しんぽ》し、よほど明晰《めいせき》な頭《あたま》の持主《もちぬし》でな

くては分《わか》らぬのである。………。強《し》いて説明《せつめい》するにも及《およ》ばぬ。（『玉鏡』209頁）

（一七）鳴門はアラル海

鳴門《なると》はアラル海《かい》のことで、年中水量《ねんじゆうすいりよう》が変《かわ》らぬ。此処《ここ》に大陸《たいりく》の水《みず》を吸収《きゆうしゆう》して、地中《ちちゆう》の洞穴《ほらあな》に注《そそ》いでいるのである。日本《にほん》の鳴門《なると》は譬《たと》えである。（『新月のかげ』昭和17年10月12日）

（一八）新つの世

大地《だいち》は日々《にちにち》に傾斜運動《けいしやうんどう》をすると共《とも》に、又《また》一年《ねん》に四度《ど》の中傾斜運動《ちゆうけいしやうんどう》をなし、一年《ねん》に一度《ど》大傾斜運動《だいけいしやうんどう》をなし、六十年目《ねんめ》に大々傾斜運動《だいだいけいしやうんどう》をなし、三百六十年目《ねんめ》に大々々傾斜運動《だいだいだいけいしやうんどう》をなし、三千六百年目《ねんめ》に大々々々傾斜運動《だいだいだいだいけいしやうんどう》をするのである。

故《ゆえ》に桑田変《そうでんへん》じて海《うみ》となる位《くらい》の事《こと》ではなく、海《うみ》が山《やま》になったり、山《やま》が海《うみ》になったりする。高山《こうざん》の頂《いただき》きから貝《かい》の化石《かせき》が出《で》たりするのも、此等《これら》の傾斜運動《けいしゃうんどう》によって大地《だいち》は常《つね》に変動《へんどう》しつゝあるのを示《しめ》すものである。

鳴門《なると》の水《みず》が、大地《だいち》の中心《ちゅうしん》に向《む》かって注《そそ》ぎつゝあると云《い》う事《こと》をも知《し》らぬ人《ひと》が多《おお》かろう。富《ふ》士山《じさん》の爆発《ばくはつ》によって、相模《さがみ》の国《くに》が出来《でき》、武蔵《むさし》との間《あいだ》がつながったのである。天城山《あまぎさん》の爆発《ばくはつ》によって、伊豆《いず》一帯《たい》の地《ち》が持《も》ち上《あが》った。蛭《ひる》ケ小島《こじま》も湯《ゆ》ケ島《しま》も、もとは皆島《みなしま》であったので此《こ》の名《な》が残《のこ》って居《い》るのである。

地文学《ちもんがく》も天文学《てんもんがく》も、否《いな》それのみならず、政治学《せいじがく》も、経済学《けいざいがく》も、教育学等々《きょういくがくとうとう》も、諸種《しょしゅ》の学説《がくせつ》が皆《みな》ひっくりかえる時《とき》が来《く》るのである。神諭《しんゆ》に「何《なに》も彼《か》も新《さら》つにして仕舞《しま》うぞよ」とあるのがそれである。

世《よ》の立替《たてか》え立直《たてなお》しと云《い》うのは大望《たいもう》とあるが、頗《すこぶ》る大規模《だいきぼ》なものであって、殆《ほとん》ど人智《じんち》の想《そう》像《ぞう》の範囲《はんい》を絶《ぜっ》して居《い》るのである。

（『玉鏡』30頁）

（一九）一星霜

太陽《たいよう》は一年《ねん》に二度廻《どまわ》る。即《すなわ》ち春分《しゅんぶん》から秋分《しゅうぶん》まで一度廻《どまわ》り、秋分《しゅうぶん》から春分《しゅんぶん》までにも一度廻《どまわ》る、だから一年《ねん》に二度廻《どまわ》る勘定《かんじょう》である。月《つき》は二十九日《にち》と数時間《すうじかん》で一週《しゅう》してもとの位置《いち》に還《かえ》って来《く》るし、星《ほし》は一年《ねん》に一週《めぐ》り（太陽系天体内《たいようけいてんたいない》）する、それで一年《ねん》の事《こと》を一星霜《せいそう》と云《い》うのである。（流星《りゅうせい》や彗星《すいせい》は別《べつ》として）勿論星自体《もちろんほしじたい》が廻《まわ》るのでなく、地《ち》の傾斜運動《けいしゃうんどう》による事《こと》は『霊界物語《れいかいものがたり》』に出《で》て居《い》る通《とお》り、云《い》う迄《まで》もない事《こと》である。

（『水鏡』225頁）

（二〇）春秋の気候について

春季《しゅんき》は雪《ゆき》の降《ふ》る度毎《たびごと》に、雨《あめ》の降《ふ》る度毎《たびごと》に陽気《ようき》が暖《あたた》かくなり、秋季《しゅうき》は是《これ》に反《はん》して、雨毎《あめごと》に気候《きこう》が寒冷《かんれい》に向《む》かうものである。春《はる》は地気《ちき》天《てん》に昇《のぼ》り、秋《あき》は天気《てんき》地《ち》に入《い》る季節《きせつ》だからである。

（二一）気温と風の吹きかた

風《かぜ》は大体春《だいたいはる》は東《ひがし》から、夏《なつ》は南《みなみ》から、秋《あき》は西《にし》から、冬《ふゆ》は北《きた》から吹《ふ》くものである。そして大《たい》抵《てい》一週間《しゅうかん》で子丑寅卯辰巳《ねうしとらうたつみ》と云《い》う方角《ほうがく》の順又《じゅんまた》は逆《ぎゃく》に一まわりするが、遅《おそ》い時《とき》は一巡《じゅん》に三カ月《げつ》もかゝる事《こと》もあり、早《はや》い時《とき》は三日位《かくらい》で一巡《めぐ》りすることもある。そんな時《とき》には気温《きおん》に変《へん》動《どう》が起《おこ》るのである。此頃《このごろ》は北西《ほくせい》の風《かぜ》で春《はる》になると艮《うしとら》から東《ひがし》になる。

（『玉鏡』215頁）

それから空《そら》の雲行《くもゆき》が上《うえ》の方《ほう》と下《した》の方《ほう》と違《ちが》う時《とき》がある。その様《よう》な時《とき》は屹度気温《きっときおん》や風向《かざむき》が変《かわ》る。晴天《ひより》の時《とき》は上《うえ》に雲《くも》の動《うご》く方向《ほうこう》に風《かぜ》が変《かわ》るものである。又星《またほし》の飛《と》ぶ方向《ほうこう》によって翌日《よくじつ》の風向《かざむき》を知《し》る事《こと》も出来《でき》る。之《これ》は曾《かつ》て発表《はっぴょう》した通《とお》りである。

（『玉鏡』216頁）

（二二）近年の暖かさ

世界《せかい》を挙《あ》げて年々《ねんねん》時候《じこう》が凌《しの》ぎよくなって来《き》た。全体《ぜんたい》を通《つう》じて暖《あたた》かくなって来《き》たのである。それは大地《だいち》の熱《ねつ》が強《つよ》くなった為《ため》で、各地《かくち》に火山《かざん》の爆発《ばくはつ》が多《おお》くなって来《き》たのでも分《わか》る。昔《むかし》は丹波地方《たんばちほう》でも五、六尺《しやく》の雪《ゆき》が積《つも》ることは珍《めず》らしくなかった。然《しか》るに近年《きんねん》は多《おお》く積《つも》っても一尺位《しやくくらい》のものだ。つまり今日迄《こんにちまで》の世界《せかい》の時候《じこう》は神《かみ》の御理想《ごりそう》より寒《さむ》かったのである。

（『玉鏡』217頁）

（二三）気温の調節

今年《ことし》（昭和七年《しようわねん》）は本当《ほんとう》に暖《あたた》かい。今年《ことし》の冬《ふゆ》の暖《あたた》かさは格別《かくべつ》だが、大体《だいたい》それは最近《さいきん》ラジオや電信電話等《でんしんでんわとう》を盛《さか》んに使用《しよう》するからである。て、ラジオや電信電話等《でんしんでんわとう》によって気温《きおん》は伝《つた》わって行《ゆ》くものである。即《すなわ》ちそれらは気温《きおん》を運《はこ》ぶのである。南《みなみ》の暖《あたた》かい方《ほう》から北《きた》へ暖気《だんき》が運《はこ》ばれ、寒《さむ》い北《きた》から熱《あつ》い南方《なんぽう》へ寒気《かんき》が送《おく》られるのである。のみならず、一度《ど》それらが発《はっ》せられると其波紋《そのはもん》は地上全体《ちじょうぜんたい》に拡大《かくだい》するから、同時《どうじ》に之《これ》に運《はこ》ばれて気温《きおん》も世界的《せかいてき》に廻《めぐ》り廻《めぐ》って平《へい》均《きん》され緩和《かんわ》される訳《わけ》である。

昔《むかし》は寒暑共《かんだんとも》に随分《ずいぶん》ひどかったが、此《こ》の理《り》によって大体近年非常《だいたいきんねんひじょう》に気候《きこう》がよくなった。みろくの世《よ》が近《ちか》づき此種《このしゅ》の使用応用《しようおうよう》が増《ま》すにつれて、次第《しだい》に気温《きおん》までが引均《ひきな》らされて良《よ》くなるのである。お筆先《ふでさき》にも「みろくの世《よ》が来《き》たら御陽気《ごようき》までも変《かわ》る」とお示《しめ》しになってあるし、大本祝詞《おおもとのりと》にも「暑《あつ》さ寒《さむ》さも和《やわ》らかに」とある如《ごと》く陽気《ようき》までが次第《しだい》に調《ととの》いつゝあるのである。ドエライ寒《さむ》い処《ところ》や暑《あつ》い処《ところ》はだんく／＼なくなる。ひとり気温《きおん》ばかりでなく、何《なに》から何《なに》まで運否《うんぷ》なく引均《ひきな》らされて良《よ》くなるのが神示《しんじ》の所謂立替《いわゆるたてかえ》である。

（『玉鏡』217頁）

（二四）花はみな太陽に従って廻る

花《はな》は皆太陽《みなたいよう》に従《したが》って廻《まわ》るものであって、日出時《ひのでどき》は皆東《みなひがし》に向《む》かい、日没《にちぼつ》の時《とき》は西方《せいほう》に向《むか》って居《お》る。独《ひと》り向日葵《ひまわり》のみが太陽《たいよう》に従《したが》って廻《まわ》るという訳《わけ》では無《な》いので、あの花《はな》は大《おお》きいから目立《めだ》ってよく分《わか》るが、外《ほか》のは一寸気《ちょっとき》がつかないのである。独《ひと》り花《はな》のみでない、木《き》でも草《くさ》でも其芯《そのしん》は常《つね》に太陽《たいよう》に向《むか》って居《お》り、其運行《そのうんこう》に従《したが》って廻《まわ》って居《い》るのである。

（『水鏡』245頁）

（二五）植樹と天気

王仁《わたし》は何時《いつ》でも木《き》を植《う》えられる。夏《なつ》は地上《ちじょう》に植《う》えたらつくのである。冬《ふゆ》は土中深《どちゆうふか》く植《う》えたらつくのである。春夏《はるなつ》は地気《ちき》が地上《ちじょう》に登《のぼ》るこれを天気登極《てんきとうきょく》といい、冬《ふゆ》は天気《てんき》が地中《ちちゆう》に入《はい》るのを天気降極《てんきこうきょく》という。この原理《げんり》さえ判《わか》れば何《なん》でも判《わか》るのである。春《はる》は地気《ちき》が上騰《じょうとう》するので一切《さい》の芽《め》は黄色《きいろ》になるのである。緑色《みどりいろ》は光線《こうせん》を受《う》けてなるのである。冬《ふゆ》は天気《てんき》が地《ち》に入《はい》るので紅葉《こうよう》して落《お》ちるのである。

（『新月のかげ』昭和17年10月12日）

（二六）雪の予告

雪《ゆき》の大層降《たいそうふ》る年《とし》は、茶《ちゃ》の花《はな》が下《した》を向《む》いて咲《さ》いて居《お》るからよく分《わか》る。単《たん》に茶《ちゃ》の花《はな》のみならず、冬咲《ふゆさ》く花《はな》は皆其通《みなそのとお》り下《した》を向《む》いて咲《さ》いて居《い》る。花《はな》のみならず、枝《えだ》も用意《ようい》をして下《した》へ下《した》へと張《は》って居《い》る、重力《じゅうりょく》を支《ささ》える準備《じゅんび》を春《はる》からしておるのだ、偉《えら》いものである。人間《にんげん》は万物《ばんぶつ》の霊長《れいちょう》でありながら、一向《こう》そういう事《こと》を知《し》らないで、ぼんやりして居《い》るようである。

（『水鏡』246頁）

（二七）人の体は小宇宙

人間《にんげん》の身体《からだ》は小宇宙《しょううちゅう》であるから、森羅万象《しんらばんしょう》が皆体内《みなたいない》にある。山《やま》も川《かわ》も林《はやし》も森《もり》も、見《み》よ縮図《しゅくず》せられたる細胞《さいぼう》の美《うつく》しさを。

（『玉鏡』141頁）

（二八）細　胞

現今《げんこん》の学説《がくせつ》では、人体《じんたい》を構成《こうせい》する細胞《さいぼう》は成人《せいじん》において約《やく》四百兆《ちょう》と云《い》っているが、神示《しんじ》によれば四億兆《おくちょう》あるのである。人間《にんげん》は宇宙《うちゅう》の最《もっと》も完全《かんぜん》なる縮図《しゅくず》であるが、大宇宙《だいうちゅう》に包含《ほうがん》されている森羅万象《しんらばんしょう》一切《さい》の総数《そうすう》は四億兆《おくちょう》あるから、人間《にんげん》はその縮図《しゅくず》としてやはり四億《おく》兆《ちょう》の細胞《さいぼう》から成《な》り立《た》っているのである。

学者《がくしゃ》の所謂細胞《いわゆるさいぼう》は、更《さら》に真細胞《しんさいぼう》というべき極微《きょくび》の細胞《さいぼう》の集団《しゅうだん》からできているものである。

また細胞核《さいぼうかく》と称《しょう》するものも同《おな》じく真細胞《しんさいぼう》の集合体《しゅうごうたい》であって、所謂細胞《いわゆるさいぼう》を統《とう》一栄養《えいよう》しているものであり、この細胞《さいぼう》にある仁《じん》と名付《なづ》けるのも同様《どうよう》、核《かく》を統《とう》一しているところの根本体《こんぽんたい》である。かかる理由《りゆう》により全身《ぜんしん》の細胞《さいぼう》は、宇宙《うちゅう》と同様《どうよう》四億兆《おくちょう》となるのである。

（『月鏡』147頁）

（二九）進化論

進化論《しんかろん》の云《い》うが如《ごと》き、人間《にんげん》は決《けつ》して猿《さる》から進歩《しんぽ》したものではない。初《はじ》めから神《かみ》は、人《ひと》は人《ひと》、猿《さる》は猿《さる》として造《つく》られたものである。

動物《どうぶつ》が進化《しんか》して人間《にんげん》となるということ、即《すなわ》ち「輪廻転生《りんねてんしょう》の理《り》」によって、動物《どうぶつ》が人間《にんげん》になると云《い》うことは、霊界《れいかい》において進化《しんか》して、人間《にんげん》の性《せい》をもって生《うま》るゝのである。『霊界《れいかい》物語《ものがたり》』の中《なか》に一国《こく》の有力者《ゆうりょくしゃ》を動物化《どうぶつか》して示《しめ》した所《ところ》もある。

（『玉鏡』210頁）

（三〇）人間の創造

神《かみ》は、この宇宙《うちゅう》を修理《しゅうり》固成《こせい》される時《とき》、先《ま》ず樹木《じゅもく》を造《つく》り、それから人《ひと》を造《つく》られたのである。人間《にんげん》は木《き》から生《うま》れさせられたのである。その後《のち》獣《けだもの》、鳥《とり》、魚《さかな》、虫《むし》の順序《じゅんじょ》にお造《つく》りになった。虫《むし》のごときは、今日《こんにち》と雖《いえど》もなお木《き》からわかして造《つく》られることがある。

如何《いか》なる島《しま》にでも人類《じんるい》が住《す》んでいるということは、神《かみ》が諸処《しょしょ》に於《お》いて木《き》から人《ひと》を造《つく》られたからである。神《かみ》が土《つち》をもって人間《にんげん》を造《つく》られたと云《い》うのは、神《かみ》が先《ま》ず土《つち》をかためて木《き》を生《は》やし、それから人間《にんげん》を造《つく》られたのであって、直接《ちょくせつ》土《つち》から造《つく》られたというのではない。土《つち》から木《き》を生《は》やし、木《き》から人間《にんげん》を造《つく》られた。その間《あいだ》でも何百《なん》万年《ねん》かゝっている。（『玉鏡』32頁）

（三一）恒天暦（みろくの世の暦）

神《かみ》の道《みち》から云《い》うと、三五《あなない》即《すなわ》ちあななない教《きょう》に因縁《いんねん》をもつ。三五教《あなないきょう》は天地《てんち》惟神《かむながら》の大道《だいどう》である。三十六日目《にちめ》は、ミロクの教《おしえ》であるから、この日《ひ》は週《しゅう》に加《くわ》えず祭日《さいじつ》とする。隔月《かくげつ》に三十七日目《にちめ》をもつ訳《わけ》であるが、その日《ひ》は閑日《かんじつ》と称《しょう》して言論《げんろん》自由《じゆう》の日《ひ》とする。あたかも『霊界物語《れいかいものがたり》』中《ちゅう》にある「笑《わら》いの座《ざ》」（第67巻・第4章）の如《ごと》く、その日《ひ》は如何《いか》なる人《ひと》が如何《いか》なる言論《げんろん》をなすとも自由《じゆう》であって、何等《なんら》の制裁《せいさい》をも受《う》けないことにする。

四年毎《ねんごと》に一日《にち》の閑日《かんじつ》をもつが、それは一年《ねん》の終《おわ》りに加《くわ》えることにする。そして節分《せつぶん》の翌日《よくじつ》即《すなわ》ち立春《りつしゅん》の日《ひ》を一月元旦《がつがんたん》とするのである。祭日《さいじつ》は一月《がつ》を第《だい》一祭日《さいじつ》、二月《がつ》を第《だい》二祭日《さいじつ》と云《い》うが如《ごと》く順次称《じゅんじとな》える。閑日《かんじつ》も第《だい》一閑日《かんじつ》、第《だい》二閑日《かんじつ》と順《じゅん》に称《とな》えるのである。十ケ月《げつ》に分《わ》けるのは、十は数《すう》の上《うえ》に於《おい》ても形《かたち》の上《うえ》に於《おい》ても神《かみ》の象徴《しょうちょう》であり、緯度《いど》と経度《けいど》の関係《かんけい》から見《み》ても十字形《じけい》である。キリスト教《きょう》は十字架《じか》、仏教《ぶっきょう》は卍《まんじ》であって十字《じ》に皆因縁《みないんねん》をもっている。

……。

（『玉鏡』「十ケ月暦」212頁）

恒天暦《こうてんれき》は宇宙《うちゅう》の現象《げんしょう》に基《もと》づいて造《つく》ったもので、これによれば陽気《ようき》に絶対狂《ぜったいくる》いがないのである。恒天暦《こうてんれき》によれば六十日《にち》が一月《つき》または一年《ねん》ということになる。甲子《きのえね》より癸亥《みずのとい》までである。世《よ》の中《なか》は六が本《もと》で三六《みろく》と云《い》い、六が本《もと》であって六〇に六を掛《か》けると三百六十になる、恒天暦《こうてんれき》では一年《ねん》三百六十日《にち》である。太陰暦《たいいんれき》は三百五十日《にち》、太陽暦《たいようれき》は三百六十五日《にち》と六時間《じかん》である。王仁《じぶん》は恒天暦《こうてんれき》の暦《こよみ》を昔《むかし》こんなものに（両手《りょうて》をひろげて紙《かみ》の大《おお》きさを示《しめ》して）書《か》いておいたが、何処《どこ》にも残《のこ》っておらぬ。

王仁《じぶん》の考《かんが》えではみろくの世《よ》になれば、一月《かげつ》三十五日《にち》とし三十六日目《にちめ》は三六だから祭日《さいじつ》とし、一年《ねん》は十ケ月《げつ》で残《のこ》りの五日《にち》は無日《むじつ》として、この日《ひ》だけは、笑《わら》いの日《ひ》としてどんなことを云《い》ってもよい天下御免《てんかごめん》の日《ひ》であって『霊界物語《れいかいものがたり》』にも他《ほか》のことにして書《か》いておいたが、宮民相交《かんみんあいまじ》っていろいろ云《い》いたいことを云《い》ってよい日《ひ》である。これによって始《はじ》めて上意下意《じょういかい》、下情上通《かじょうじょうつう》ができるのである。

そして役人《やくにん》は午前中《ごぜんちゅう》だけ務《つと》めるようにする。朝廷《ちょうてい》と云《い》うのはそれであって午前《ごぜん》十一時頃《じごろ》ご飯《はん》を食《た》べて昼《ひる》からは休《やす》ませてもらうのである。役人《やくにん》は疲《つか》れるからこんなにせねば駄目《だめ》である。そしたら今日《こんにち》のような非常識《ひじょうしき》な予審判事《よしんはんじ》が無《な》くなるのである。昔《むかし》は二食《しょく》であったのである。そして一月《つき》のうち誰《だれ》でも五日間《かかん》は続《つづ》いて休《やす》みとする。それで勉強《べんきょう》したい者《もの》は勉《べん》強《きょう》できるし、見物《けんぶつ》したい者《もの》は見物《けんぶつ》するし、遊《あそ》びたいものは遊《あそ》べるのである。二日休《かやす》んでまた三日休《かやす》んでもよいのである。今日《こんにち》のように一週間《しゅうかん》に一日《にち》ということにはしないのである。

（『新月のかげ』昭和18年3月31日）

今《いま》の一月《がつ》一日《じつ》は西洋人《せいようじん》の私作《しさく》にかかる太陽暦《たいようれき》に従《したが》って生《しょう》ずるところの元旦《がんたん》である。太《たい》陽暦《ようれき》は我皇国《わがこうこく》の天地《てんち》に対《たい》して春《はる》も春《はる》ならず、秋《あき》もまた秋《あき》ならず、二月《がつ》に二十八日《にち》の不具数《ふぐすう》を生《しょう》ずるなど、不満不便《ふまんふべん》の点《てん》が最《もつと》も多《おお》い。およそ暦《こよみ》と云《い》うものは、要《よう》するに天地《てんち》の自然《しぜん》に基《もと》づかねばならぬものである。古《いにしえ》の釈迦《しやか》にしろ、聖徳太子《しょうとくたいし》にしろ、はたまた日蓮《にちれん》にしろ、いずれも皆北斗暦《みなほくとれき》によったものである。太陽《たいよう》、太陰《たいいん》の両暦《りょうれき》に対照《たいしょう》して見《み》れば、北斗暦《ほくとれき》の万世不易《ばんせいふえき》なる点《てん》において大《おお》いに勝《まさ》っていると思《おも》う。北斗暦《ほくとれき》によれば大正《たいしよう》九年《ねん》の二月《がつ》一日《じつ》は太陰暦《たいいんれき》の十二月《がつ》十二日《にち》に当《あた》る。吾人神国民《ごじんしんこくみん》は惟神《かんながら》の大道《だいどう》に従《したが》い、もって東洋文明《とうようぶんめい》の権威《けんい》を示《しめ》し、併《あわ》せて天地《てんち》の真理《しんり》に浴《よく》すべく一日《にち》も早《はや》く北斗暦《ほくとれき》（恒天暦《こうてんれき》）を正暦《せいれき》として正真《しょうしん》の正月元旦《しょうがつがんたん》に用《もち》いられ、日蓮《にちれん》の唱《とな》える艮《うしとら》（日《ひ》の若宮《わかみや》）の義《こころ》の顕《あらわ》れんことを祈《いの》る次第《しだい》である。

（『出口王仁三郎全集』第5巻・「随筆（10）」、大正9年1月1日稿）

（三二）「霊・力・体」の三元説

「今日《こんにち》までの既成宗教《きせいしゅうきょう》は霊界《れいかい》に偏《へん》し、現代《げんだい》の学説《がくせつ》は現実界《げんじつかい》にかたより、特《とく》に哲学者《てつがくしゃ》は冥想的《めいそうてき》な推理論等《すいりろんとう》に走《はし》り、何《いず》れも中庸《ちゅうよう》を得《え》たものがない。そこで宗教《しゅうきょう》は科学《かがく》を馬鹿《ばか》にし、科学《かがく》は宗教《しゅうきょう》を軽蔑《けいべつ》している。而《しか》も今日既成宗教《こんにちきせいしゅうきょう》の総《すべ》ては自《みずか》ら唯心論的宗教《ゆいしんろんてきしゅうきょう》の根本義《こんぽんぎ》を幾分軽視《いくぶんけいし》して科学《かがく》に迎合《げいごう》する様《よう》になって来《き》た。

例《たと》えばキリスト教《きょう》の如《ごと》き、その型《かた》の中《なか》にある奇跡《きせき》なんかをなるべく口《くち》にせぬ教派《きょうは》もある。そうしてこの種《しゅ》の教派《きょうは》の方《ほう》が所謂《いわゆる》知識《ちしき》大衆《たいしゅう》に受《う》け容《い》れられる傾向《けいこう》があるので益々《ますます》この風潮《ふうちょう》が高《たか》まって行《ゆ》くのである。奇跡《きせき》を語《かた》れば今日《こんにち》の文明《ぶんめい》の世《よ》の中《なか》に馬鹿《ばか》にされるからこれを避《さ》ける様《よう》になってしまった。キリスト教《きょう》のみならず仏教《ぶっきょう》の坊《ぼう》さん達《たち》も同様《どうよう》になって来《き》た。併《しか》しながら既成宗教《きせいしゅうきょう》において今《いま》までの奇跡《きせき》を抜《ぬ》いたら残《のこ》る所《ところ》は何《なに》もない。教理《きょうり》の方面《ほうめん》はみな後《のち》の人々《ひとびと》が勝手《かって》に理屈《りくつ》をつけて並《なら》べ立《た》てたのであって、深遠《しんえん》なる教典《きょうてん》は主《しゅ》としてその奇跡《きせき》に出発《しゅっぱつ》しているのであるから、それが無《な》かったならば宗教《しゅうきょう》というものは無《な》い、即《すなわ》ち既成宗教《きせいしゅうきょう》はゼロになってしまうのである。この点《てん》が今日《こんにち》の既成宗教《きせいしゅうきょう》が通俗化《つうぞくか》してついに低級《ていきゅう》なる論理道徳《ろんりどうとく》の方便《ほうべん》となってしまった主因《しゅいん》である。

こういう世《よ》の中《なか》、即《すなわ》ち科学万能《かがくばんのう》に堕《だ》して宗教《しゅうきょう》が新生命《しんせいめい》を失《うしな》った世《よ》の中《なか》に、宗教《しゅうきょう》も生《い》かし科学《かがく》も生《い》かし、すべて哲学《てつがく》に生命《せいめい》を与《あた》えるところの偉大《いだい》なる大原則《だいげんそく》が樹立《じゅりつ》されねば、今日《こんにち》の思想《しそう》の混乱《こんらん》を整理《せいり》し指導《しどう》する方法《ほうほう》はないのである。

王仁《おに》の称《とな》える「愛善《あいぜん》の道《みち》」は既成宗教《きせいしゅうきょう》の重《おも》きを置《お》いた「霊《れい》」と近代科学《きんだいかがく》の重《おも》きを置《お》く「体《たい》」との間《あいだ》に奇跡的《きせきてき》な「力《ちから》」があって神秘的《しんぴてき》な結合作用《けつごうさよう》をなすもので、この「力《ちから》」こそ実《じつ》に神《かみ》から流《なが》れ来《く》るもので、これを「神力《しんりき》」といい、「法力《ほうりき》」と称《とな》えるのであって、この「霊《れい》・力《りょく》・体《たい》」の三元説《げんせつ》の大原則《だいげんそく》を樹立《じゅりつ》し、この原則《げんそく》に出発《しゅっぱつ》した「霊《れい》・体《たい》」の和合《わごう》が行《おこな》われねば「力《ちから》」ある真理《しんり》は成《な》り立《た》たないと信《しん》じるのである。

この大原則《だいげんそく》は王仁《おに》が神明《しんめい》のお導《みちび》きに依《よ》って霊山高熊山《れいざんたかくまやま》に修業《しゅぎょう》を命《めい》ぜられた時《とき》、素盞嗚尊様《すさのおのみことさま》の命《めい》によって、小松林命様《こまつばやしのみことさま》から神示《しんじ》を得《え》、この「霊《れい》・力《りょく》・体《たい》」の大原則《だいげんそく》の断案《だんあん》を発見《はっけん》したのである。今日《こんにち》までの如何《いか》なる学者《がくしゃ》も唱《とな》えたことのない天啓《てんけい》の大原則《だいげんそく》であって、これによって初《はじ》めて一切《さい》の既成宗教《きせいしゅうきょう》の説《せつ》と現代科学《げんだいかがく》の説《せつ》とが両立《りょうりつ》し、而《しか》もこの二者共《しゃとも》に真《しん》生命《せいめい》を与《あた》えられることを覚《さと》ったのである。

これを更《さら》に解《わか》りやすくいえば男《おとこ》と女《おんな》とは自《みずか》ら「霊《れい》と体《たい》」とを具有《ぐゆう》しているが、今《いま》一つ神《しん》秘《ぴ》なる「力《ちから》」が加《くわ》わる時《とき》に子供《こども》が出来《でき》るのだ。

アインシュタインの相対性原理説《そうたいせいげんりせつ》では足《た》らないものが一つある。その一つは実《じつ》に宗教《しゅうきょう》と科学《かがく》とを結合《けつごう》し完成《かんせい》する所《ところ》の「天啓《てんけい》の教理《きょうり》」であるのである。この「霊《れい》・力《りょく》・体《たい》」の三元説《げんせつ》を見出《みいだ》さなければ、地上《ちじょう》に思想的争闘《しそうてきそうとう》の絶《た》えるはずはない。

今日所謂末世《こんにちいわゆるまっせ》の相《そう》が日《ひ》一日《にち》と濃厚《のうこう》にその悩《なや》みを深《ふか》めて、精神的及《せいしんてきおよ》び物質的行詰《ぶっしつてきゆきづま》りの極《きょく》に達《たっ》して来《き》たので、この機会《きかい》に愛善道《あいぜんどう》の根本義《こんぽんぎ》を説《と》いて大方《おおかた》の考慮《こうりょ》を煩《わずら》わす次第《しだい》です。」

（『人類愛善新聞』「世界の行き詰まりを打開く　愛善道の根本義　既成宗教《きせいしゅうきょう》と現代科学と両つ乍ら真生命を得む」昭和7年5月上旬号、『壬申日記』第5巻）

（三三）水素利用

「………、日本《にほん》には外国人《がいこくじん》の末代《まつだい》かかりて考《かんが》へても、何《ど》れ程骨《ほどほね》を折《お》りても真似《まね》の出来《でき》ぬ立派《りっぱ》な教《おしえ》があるから、日本人《にほんじん》の身魂《みたま》が研《みが》けて水晶《すいしょう》に立復《たちかえ》りたら、ドンナ事《こと》でも神力《しんりき》が発揮《はっき》できるのであるぞよ。延喜式《えんぎしき》の祝詞《のりと》にも、天放《あはな》ち水素利用《みぞうめ》・電気火力応用《ひなはち》、全土開拓云々《くしさしうんぬん》と申《もう》して天地《てんち》を自由自在《じゆうじざい》に開拓経綸《かいたくけいりん》いたす神業《しんぎょう》が現《あら》はして在《あ》るなれど、日本《にほん》の人民《じんみん》の心《こころ》が汚《よご》れ、言霊《ことたま》が曇《くも》りてしもうて居《お》るから………。」

（『神霊界』大正8年3月15日号、「伊都能売神諭」）

○

『延喜式祝詞《えんぎしきのりと》』の中《なか》に「天津罪《あまつつみ》とは、天然自然《てんねんしぜん》に賦与《ふよ》せられたる水力《すいりょく》、火力《かりょく》、電磁力《でんじりょく》、地物《ちぶつ》、鉱物《こうぶつ》、山物《さんぶつ》、動植物等《どうしょくぶつとう》の利用開発《りようかいはつ》を怠《おこ》る罪《つみ》をいう。………現在人士《げんざいじんし》は、電力《でんりょく》、火力《かりょく》、水力《すいりょく》、その他《た》の利用《りよう》にかけて、よほど発達進歩《はったつしんぽ》をとげたつもりでいるが、一歩高所《ぽこうしょ》から達観《たっかん》すると、利用《りよう》どころか悪用《あくよう》ばかり、間接《かんせつ》または直接《ちょくせつ》に人類《じんるい》の破滅《はめつ》、天然《てんねん》の破壊《はかい》に使用《しよう》されぬものが幾何《いくばく》かある。………。国津罪《くにつつみ》とは、天賦《てんぷ》の国《くに》の徳《とく》、人《ひと》の徳《とく》を傷《きず》つくる罪《つみ》を指《さ》す。………。」

（『霊界物語』第39巻「附録・大祓祝詞解」）

第六編　座談会

(一) 青年座談会

問 「愛《あい》と善《ぜん》が最上《さいじょう》のものですね」

王仁 「世《よ》の中《なか》に善《ぜん》と云《い》うものは愛《あい》より外《ほか》にない。最《もっと》も力《ちから》の出《で》るのも、総《すべ》て成功《せいこう》するのも愛《あい》と善《ぜん》だ。キリスト、ムハメッドは愛《あい》を説《と》き、仏教《ぶつきょう》は慈悲《じひ》を説《と》き……これも愛《あい》だ。孔《こう》子《し》は仁《じん》、仁《じん》と云《い》うことは隣人《りんじん》を愛《あい》すると云《い》うことで、仏教《ぶつきょう》もキリスト教《きょう》も愛《あい》を経《たて》に、善《ぜん》を横《よこ》に説《と》いている。キリスト教《きょう》はそれで十字架《じゅうじか》なのだ。総《すべ》ての宗教《しゅうきょう》は愛《あい》を経《たて》に、善《ぜん》を横《よこ》に説《と》いている。人類愛善《じんるいあいぜん》と云《い》うことは、各既成宗《かくきせいしゅう》教《きょう》及《およ》び今《いま》までの道徳教《どうとくおしえ》の総《すべ》てを一つにまとめた、まあ云《い》うたら抱擁《ほうよう》のエキスをとったような名《な》である。仏教《ぶつきょう》とかキリスト教《きょう》とかは、米《こめ》の中《なか》から出《で》た酒《さけ》の汁《しる》が、愛《あい》と善《ぜん》なのだ」

………。

問「蒙古《もうこ》で思《おも》い出《だ》しましたが先頃新聞《さきごろしんぶん》で、蒙古《もうこ》が人類《じんるい》の発生地《はっせいち》だと報《ほう》じていましたが本《ほん》当《とう》なんですか」

王仁「色々《いろいろ》のことを調《しら》べて推考《すいこう》したもので判《わか》るものか」

問「蒙古《もうこ》が人類《じんるい》の根元地《こんげんち》であると云《い》うことは『入蒙記《にゆうもうき》』にも書《か》いてありましたが」

王仁「兎《と》も角《かく》ね。阿蘇《あそ》の噴火口《ふんかこう》が五里《り》で世界《せかい》一やと云《い》っているが、蒙古《もうこ》の噴火口《ふんかこう》と云《い》ったら遥《はる》かに大《おお》きい。阿蘇《あそ》どころじゃない。真赤《まつか》な焼土《やけつち》で草《くさ》一つ生《は》えていない。その噴《ふん》火口《かこう》のホンの端《はし》だけ通《とお》るのに三日《か》三夜《よ》さはかかる。差《さ》し渡《わた》し百里《り》以上《いじよう》ある。一番広《ばんひろ》いところやったら二百里《り》以上《いじよう》はあるやらう。やっぱりチャンと外輪《がいりんざん》山が出来《でき》ている し、波打《なみう》った形《かたち》があってなア、そのために亜細亜《アジア》大陸《たいりく》が出来《でき》たのやでよ」

問「宇宙創造時代《うちゆうそうぞうじだい》からのものなんですね」

王仁「亀山《かめやま》（亀岡《かめおか》）も噴火口《ふんかこう》の中《なか》にあるのやでよ。周《まわ》りが外輪山《がいりんざん》や。そやからいつでも霧《きり》があるのや。水気《すいき》があるからね。この亀明山《かめやま》は噴火口《ふんかこう》の中心地点《ちゆうしんちてん》で、噴火《ふんか》しようとして止《と》まったからそのまま溶岩《ようがん》が固《かた》まって大地《だいち》の底《そこ》まで岩《いわ》があるのや。綾部《あやべ》の本《ほん》宮山《ぐうやま》もここと同《おな》じことや。やっぱり噴火口《ふんかこう》の中心《ちゅうしん》やさかい、地《ち》の底《そこ》まで岩《いわ》が続《つづ》いているのや。太古《たいこ》の噴火口《ふんかこう》のあとやから本宮山等片麻岩《ほんぐうやまなどへんまがん》が多《おお》いのや。江州《ごうしゅう》（滋賀県《しがけん》）の湖水《こすい》もそうだ。太平洋《たいへいよう》に古黄泉島《よもつじま》と云《い》うのがあったやろう。あれはこっちが減《へ》って他《た》に出来《でき》たんで、古《いにしえ》は日本海《にほんかい》と朝鮮《ちょうせん》と続《つづ》いていたのや。それに日本海《にほんかい》には小《ち》さい島《しま》が沢山《たくさん》あって小《ち》さい船《ふね》で渡《わた》って来《こ》られたのや。古《いにしえ》は海《うみ》の塩《しお》がとても濃《こ》かった。死《し》海《かい》では卵《たまご》をほり込《こ》んでも半分《はんぶん》しか沈《しず》まんが古《いにしえ》の海《うみ》はそうやったのや。亀《かめ》に乗《の》って波《なみ》を渡《わた》ったことも本当《ほんとう》や。亀《かめ》の首《くび》に綱《つな》をつけて思《おも》う方向《ほうこう》にその綱《つな》を引《ひ》けば亀《かめ》はそっちへ行《ゆ》く。大体身体《だいたいからだ》が沈《しず》まんから波《なみ》の上《うえ》も歩《あゆ》けたのや。『物語《ものがたり》』に高姫《たかひめ》が海《うみ》の上《うえ》を歩《ある》いておったが、波《なみ》が立《た》つので船《ふね》に乗《の》せてもらうところがあるが、人《ひと》はあれを嘘《うそ》やと云《い》うが本当《ほんとう》に出来《でき》たのや。今《いま》はだんだん海《うみ》の塩《しお》が薄《うす》くなったから出来《でき》んのや。また海《うみ》の塩《しお》が固《かた》まってそこへ珊瑚《さんご》の虫《むし》が集《あつま》って大陸《たいりく》を造《つく》っているのがある。琉球《りゅうきゅう》や壱岐《いき》対馬等《つしまとう》は皆《みな》そうや、こうした大陸《たいりく》は沢山《たくさん》ある。日本《にほん》は底《そこ》から岩《いわ》で出来《でき》ているから下《した》津岩根《ついわね》と云《い》って、他《た》の国《くに》は底《そこ》から出来《でき》ているのでない。そう云《い》うこと学者《がくしゃ》は知《し》らんのや。『古事記《こじき》』にもチャンと書《か》いてある」

問 「地平説《ちへいせつ》などでも……」

王仁「皆《みな》、自分《じぶん》の目玉《めだま》が丸《まる》いとは知《し》らずにいるからや。海《うみ》でも向《む》こうが見《み》えなくなると高《たか》い所《ところ》へ上《あ》がるとまた見《み》える。望遠鏡《ぼうけんきよう》で見《み》ればもっと向《む》こうが見《み》える。これはレンズで目玉《めだま》の調節《ちょうせつ》をはかるからや。目《め》の玉《たま》が丸《まる》いから地球《ちきゅう》が丸《まる》く見《み》えるのや。それを知らずに地球《ちきゅう》が丸《まる》いなんて云《い》っている」

問 「私《わたし》には月食《げつしょく》がよく判《わか》らんのです」

王仁「月食《げつしょく》は『物語《ものがたり》』に書《か》いてある通《とお》りや。大体月《だいたいつき》と云《い》うものは西《にし》から東《ひがし》へ運行《うんこう》している。太陽《たいよう》は東《ひがし》から西《にし》へ運行《うんこう》している。これは『古事記《こじき》』にも書《か》いてある。「汝《な》は右《みぎ》から吾《あ》は左《ひだり》からめぐる」と書《か》いてある。月《つき》はそれが証拠《しょうこ》に三日目《かめ》よりも四日目《かめ》の方《ほう》が近《ちか》くに来《く》る。東《ひがし》へ寄《よ》って来《く》る。四日《か》より五日《か》と東《ひがし》へ近《ちか》づいて来《き》て三十日《にち》で地球《ちきゅう》を一周《しゅう》することになっている。しかし西《にし》から或《あるい》は東《ひがし》からと云《い》っているが、月《つき》も太陽《たいよう》も決《けっ》して地球《ちきゅう》をグルグル廻《まわ》っているんじゃない。宇宙《うちゅう》の傾斜《けいしゃ》でそう見《み》えるに過《す》ぎない………で月《つき》はその傾斜《けいしゃ》に従《したが》って三十日《にち》に一回《かい》、太陽《たいよう》は日《ひ》に一回地球《かいちきゅう》を廻《まわ》る。月《つき》は水《みず》で、太陽《たいよう》は火《ひ》なんだから、月《つき》は地球《ちきゅう》の母体《ぼたい》なんだ。母《はは》や。地球《ちきゅう》とは母子《おやこ》みたようなもんや。学者《がくしゃ》が月球面《げっきゅうめん》にブツブツ黒《くろ》い物《もの》があるのは噴火口《ふんかこう》の跡《あと》だと云《い》っているが、あれは宇宙《うちゅう》を生《う》み出《だ》した跡《あと》や。生《う》んだ度《たび》にあの跡《あと》は増《ふ》えて行《ゆ》くのや。オリオン星《せい》は三つ一つ所《ところ》にあるが、あれは一度《ど》に三つ一緒《しょ》に生《う》んだのや。五つ一緒《しょ》にあるのは月《つき》が五つ一緒《しょ》に生《う》んだのや。星《ほし》の中《なか》にも月《つき》より大《おお》きいのが幾《いく》らでもある。それは親《おや》は大《おお》きくならんでも子《こ》は大《おお》きくなる例《れい》はいくらもあるのと同《おな》じや。松《まつ》でも種《たね》を植《う》えると数年《すうねん》たてば大《おお》きくなり年数《ねんすう》がたてばもっと大《おお》きくなるやろ、それと同《おな》じや。星《ほし》はそれと同《おな》じように段々大《だんだんおお》きくなっている。しかし月《つき》は大《おお》きくならん。それはせんぐり子《こ》を生《う》むからじゃ。宇宙《うちゅう》も段々《だんだん》大《おお》きくなりつつある、これだって皆《みな》生《い》きているからな。お月《つき》さんは産《う》んでばかりいる……」

問「暗星《あんせい》と云《い》うのがありますが……」

王仁「暗星《あんせい》は恒星《こうせい》一つに対《たい》して百位《くらい》ある。何《なに》しろ暗《くら》い星《ほし》の方《ほう》が沢山《たくさん》あるのや」

問「流星《りゅうせい》は……」

王仁「流星《りゅうせい》は暗星《あんせい》がある作用《さよう》で、所謂《いわゆる》大気《たいき》を横切《よこぎ》る。その時《とき》に光《ひか》る光《ひかり》なのだ。何《なに》しろ一寸《ちょっと》の間《ま》に何《なん》千万里《り》と云《い》う距離《きょり》を走《はし》るんだから、空気《くうき》との摩擦《まさつ》によって出《で》る光《ひかり》で、だから星《ほし》が流《なが》れて消《き》えるように見《み》えるのは自然《しぜん》に消滅《しょうめつ》してしまうんだ」

問「よく隕石《いんせき》が降《ふ》ったと云《い》うことを聞《き》きますがあれは……」

王仁「あれもそうや。星《ほし》は空気中《くうきちゅう》で大抵《たいてい》消《き》えるが、つまり燃《も》え切《き》ってしまうが中《なか》には摩滅《まめつ》し切《き》れずにそのまま落《お》ちるのである。なんぼ大《おお》きな星《ほし》でも何《なん》千万里《り》と云《い》う間《あいだ》を走《はし》るのやから摩滅《まめつ》して小《ちい》さくなって落《お》ちるのや。雨《あま》ダレでも岩《いわ》に穴《あな》をあけるやないか。

物語《ものがたり》の中《なか》に山上《さんじょう》に大《おお》きな岩《いわ》があって、それが実《じつ》に丸《まる》い玉《たま》になっている。それは十万年《ねん》に一度《ど》天女《てんにょ》が岩《いわ》の回《まわ》りに降《くだ》り来《き》て踊《おど》る。その度《たび》に天女《てんにょ》の薄衣《うすぎぬ》がふれて丸《まる》い玉《たま》になったのだとあるやろう。それからみても宇宙《うちゅう》の年数《ねんすう》は判《わか》るもんじゃない。いくら薄衣《うすぎぬ》だとて五万べんや十万べん岩《いわ》に触《ふ》れたかて、その岩《いわ》がそう易々《やすやす》と丸《まる》くなるもんじゃありゃへん。それが十万年《ねん》に一度《ど》やろう……。それで無極無始無終《むきょくむしむしゅう》と云《い》うことが示《しめ》してある。今《いま》の学者《がくしゃ》が人類発生《じんるいはっせい》は五万年前《ねんぜん》とか十万年前《ねんぜん》とか、またこの頃《ころ》では六十万年前等《ねんぜんなど》と云《い》い出《だ》して来《き》たが、そんなもんやあらへん。前《まえ》に三十五万年前《ねんぜん》の物語《ものがたり》を俺《おれ》がすると云《い》うたら人類《じんるい》が出来《でき》てから十万年《ねん》や云《い》うて浅野《あさの》さんや何《なに》かがそれに反対《はんたい》したが、今云《いまい》う通《とお》り何《なに》も判《わか》らん学者《がくしゃ》でさえも人類発生《じんるいはっせい》は六十万年前《ねんぜん》だと蒙古《もうこ》で証拠《しょうこ》を発見《はっけん》している……。新聞《しんぶん》を切《き》り抜《ぬ》いておいたけど……。お釈迦《しゃか》さんが三千世界《せかい》を見《み》たと書《か》いているが、俺《おれ》は三千世界《せかい》を見廻《みまわ》して書《か》いているのやさかい」

問　「お釈迦《しゃか》さんは三千世界《せかい》を見《み》たといっているが、そんな詳《くわ》しいことは知《し》らないようですが」

王仁「ある程度《ていど》しか見《み》ておらんな。俺《おれ》の方《ほう》がよく見《み》ている」

問「話《はなし》は違《ちが》いますが、天体《てんたい》は実《じつ》に神秘《しんぴ》ですなア。ある学者《がくしゃ》がフロックコートを着《き》てレンズに向《む》かったそうで……。天体《てんたい》をのぞくと荘厳《そうごん》の気《き》に打《う》たれるからだ、と云《い》ったそうです。また、普仏戦争《ふふつせんそう》（1870〜71）のときフランスの天文学者《てんもんがくしゃ》が一心《しん》に天体《てんたい》を観《かん》測《そく》していると弟子《でし》が飛《と》んできて「先生《せんせい》プロシヤ（＝ドイツ北東部《ほくとうぶ》のプローセン王国）の兵《へい》隊《たい》が攻《せ》めて来《き》ましたから早《はや》くお逃《に》げなさい」と云《い》うと、その先生《せんせい》、やおら向《む》き直《なお》って、そして、「なんじゃ地球界《ちきゆうかい》のことか」といって、またレンズをのぞいた。という話《はなし》があります。宇宙《うちゆう》は全《まつた》く神秘《しんぴ》ですなア」

王仁「今《いま》の学者《がくしや》は天界《てんかい》のことはおろか現界《げんかい》のことも判《わか》らん。物語《ものがたり》にあるように天人《てんにん》の一言《ごん》で判《わか》ることも現界人《げんかいじん》には数《すう》十万言費《げんつい》やしても判《わか》らんと云《い》うように、俺《おれ》が説《と》いたものは現代《げんだい》の学者《がくしや》が一代《だい》かかって話《はな》しても了解《りようかい》するものは居《お》らん。物語《ものがたり》のあれだけの程《てい》度《ど》で判《わか》る人《ひと》でないといかん。あれでも書《か》き過《す》ぎている位《くらい》や。それでもあれで判《わか》る人《ひと》が時《とき》たまある。それが本当《ほんとう》に判《わか》った偉《えら》い人《ひと》や。京都《きようと》の三雲《くも》さんは天文《てんもん》が好《す》きで物語《ものがたり》の第《だい》四巻《かん》を見《み》て入信《にゆうしん》したのや」

問「火星《かせい》との通信《つうしん》、あるいはロケットで月《つき》の世界《せかい》へ行《ゆ》くとか……あれ等《など》は出来《でき》る可能性《かのうせい》のあるもんでしょうか」

王仁「火星《かせい》には人《ひと》はおらんのやでよ。たとえ出来《でき》たかて人《ひと》も居《お》らんに返事《へんじ》はあらへんが……。物語《ものがたり》の十五巻《かん》に空中《くうちゆう》の手紙《てがみ》のことが書《か》いてあったやろ。あれはもう実現《じつげん》しているのやでよ。新聞《しんぶん》に出《で》ていたがそれどころやあらへん。今《いま》に飯《めし》もたかんでも食《た》べられるようになる。ボタンみたようなものを押《お》すと汁《しる》でも何《なん》でも好《す》きな欲《ほ》しい物《もの》が出《で》てくるような機械《きかい》が出来《でき》るで……」

問「イギリスのH・G・ウエルズが確《たし》かそんな世界《せかい》のことを書《か》いていたと思《おも》います」

王仁「それはキッと出来《でき》る。飛行機《ひこうき》でも俺等《わしら》の子供《こども》の時《とき》は、出来《でき》んと思《おも》ったもんや。そんなこと云《い》うたら人《ひと》が馬鹿《ばか》にしたもんや。それでも立派《りっぱ》に飛《と》べるようになったでの う」

問「もし、そういう風《ふう》になると人間《にんげん》は仕事《しごと》がなくなって何《なに》もやらん人間《にんげん》になってしまいますなア」

王仁「その代《か》わりに他《ほか》の仕事《しごと》が多《おお》くなる。それはやっぱり人間《にんげん》やで仕事《しごと》をせんならん。機《き》械《かい》が動《うご》いておっても人《ひと》が傍《そば》におらねばならぬし、他《ほか》のことに時間《じかん》を費《つい》やさんようになるだけで、他《た》の仕事《しごと》が出来《でき》るから同《おな》じことや」

問「今《いま》はそう云《い》う無駄《むだ》なことに使《つか》う時間《じかん》が多過《おおす》ぎますなア」

王仁「今《いま》の仕事《しごと》とはウンと違《ちが》って来《く》る。そやさかい俺《おれ》は長生《ながいき》がしたいのんや。………。今《いま》まで悪《わる》かった所《ところ》は良《よ》くなり、良《よ》かった所《ところ》は悪《わる》くなり……宝《たから》の持《も》ちぐされにしておった所《ところ》は良《よ》くなって来《き》ている、これがミロクの世《よ》になるのや。人間《にんげん》の心《こころ》が悪《わる》うなったと云《い》うのも世《よ》の中《なか》に戦争《せんそう》があるためで、人民《じんみん》は軍備《ぐんび》のために困《こま》っている。軍《ぐん》備《び》をすっかり撤廃《てっぱい》すれば皆楽《みならく》をする。今《いま》の教育《きょういく》を変《か》えたら……本当《ほんとう》の自然《しぜん》の教育《きょういく》にしたら人間《にんげん》が良《よ》くなる」

問　「軍備撤廃《ぐんびてっぱい》も世界各国《せかいかくこく》が皆《みな》一緒《しょ》にやればいいが、一国《こく》だけ先《さき》にやると損《そん》しますなア」

王仁　「人類愛善《じんるいあいぜん》もそこまで行《ゆ》かんといかん。一国《こく》だけやっても他《た》の国《くに》がやらんから人類愛《じんるいあい》善会《ぜんかい》を世界《せかい》にひろめて、世界各国《せかいかっこく》に人類愛善《じんるいあいぜん》のノロシを上《あ》げねばならぬ」

問　「食糧問題等《しょくりょうもんだいなど》は、こう人類《じんるい》が殖《ふ》えて来《く》ると一体《たい》どうなるんでしょう」

王仁　「いくら殖《ふ》えても食糧《しょくりょう》には困《こま》らん。天《てん》は不食《ふしょく》の民《たみ》はつくらん」………。

問　「樺太《からふと》あたりの森林《しんりん》は絶《た》えず山火事《やまかじ》がありますが惜《お》しいもですなア」

王仁　「……樺太《からふと》あたりの地底《ちてい》は泥炭《でいたん》ばかりで北海道《ほっかいどう》へんでも土《つち》を掘《ほ》って干《ほ》しておけば燃《も》やすことが出来《でき》るところがあるでよ。何《なに》しろ神代時代《かみよじだい》からの大木《たいぼく》が埋《う》まり埋《う》まって地《ち》の中《なか》で腐《くさ》る。だから草《くさ》も何《なに》も一緒《しょ》に石炭《せきたん》になっているのや」

問　「あの泥炭《でいたん》などでも日《ひ》が経《た》つと、ピカピカした石炭《せきたん》になるですね」

王仁「古《ふる》くなると、木《き》でも草《くさ》でも皆石炭《みなせきたん》になるもんや……俺《おれ》は一寸《ちよつと》一プクするでよ」

（『昭和青年』昭和6年12月号）

(二) 神と科学

昭和10年（1935）12月8日、出口王仁三郎聖師率いる大本教団は、旧大日本帝国から壮絶な大弾圧を受ける。これを第二次大本弾圧事件という。これによる教団施設の被害は、当時の国家予算に匹敵する破壊というから、いかに壮烈な弾圧であったが伺《うかが》える。この弾圧より6年8ケ月後の昭和17年（1942）8月7日、出口聖師一行は未決より、ここ亀岡市中矢田町岸ノ上の「熊野舘」に帰られる。

弾圧より10年後の昭和20年（1945）8月6日原爆が広島に、9日に長崎に投下され、15日に終戦を迎える。大国美都雄氏は『真偽二道』の中で、終戦直前の出口聖師の言動を次のように伝える。

聖師《せいし》が呼《よ》んでおられるという言《こと》づてがきた。

「すまんが一度《ど》広島《ひろしま》に行《い》ってくれないか」

ということである。「何《なに》ごとですか」と聞《き》くと、「広島《ひろしま》の信者《しんじゃ》に早《はや》く疎開《そかい》してしまえ、と伝《つた》えてくれ。来《き》た人《ひと》にだけは話《はな》しても、それでは徹底《てってい》しない」

ということであった。統制《とうせい》されていて汽車《きしゃ》の切符《きっぷ》は手《て》に入《はい》らないので、五日目《かめ》に一枚《まい》、他《た》の人《ひと》の切符《きっぷ》を廻《まわ》してもらい広島《ひろしま》に行《い》った。しかしどこを探《さが》しても信者達《しんじゃたち》はいなかった。多《た》分疎開《ぶんそかい》したのだろうと不徹底《ふてってい》な気持《きもち》で、貨車《かしゃ》のような汽車《きしゃ》とも分《わか》らんゴチャゴチャの列車《れっしゃ》で（亀岡《かめおか》に）帰《かえ》ってきて、聖師《せいし》に申《もう》し上《あ》げると、

「あーそうか。ありがたいことじゃ」

といって労《ろう》をねぎらわれた。そこで「広島《ひろしま》はどうなるんですか」と聞《き》くと
「火《ひ》の海《うみ》になる」

といわれた。

「火《ひ》の海《うみ》って空襲《くうしゅう》ですか」

「いや違《ちが》う。一発《ぱつ》で地上《ちじょう》は一度《ど》に火《ひ》になる。ワシは霊眼《れいがん》でそれを見《み》ているのじゃ」といわれた。「そんなものがありますかな」と以都雄《いつお》は不思議《ふしぎ》な思《おも》いで聖師《せいし》の言葉《ことば》を聞《き》いた。……。

そのうちに神戸《こうべ》の空襲《くうしゅう》があり、大阪《おおさか》の空襲《くうしゅう》があった。その火焔《かえん》は亀岡《かめおか》からも見《み》え、飛《と》び散《ち》った破片《はへん》が風《かぜ》に乗《の》って吹《ふ》き飛《と》んできた。京都《きょうと》あたりの上空《じょうくう》で闘《たたか》った飛行機《ひこうき》は、見上《みあ》げている空《そら》を斜《なな》めに亀岡《かめおか》の一角《かく》に落《お》ちた。その状態《じょうたい》を見《み》ていた人達《ひとたち》は敵機《てっき》が落《お》ちたと喜《よろこ》んでいたが、それは日《ひ》の丸《まる》がついていた。何回《なんかい》も亀岡《かめおか》を目《め》がけて空襲《くうしゅう》の弾《たま》が飛《と》んできて、音《おと》を立《た》てて落《お》ちた。いよいよ亀岡《かめおか》も危機《きき》に頻《ひん》したと思《おも》う頃《ころ》、ラジオで広島《ひろしま》に空襲《くうしゅう》があり、その爆弾《ばくだん》は今迄《いままで》のと違《ちが》っていたと伝《つた》えられた。

二、三日《にち》して不思議《ふしぎ》な爆弾《ばくだん》のごとき印象《いんしょう》を与《あた》える報道《ほうどう》がしきりとなされた。聖師《せいし》のとこ

ろへ行《ゆ》くと

「広島《ひろしま》はなくなったよ。これで戦争《せんそう》も終《おわ》りだなあ」

といって、

「馬鹿《ばか》なことじゃ。ワシを押《お》し込《こ》めて戦争《せんそう》しても勝《か》てるものではない。天佑神助等《てんゆうしんじょなど》といっても、天佑《てんゆう》もなく神助《しんじょ》もない国《くに》になっている。そこに気《き》がつかん、為政者《いせいしゃ》の馬鹿《ばか》さ加減《かげん》だ。日本《にっぽん》は神国《しんこく》だというのなら、最初《さいしょ》から神国《しんこく》らしく立《た》ち上《あ》がるべきで、だまし打《う》ちをしたり、うぬぼれた兵《へい》の動《うご》かし方《かた》をしたり、正義《せいぎ》というものはどこにある。敗《ま》けかけて天佑《てんゆう》の国《くに》だと国民《こくみん》を踊《おど》らしても、そこにはうろたえた精神《せいしん》しかない。第《だい》一、天地《てんち》の主神《すしん》を祀《まつ》っている大本《おおもと》を叩《たた》きつぶし、ワシ等《ら》を獄屋《ごくや》に入《い》れておいてどうして勝《か》てるものか。万世一系《ばんせいいっけい》、皇統連綿《こうとうれんめん》の神国日本《しんこくにっぽん》も一応《おう》これで終《おわ》ったことになる。これから世《よ》は変《かわ》るであろう」

といってため息《いき》をついておられた。以都雄《いつお》は、敗戦《はいせん》は既《すで》に覚悟《かくご》していたが、国体《こくたい》までも変《へん》革《かく》されるとは考《かんが》えていなかった。これは誰《だれ》にも話《はな》せぬ重大《じゅうだい》なことだと思《おも》い、日本《にっぽん》の将来《しょうらい》はどうなってゆくかと益々《ますます》不安《ふあん》になっていった。

（「戦時下から終戦へ」）

八月《がつ》十五日《にち》となった。正午《しょうご》に天皇《てんのう》の御言葉《おことば》があるというので、ラジオの前《まえ》に集《あつま》って聞《き》けとの通達《つうたつ》があった。町内会《ちょうないかい》の一同《どう》を以都雄《いつお》の家《いえ》の前《まえ》に集《あつ》め、ラジオを道端《みちばた》に出《だ》して聞《き》かせた。頭《あたま》を下《さ》げて身《み》を震《ふる》わせている者《もの》もあった。目《め》を押《お》さえて涙《なみだ》を流《なが》している者《もの》もあった。以都雄《いつお》は聖師《せいし》のところに飛《と》んで行《い》った。聖師《せいし》はくるりと東《ひがし》に背《せ》を向《む》けて、

「ハハハハ………」

と笑《わら》われた。そして以都雄《いつお》の手《て》を握《にぎ》って

「いよいよこれからだ。新《あたら》しい大本《おおもと》を生《う》み出《だ》していかないかん。頼《たの》むぞ大国《おおくに》」

といわれた。

そのうちに、「広島《ひろしま》に落《お》とされたのは原子爆弾《げんしばくだん》であって、三、四十年《ねん》の間《あいだ》は植物《しょくぶつ》も生《は》え

ないだろう、ということを学者《がくしゃ》はいっている」とラジオで放送《ほうそう》された。すると聖師《せいし》は以都雄《いつお》に

「すぐ広島《ひろしま》に行《い》って、土《つち》の状況《じょうきょう》を調《しら》べてきてくれ。土《つち》が死《し》んでおれば学者《がくしゃ》のいう通《とお》りだが、常《つね》に地気《ちき》の天上《てんじょう》しつつある神《かみ》の造《つく》った大地《だいち》が、死《し》ぬと云《い》うことはない筈《はず》だ。調《しら》べてきてくれ」

と真剣《しんけん》に頼《たの》まれた。以都雄《いつお》はその夜《よる》の貨車《かしゃ》に飛《と》び乗《の》って、広島《ひろしま》に行《ゆ》き市街《しがい》に出《で》たところ、そこには何物《なにもの》もなかった。ある物《もの》は庭石《にわいし》や墓場《はかば》の石《いし》ころが転《ころ》がっているだけだった。ところどころ土《つち》を掘《ほ》ってみた。しかし、土《つち》は死《し》んでいなかった。生《い》きていた。木《き》の根《ね》や草《くさ》の根《ね》等《ら》もまだ生《い》きていた。一握《にぎ》りの土《つち》を紙《かみ》に包《つつ》んで聖師《せいし》にみせるべく持《も》って帰《かえ》り、「土《つち》は生《い》きております。木《き》や草《くさ》の根《ね》も生《い》きておりました。地気《ちき》は大地《だいち》の呼吸《こきゅう》に合《あ》わせ天上《てんじょう》しておりました」

と報告《ほうこく》した。

「そうだろう。大地《だいち》が死《し》んでたまるか。神《かみ》を殺《ころ》す科学《かがく》はまだできていない筈《はず》だ」

「やがて広島《ひろしま》も長崎《ながさき》も復活《ふっかつ》するな」

といわれた。……。

やや社会《しゃかい》の秩序《ちつじょ》が回復《かいふく》してゆく頃《ころ》、京都大学《きょうとだいがく》において、戦争中遅《せんそうちゅうおく》れをとっていた科学《かがく》の講座《こうざ》が開《ひら》かれることになった。すると聖師《せいし》は以都雄《いつお》に
「京都大学《きょうとだいがく》に通《かよ》い講座《こうざ》を聴《き》いてきてくれ」

ということであった。「この齢《とし》になって講座《こうざ》を聴《き》きに行《ゆ》くこともありますまい」というと、

「ワシが説《と》いた霊力体《れいりょくたい》の問題《もんだい》の究極点《きゅうきょくてん》が、科学《かがく》の解明《かいめい》によって説《と》かれなくてはならない。それがどこまで進《すす》んだか調《しら》べねばならない。その適任者《てきにんしゃ》は君《きみ》である。ご苦労《くろう》だが毎《まい》日通《にちかよ》うてくれ」

と云《い》われたので、さっそく手続《てつづ》きをし許可《きょか》されたので通《かよ》うことになった。朝《あさ》六時《じ》の汽車《きしゃ》で亀岡《かめおか》を発《た》っても八時《じ》の開講《かいこう》にやっと間《ま》に合《あ》うような交通《こうつう》の困難《こんなん》で、それだけでも苦心《くしん》しな

ければならなかった。

講座《こうざ》はそれぞれ講師《こうし》によって科目《かもく》が違《ちが》っていたので、全科目《ぜんかもく》を終《お》わると午後四時《ごごじ》であった。それでも受講者《じゅこうしゃ》は、各大学《かくだいがく》・高等学校《こうとうがっこう》の先生《せんせい》や指導層《しどうそう》の人《ひと》が多《おお》く、学生《がくせい》はほとんど入《はい》られなかった。それでも百人《にん》にのぼった。だが、途中《とちゅう》からこなくなる人《ひと》もあって、終《お》わりには六十人位《にんくらい》になっていた。講座《こうざ》は午後《ごご》四時《じ》に終《お》わり、それからまた交通《こうつう》の困難《こんなん》な中帰《なかかえ》ってくるのであるから、時《とき》には夜《よる》の七時《じ》を過《す》ぎることもあった。実験室《じっけんしつ》で、科学的実験《かがくてきじっけん》をした日《ひ》等《など》は頭《あたま》がフラフラになり、非常《ひじょう》に苦《くる》しかった。それでも、聖師《せいし》の使命《しめい》に応《こた》えるためと、どの講座《こうざ》も前列《ぜんれつ》の方《ほう》にあって聴《き》き、実験室《じっけんしつ》の方《ほう》にも進《すす》んで入《はい》っていった。

試験《しけん》があったのは五週間目《しゅうかんめ》であった。五日後《かご》に発表《はっぴょう》があるというので、見《み》に行《い》った。以《い》都雄《つお》の名《な》がでていたので、その時《とき》は学生《がくせい》のときのような喜《よろこ》びの気持《きも》ちになり、帰《かえ》りにうどん屋《や》に飛《と》び込《こ》んで喜《よろこ》びのうどんを食《た》べた。亀岡《かめおか》に帰《かえ》り直《ただ》ちに聖師《せいし》のところに報告《ほうこく》に行《ゆ》き、講習終了《こうしゅうしゅうりょう》の証書《しょうしょ》をお目《め》にかけた。

「ご苦労《くろう》じゃった。ところで宇宙《うちゅう》の極限《きょくげん》はなんじゃ」

と問《と》われた。「原子《げんし》です」と答《こた》える。

聖師《せいし》は「その原子《げんし》が集合《しゅうごう》してどんどん変化《へんか》をするか」

等《など》と鋭《するど》い質問《しつもん》が何回《なんかい》もあった。そして
「声《こえ》の子《こ》（極微点《こごこ》）の真実《しんじつ》と、力《ちから》の発《はっ》する相互《そうご》の作用等《さようなど》がまだ研究《けんきゅう》が足《た》らん。それでは、局部的《きょくぶてき》な微小《びしょう》なる世界《せかい》と、巨大《きょだい》なる世界《せかい》の相互関係等《そうごかんけいなど》がまだ説明《せつめい》できんではないか」

と指摘《してき》された。

また
「お前《まえ》が調《しら》べてきた「一切《さい》のものに色《いろ》があり」ということは解《わか》るが、その色《いろ》が混合《こんごう》してくると、別《べつ》の光沢《こうたく》を発《はっ》することも、もっと徹底《てってい》しなくてはならない。またアオウエイの五大父音《だいふおん》の響《ひび》きと、カサタナハマヤラワの母音《ぼおん》の関係《かんけい》が説明《せつめい》されなくては、まだ科学《かがく》も進歩《しんぽ》したとはいえないことになる。もっとお前《まえ》、それを調《しら》べなさい」

といわれた。

以都雄《いつお》はまいってしまった。「私《わたし》は科学者《かがくしゃ》ではないし専門《せんもん》にそうたことを研究《けんきゅう》しょうとも思《おも》いませんし、もうこの齢《とし》いって研究室《けんきゅうしつ》に入《はい》るのは嫌《いや》です」と言葉《ことば》を返《かえ》すと、聖師《せいし》は「お前《まえ》でなくてはできん仕事《しごと》なのだ」と云《い》われて、じっと以都雄《いつお》の顔《かお》をみておられた。………。

「お前《まえ》には、これから教団再建《きょうだんさいけん》の使命《しめい》もある。またこういう学問《がくもん》に取《と》り組《く》んでいかなくてはならない使命《しめい》もある。よく考《かんが》えてくれ。ワシの説《と》いた教《おし》えの原理《げんり》が、将来人々《しょうらいひとびと》に判《わか》るようにして貰《もら》えば、それでよいのだから」

といわれるのであった。「考《かんが》えてきます」といって退座《たいざ》した。………。

一体《たい》、大本事件《おおもとじけん》というのはなんであったのか。宗教《しゅうきょう》は永遠性《えいえんせい》のものであり、また普遍《ふへん》性《せい》をもつものでなくては、世界的宗教《せかいてきしゅうきょう》たりうることはできない。法律《ほうりつ》は限定《げんてい》された現実《げんじつ》の国家社会《こっかしゃかい》の秩序《ちつじょ》を規制《きせい》するものである。宗教用語《しゅうきょうようご》が法律的《ほうりつてき》に解釈《かいしゃく》されて法《ほう》に抵触《ていしょく》するということになれば、ほとんどの宗教《しゅうきょう》はことごとくその表現用語《ひょうげんようご》を変《か》えてしまう以外《いがい》に方法《ほうほう》はない。

天国《てんごく》の主権者《しゅけんしゃ》、極楽浄土《ごくらくじょうど》の秩序《ちつじょ》のあり方《かた》というものは、国家《こっか》の政治秩序《せいじちつじょ》のあり方《かた》とは違《ちが》う。即《すなわ》ち次元《じげん》が異《こと》なっているからである。それなのに、宗教《しゅうきょう》と国家《こっか》、宗教《しゅうきょう》と民衆《みんしゅう》、宗《しゅう》教《きょう》と法律《ほうりつ》を同《どう》一なレベルにおいて考《かんが》えようとするならば、大変《たいへん》な衝突《しょうとつ》が起《お》きるのも当然《とうぜん》である。

国家《こっか》があって、宗教《しゅうきょう》というものが成立《せいりつ》するのではない。人間《にんげん》の生命《せいめい》があってそこに宗《しゅう》教《きょう》が成立《せいりつ》してゆく。宗教《しゅうきょう》は霊界《れいかい》と現界《げんかい》を結《むす》びつけるものであるが、国家《こっか》には霊界《れいかい》がない。ただあるのは現界《げんかい》の秩序《ちつじょ》のみである。

政治《せいじ》、経済《けいざい》を秩序《ちつじょ》づけ運営《うんえい》するための法律《ほうりつ》が、神界《しんかい》・霊界《れいかい》等《ら》の精神《せいしん》の世界《せかい》を既成《きせい》して、それらをも自分《じぶん》の傘下《さんか》に治《おさ》めようとすると、権力《けんりょく》をもって宗教《しゅうきょう》を破壊《はかい》することになる。

いかなる王国《おうこく》といえども、権力者《けんりょくしゃ》といえども、神《かみ》の前《まえ》には全《まった》く力《ちから》のないものである。故《ゆえ》に、古来《こらい》から偉大《いだい》なる権力《けんりょく》も、神《かみ》によって王冠《おうかん》を授《さず》けられた儀式《ぎしき》をもって王位《おうい》につくものである。吾《われ》は王《おう》の王《おう》なり、と誇称《こしょう》しても、結局《けつきょく》は神《かみ》の下僕《げぼく》にすぎない。これは歴史《れきし》が常《つね》に証明《しょうめい》するところで、絶対《ぜったい》の鉄則《てつそく》である。

大本《おおもと》事件《じけん》はその鉄則《てつそく》を、法律《ほうりつ》という名《な》の下《もと》に権力《けんりょく》をもってねじまげんとしたものであって、ついには自《おの》ずから裁《さば》かれる。こうした恐《おそ》ろしい一場《ば》の神劇《しんげき》によって、十年間《ねんかん》の時間《じかん》が流《なが》れた。沢山《たくさん》の犠牲者《ぎせいしゃ》が現《あら》れた。神《かみ》からもっとも寵愛《ちょうあい》されなくてはならない信者《しんじゃ》が倒《たお》れ傷《きず》つき悩《なや》んだ。それらの信者達《しんじゃたち》がありし昔《むかし》の跡《あと》を見《み》んものと、天恩郷《てんおんきょう》や綾部《あやべ》の聖地《せいち》へと、ポツリポツリと訪《たず》ねてきて、悲《かな》しみの涙《なみだ》をしぼった。………。（「新たな出発」）

（『真偽二道』著者・大国美都雄、昭和58年11月10日発行）

霊界物語

宇宙《うちゅう》の外《そと》に身《み》をおいて
年《とし》さかのぼり霊界《れいかい》の
赤道直下《せきだうちよくか》に雪《ゆき》が降《ふ》り
縦《たて》が二千《にせん》と七百浬《しちひやくり》
黄泉《よもつ》の島《しま》や竜宮城《りうぐうじやう》
羽根《はね》の生《は》えたる人間《にんげん》や
夢《ゆめ》か現《うつつ》か誠《まこと》か嘘《うそ》か
ホンにわからぬ物語《ものがたり》。

（『神示の宇宙』終り）

五十六億七千万《ごじふろくおくしちせんまん》（歳《さい》）
奇《く》しき神代《かみよ》の物語《ものがたり》
太平洋《たいへいやう》のまん中《なか》に
横《よこ》が三千一百浬《さんぜんいつぴやくり》
訳《わけ》のわからぬことばかり
角《つの》の生《は》えたる人《ひと》が出《で》る
嘘《うそ》ぢゃあるまい誠《まこと》ぢゃなかろ

（『霊界物語』第9巻「総説」大正11年2月18日）

編集余録

出口王仁三郎著『霊界物語』「天祥地瑞」第76巻に、各国に伝わる「宇宙創造説」や「天地開闢説」が15例掲載されております。それは人の想像力によるものが多く、客観的にその真相を伝えるものではありません。しかし、ロマンあふれる創造説には心が動かされます。

日本で最初に天地創造が記録されたのが、日本最古の歴史書『古事記』（＝和銅5年（712）成立。元明天皇の勅により稗田阿礼が誦習《しょうしゅう》したものを太安万侶が撰録）です。この『古事記』・上巻に、

「臣安萬侶《しんやすまろ》言《まを》す。夫《そ》れ混元《こんげん》既《すで》に凝《こ》り、気象《きしょう》未《いま》だ効《あらわ》れず、名《な》も無《な》く為《わざ》も無《な》し。誰《たれ》か其《そ》の形《かたち》を知《し》らむ。然《しか》れども乾坤《けんこん》初《はじ》めて分《わか》るるとき、参神造化《さんしんぞうか》（＝造化三神）の首《はじめ》と作《な》り、陰《め》陽《お》ここに開《ひら》けて、二霊《にれい》（＝高皇産霊神《たかみむすびのかみ》・神皇産霊神《かむみむすびのかみ》）群品《ぐんぴん》の祖《おや》と為《な》れり。このゆえ幽顕《ゆうけん》（＝幽界と現界）に出入《でいり》して、月日目《つきひめ》を洗《あら》ふに彰《あらは》れ、海水《かいすい》に浮沈《ふちん》して、神祇《じんぎ》（＝天の神・地の

神）をそそぐに呈《あらは》る。」

それから日本最初の勅撰の歴史書『日本書紀』（＝養老4年（720）天皇・上皇の命によって、また自ら詩歌などを選定編集した書物。全30巻）の「神代上」に、

「古《いにしへ》、天地《あめつち》未《いま》だ剖《わか》れず。陰陽《めを》分《わか》れざるとき、渾沌《まろがれ》たること鶏子《とりのこ》の如《ごと》く、溟涬《くくも》りて牙《きざし》を含《ふく》めり。その清《す》み陽《あきらか》なる者《もの》は、薄靡《たなび》きて天《あめ》となり、重《おも》く濁《にご》れる者《もの》は、淹滞《つづ》きて地《つち》となるに及《およ》びて、精《くは》しく妙《たへ》なるが合《あ》へるは摶《あふ》ぎ易《やす》く、重《おも》く濁《にご》れるが凝《こ》りたるは塊《かたま》り難《がた》し。故《かれ》、天《あめ》先《ま》づ成《な》りて、地《つちのち》後に定《さだま》る。然《しか》して後《のち》、神聖《かみその》其の中《なか》に生《あ》れます。」

と、宇宙創造が著されています。

また、仏教の真言宗では金鋼界《こんごうかい》・胎蔵界《たいぞうかい》、天台宗では釈迦の二仏並座、そしてキリスト教のヨハネ伝首章に「太初に道《ことば》あり、道は神とともにあり、道は即ち神なり。この道は太初に神とともにあり、万物これによりて造らる。造られたるもの一としてこれによらで造らしは無し」とあるが、宇宙に関する詳細な解釈は見当たらないし、また時代的に必要もなかった。

しかし現代のように時代が進み宇宙科学が発展し宗教として新しい解説の必要性が出て来たのです。

一、博覧会

明治維新を王政復古（天皇復古）と称し、鎖国を解かれた日本は近代国家へと大きく歩み始め、西洋文明に向けて、大日本帝国体制が次第に確立されます。明治36年（1903）、出口王仁三郎（出口聖師・33歳）は、大阪宣教中に開かれた「帝国勧業博覧会」に出会い、

●第《だい》五回《かい》帝国《ていこく》勧業《かんぎょう》博覧会《はくらんかい》天王寺《てんのうじ》附近《ふきん》に開《ひら》かれにけり
●博覧会《はくらんかい》めづらしみつつ幾度《いくたび》となく吾観覧《われかんらん》に通《かよ》ひたりけり
●畏《かしこ》くも明治天皇《めいじてんのう》馬車《ばしゃ》に召《め》して臨場《りんじょう》ありしを地《ち》に伏《ふ》し拝《おが》みぬ
●百日間《にちかん》の会期《かいき》を吾《われ》は四十五回《かい》通《かよ》ひて文明《ぶんめい》の知識《ちしき》を拾《ひろ》へり　（回顧歌集『百千鳥』）

と回顧するように、高熊山で体験した霊界での出来事と現界での出来事を、百日間の会期中に45日間通い、科学の進歩を驚異の眼をもって観察してゆきます。

二、相対性の原理

本書の「天地の剖判」「宇宙真相」は、宇宙が巨大で霊妙に創造され、科学の実験や計算では表現できない精神的なものがあります。このような宇宙観を「神秘主義」と云われます。しかし、本書の宇宙観は、単なる宇宙創造にとどまらず、「宇宙の本源は活動力にして即ち神なり」と巨大な宇宙の活動力を神霊としてとらえる霊体一致の究極の道を示されています。

本書に記載されるイギリスのアイザック・ニュートン（121頁）は、十七世紀末に、地上の重力による物体の落下運動、太陽の重力による地球や惑星の公転運動などを説明するための

「運動の法則」や「万有引力の法則」を発見し、十九世紀の後半に気体、音、熱、電気、光などの現象に応用されます。ところが物質の作用を研究すると、二十世紀に入る頃にX線、電子線、放射線などが発見され、矛盾する現象が起ります。

南ドイツ生まれのユダヤ人アインシュタインが「特殊相対論」(＝時間・空間概念を根本から変革し、質量とエネルギーの等価性を発見)、「ブラウン運動の理論」(＝原子の実在に証明を与え、光電効果を光量子説で説明)、「一般相対理論」(＝重力が存在している一般の場合について、観測者がどのように運動していようが科学の法則はすべての観測者にとって同じであるべきだと云う考え。四次元空時が曲がっている効果として重力を説明する)などにより天体の観測がより高精度化へと導かれます。

アインシュタインは、大正11年(1922)11月17日〜12月29日にかけて、43日間日本を訪問し大きな影響を与えます。当時のドイツ大使館は、神戸港に集った歓迎の群衆や新聞記者の様子を見て「凱旋行進のようだ」と本国に報告する大反響でした。そして、日本への渡航途中の船上で「1921年度のノーベル物理学賞」受賞の電報を受取り、訪日が盛り上がります。出口聖師は、この受賞電報以前の大正11年2月27日筆録の『霊界物語』第10巻「総説」（仮題「最後の光明」）の中で、「相対性原理」について、

「………三五教《あなないきよう》の御諭《みさと》しは　最后《さいご》の光明《こうみよう》良《とど》めなり　ナザレの聖者《せいじや》キリストは　神《かみ》を楯《たて》としパンを説《と》き　マルクス麺麭《パン》以《も》て神《かみ》を説《と》く　月照彦《つきてるひこ》の霊《たま》の裔《すゑ》　印度《いんど》の釈迦《しやか》の方便《ほうべん》は　そのまま真如実相《しんによじつそう》か　般若心経《はんにやしんぎよう》を宗《しゆう》とする　竜樹菩薩《りゆうづぼさつ》の空々《くうくう》は　これまた真理実相《しんりじつそう》か　物理《ぶつり》に根《ね》ざせる哲学者《てつがくしや》　アインシュタインの唱《とな》へたる　相対性《そうたいせい》の原理説《げんりせつ》は　絶対真理《ぜつたいしんり》の究明《きゆうめい》か　宗教学者《しゆうきようがくしや》の主張《しゆちよう》せる　死神死仏《ししんしぶつ》をはうむりて　最後《さいご》の光《ひかり》は墓《はか》を蹴《け》り　よみがへらすはミロク神《しん》………」

と記し、アインシュタインの訪日以前に世界物理の最先端「相対性原理」を既に理解し、大正当時の科学はまだ〳〵であると断言します。そして、この筆録から90年が経過し、今の宇宙科学は格段に進化し、予言された『神示の宇宙』が実証されつつあるように思われます。

三、神と科学

出口聖師は、自分の霊魂が宇宙霊界に遊離し見聞したことと、現界に起る事象を観察する鋭い直感力により、社会に起こる出来事や宇宙の眼目を捉え、過去・現在・未来を比喩的に描いているので、理解し難い点が多くあります。特に本書は、宇宙に関する内容なので複雑です。

（一）「金色の竜体の口からは、大なる赤き色の玉が大音響と共に飛び出して、まもなく天へ騰《のぼ》って太陽となった」（75頁）

地球生命にとって重要な太陽は、ビックバンによる宇宙創造と同じで、どこにでもある普通の星だと考えられています。地球は硬い大地があり太陽には大地はなく、殆どが気体で中心は水素です。密度は平均するとだいたい水ぐらいで、内部で核融合しているそうです。

『物語』では、言霊から物質が生れたとあります。言霊から元素、つまり霊素・体素が生れ、その産《むす》びによりガス体である水素・ヘリウム・酸素等に電子・電気・磁気・電磁気力等が発生し、水と土のドロドロの世界が出現し、そこに八力の運動が加わり軽い物は外に、重い物質は内側に集まります。

原初の宇宙に黄金の柱が現れ廻転し星が生れます。その後金竜から赤い玉が飛び出し太陽になりますが、表現は違いますが太陽と星の誕生の原理は同じです。

「日地月の発生」（71頁）の章の中に太陽が二つ掲載され疑問に思われます。最初の太陽は恒星の太陽で、後者の太陽は最後に分離した我々太陽系の太陽です。従って大宇宙の中には太陽は、恒星として沢山ありますが、遥か遠く離れているので太陽と気がつかないだけです。

(二)「銀色の竜体はと見れば、口から霧のような清水を噴出し、間もなく水は天地の間にわたした虹の橋のような形になって、その上を白色の球体が騰ってゆく。このとき白色の球体は太陰となり、………」（75頁）

これも月の比喩的表現です。科学では月の起源には四つの説があります。①兄弟説（共成長説）　原始地球と月が二重惑星のように原始太陽系で同時に成長したのではないかと考えられています。②他人説（捕獲説）　地球と月の起源には無関係で、たまたま地球軌道近くを通りかかった月が、地球の重力井戸に捕獲され誕生したとされます。③親子説（分裂説）　月が地球から遠心力で分裂して生じたと云うものです。④ジャイアント・インパクト説　月が惑星規模の大きさで、地球に衝突したことにより生じた破片から生まれたと云う。つまり火星級の大きさの原始惑星が地球にある角度をもって、こするように衝突したことで、両者の一部が飛び散って月になったと云うのです。この四つの説の内、学者が最も有力視するのがジャイアント・インパクト説です。

（渡辺潤一著『最新・月の科学』参照）

先の金竜から飛び出した玉は、超高温・超高圧の水素を含有する火の玉ですが、ここでは銀竜から霧のような清水、つまり水の湧出《ゆうしゅつ》があったのでしょう。月のクレーターは科学では隕石の跡とされていますが、本書では、星を生み出した跡と示されているので、白色の球体の中には、特別なエネルギーや質量があったと考えられますが……。太陽と太陰の誕生過程は違うようです。そして月に水があるということは、水素と酸素に分解するとエネルギーになるので、将来月での滞在を可能にしそうです。

(三)**「太陰は特に大空大地の中心すなわち中空に、太陽と同じ容積を有して…」**（100頁）

「太陰の形は円球をなし、半面は水にして透明体なり。しかして、それ自体の光輝を有し、他の半面は全く火球となりいるなり。（101頁）

月の直径は約３５００㎞です。地球の直径が約1万２８００㎞ですから、その4分の1強、質量は地球の80分の1です。

昨年（2009）6月、米航空宇宙局（ＮＡＳＡ）が月面の氷を確認するため打ち上げた探査機「エルクロス」が、10月に月の南極に到着し、その観測データーを解析した結果、「月面には豊富な水がある」ことが確認されたと報道されました。また中国やインドの研究チームが月の表面から反射した太陽光の分析により、水があることを発表していたので、ＮＡＳＡの発表は予言通りの結果でした。

宇宙は出口聖師が示されるように火と水（霊体）の組み合わせで、月は水を代表し、呼吸作用を掌《つかさど》り、月の満ち欠けは、宇宙の神秘を表現します。天王星や

探査機、月に体当たり調査

氷の存在確認へ　ＮＡＳＡ

【ワシントン共同】米航空宇宙局（ＮＡＳＡ）は米東部時間9日午前7時半（日本時間同日午後8時半）ごろ、氷の存在を確認するため、月の南極付近に探査機を高速で激突させ、舞い上がったちりを観測するユニークな実験を行った。

激突地点は、月の南極付近のクレーター「カベウス」。太陽の光が届かないため非常に低温で、氷が豊富にあるのではないかと考えられている。

ＮＡＳＡが6月に打ち上げた探査機「エルクロス」のロケットブースター部分をミサイルのように突入させ、続いて4分後にエルクロスも舞い上がったちりを分光計などで観測しながら秒速2・5キロで激突した。

ＮＡＳＡは、ちりは上空10キロにも達すると説明していたが、インターネットで配信されたエルクロス搭載のカメラからの画像では、ちりが舞い上がる様子ははっきりと確認できなかった。

記者会見したＮＡＳＡの担当者は「非常にいいデータを取ることができた」と述べた。

ＮＡＳＡは今後、エルクロスの分光計や地上望遠鏡の観測データを解析。生命維持に不可欠な水が豊富にあることが分かれば、基地建設や宇宙飛行士の長期滞在に一歩近づくという。

月にロケットブースターを打ち込むＮＡＳＡの探査機「エルクロス」の想像図（ＮＡＳＡ提供）

京都新聞（2009年10月10日掲載）

海王星、さらには木星などの衛星の一部にも水が存在し、火星には水の流れた跡が残され、太初の宇宙にはすでに水が存在していたことになります。

太陽の直径は約１４０万km、地球のざっと１１０倍の大きさで、容積は約１３０万倍です。質量は地球の33万倍。太陽の主成分は水

月の南極に豊富な水

NASA確認　有人探査活用も

【ワシントン共同】米航空宇宙局（NASA）は13日、探査機を月に衝突させる実験で、月の南極付近のクレーターの中に、これまで考えられていたより多くの水があることが分かったと発表した。衝突によって舞い上がったちりの成分を分析して確認した。

AP通信によると、水の量は、観測できただけでも95リットルという。

以前から月に水があると指摘されていたが、確認は初という。

将来の有人月探査で長期滞在のための飲料水にしたり、分解して得られる水素などを燃料などに利用できる可能性もある。

NASAは10月9日、月の南極付近のクレーター「カベウス」に、6月に打ち上げた探査機「エルクロス」のブースターと探査機そのものをミサイルのように秒速2・5キロの高速で次々と衝突させた。舞い上がったちりの成分をエルクロスに搭載した分光計で調べ、水の分子が含まれている証拠をつかんだ。

カベウスは太陽の光が届かないため非常に低温で、氷が豊富にあるのではないかと考えられていた。研究チームは、ほかにどんな成分がちりに含まれるか調べている。クレーター内部のサンプルが採取できれば、数十億年前の宇宙の様子が分かる可能性もあるという。

AP通信は「どのぐらいの量の水があるのか、なぜあるのかを突き詰めるのが次の課題だ」という専門家の見方を紹介している。月の水については、9月にインドの探査機や米国の別の探査機の研究チームが、月の表面が反射した太陽光の分析から土壌に水分が存在すると発表している。

京都新聞（2009年11月14日掲載）

素で、総重量の約75％を占め、残りはほとんどがヘリウムです。質量が地球の密度に比べて小さいのは大部分が軽い気体からできているためです。この水素は太陽が輝きつづけるための原料で中心部は約１５００万度、２５００億気圧といわれ水素の原子核同士が「核融合」し、高温になったガスが中心から上がって、表面の温度が約６０００度といわれています。

月・太陽の質量について出口聖師は、「大空の諸星は、「一霊四魂」を具有する。大空は霊を主とし、体を従とする。大空中にかかれる太陽・太陰および列星は、皆幽体をもって形造られる。ゆえに太陽・列星の中に鉱物ありといえども、大地のごとく堅からず、重からず、その重量に非常の差あるを知るべし」（物語6巻・第6章「霊主体従」）と宇宙を表現されます。

（四）「太陽は暗体にして、太陽の色が白色を加えるごとき赤色に見ゆるは、水が光りいる

が故なり……」（103頁）

太陽は朝夕はプリズム効果で大気の湿気の関係で赤く見え、普段は白くも赤くも見えます。虹は赤・橙・黄・緑・青・藍・紫の七色（＝赤の波長は長く、藍・青は波長が短い。）に分かれ、太陽の光は人の目には無色です。

人間の目には赤・緑・青の三色に反応する色覚細胞があります。赤・緑・青の色覚細胞が刺激されると無色と感じ、物体の色は光が当った部分の材質によって変ります。惑星（＝水・金・地・火・木・土星などの太陽系の星。）の色は表面の物質の性質により、また恒星（＝星座を構成する星。原子核反応により自ら光り輝く星。）は表面の温度により変わると云われます。溶鉱炉やストーブでは温度が低いと黒、上がると赤、さらに高温になると青白くなります。そして恒星は、表面温度が2万度以上で青白い星、1万度前後では白、6000度（太陽）で黄色、5000度でオレンジ色、3000度で赤とされています。

それから目に見える光には「赤方偏移」というのがあります。これは光が赤くなるという意味ではなく、発光した光が遠くへ飛ぶと元の光の波長が長くなることを「赤方偏移」といいます。青い光より波長の短い紫外線が「赤方偏移」すると青い光になり、赤い光が「赤方偏移」すると目に見えない赤外線になり、黒くなります。温度の高い物体から出る光ほど波長が短く宇宙空間を進むうちに「赤方偏移」を受けやすくなります。太陽は暗体であるとの理解はまだ解けません。

（五）「富士と鳴門の仕組」「火球の出口は富士山にして、地汐は鳴門…」（102・188頁）

富士山自体は呼吸作用を行い、鳴門は大地に水を吸引する作用を行っているようには、肉眼ではまったく見えません。

鳴門の雛型、中央アジアのアラル海では、２００９年8月の水量調査によると、１９６０年の調査と比べ、アラル海全体の約91％が失われたと報じています。この原因としてソ連時代の無謀なかんがい事業、ダム建設の影響を挙げているが、出口聖師が指摘す

アラル海南半分、魚全滅

水位急低下、塩害も深刻化

【モスクワ共同】ソ連時代からの無謀なかんがい事業の影響で水量が減り、二つに分かれた中央アジアのアラル海のうち、南半分の「大アラル海」の水位が急激に低下、今年に入り東側が干上がり、西側も塩分濃度の上昇で魚類が全滅したことが2日分かった。ロシア科学アカデミー海洋学研究所のピョートル・ザビヤロフ副所長が明らかにした。

カザフスタンが北半分の「小アラル海」を守るため2005年にダムを建設、下流で大半がウズベキスタン側にある大アラル海への水の流入が途絶えたのが原因という。露出した塩が数百㌔飛散して植物が枯れ、住民の呼吸器疾患が深刻化する恐れがあり、周辺の寒暖差が大きくなるなど気候への悪影響も懸念される。

副所長によると、今年8月に大アラル海を調査したところ、この1年で「史上最悪で予想外」の約1・5㍍の水位低下を観測した。アラル海全体の水量は1960年に比べ約91％が失われたという。

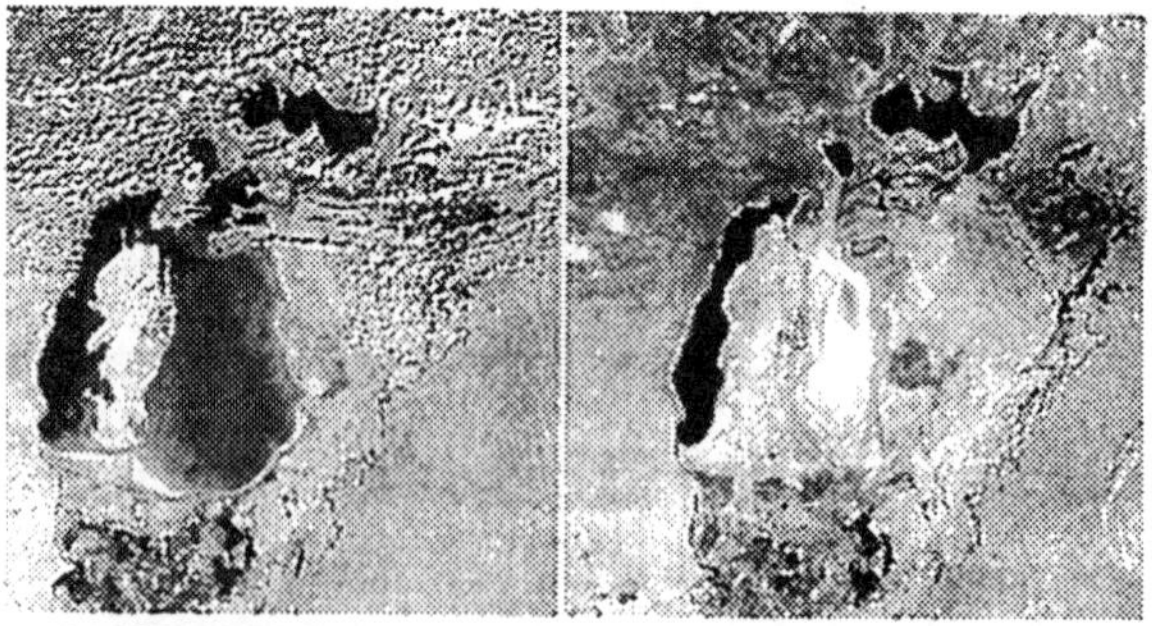

左は2000年８月のアラル海の衛星写真。北の小アラル海と南の大アラル海に分かれている。右は今年８月のアラル海の衛星写真。南の大アラル海は東側が消滅し、面積が大幅に縮小（ＮＡＳＡ提供・共同）

京都新聞（2009年10月4日掲載）

ることの地域は、特に水を地中に吸引する神霊的地域であるだけに、、今後の水量が懸念されます。

水は大地に水脈として網の目のように流れています。ここでは、水と大地の関係を例えとして、地球の呼吸作用に重要な役割を果していることを示されているようです。

(六)「太陽の光は、決して大空に向って放射されず、あたかも懐中電燈のごとく、すべて大地にむかってのみ放射されるなり」(104頁)

地球と太陽の距離は、３８０４万里(約1億5千万km、一天文単位)、光の速度にして8分間余りです。しかし、夏は1億５２１０万キロ、冬は1億４７１０万キロ、冬の方が５００万キロ太陽に近いのです。そしてこの距離が年に3〜4センチづつ遠く離れているそうです。太陽は私たちに光と熱を与えてくれます。しかしもし、この太陽が恒星と呼ばれる遠い距離にあるとすれば、星の輝きにしか見えません。懐中電燈のようにと表現したのは、よく判りません。

（七）「地球は一種の光輝を有し、暗体ではない………」（106頁）

現実には地球は地球にしか見えません。

よく見かける米・NASA発表の地球の写真が青いのは、海が赤い光を吸収し、青色を反射するからといわれています。

（八）「銀河は、太陽の光が大地の氷山に放射され、それが又大空に反射して、大空に在る無数の暗星が其の反射の光によって我々の眼に見えるのである………」（108頁）

銀河は、数十億個以上の恒星が重力的に結びついた天体で、恒星自体は太陽と同じです。この銀河には、さまざまな形、渦巻（円盤型）、楕円形、不規則形などがあります。また天の川銀河は大小マゼラン星雲（南半球で見える不規則星雲）をしたがえ、アンドロメダ銀河やその他、小銀河などがあります。この星雲は広大な空間に広がり暗黒物質（ダークマター）など光を出さず、ただ重力作用をするだけの正体不明の見えないダークマターの沢山あるところに銀河があり、今後も銀河での星の誕生、変化などを解明することが天文学の重要な研究テーマだそうです。

太陽の光が大地の氷山に反射してそれが暗星を照らしていると云うことは地平説の中でも特別です。

太初の星の誕生について、出口聖師は「進左退右」

超新星 明るさ〝規格外〟

広島大など観測 「限界」から2.7倍の輝き

地球から約3億光年離れた場所にある超新星が、これまで限界と考えられてきた明るさの約2・7倍の輝きを発していることを、広島大や東京大などの研究チームが観測で突き止め、13日発表した。

超新星は巨大な恒星が寿命を迎えて起きる爆発現象。発する光の特徴が今回のものとよく似た超新星は「Ｉａ型」と呼ばれ、一定の質量に達して爆発し、みな同じ明るさを持つと考えられてきた。地球からの距離を知る標準光源として用いられる。

今回の超新星はＩａ型としては〝規格外〟で、観測された中で最も明るい。チームは「もとの恒星が高速で自転していたため、限界を超す質量を持ったのではないか」と推測。「恒星の進化モデルの一部が再考を迫られる可能性がある」としている。

チームは、米国の天文家が発見した超新星「ＳＮ２００９ｄｃ」を、米ハワイ島の国立天文台すばる望遠鏡や、広島大の望遠鏡などで精密に観測した。

広島大などのグループが観測に成功した超新星「ＳＮ2009ｄｃ」（矢印）（広島大提供）

京都新聞（2009年9月14日掲載）

の法則から飛び出したことを強調しますが、科学ではこの法則がありません。

（九）「わが小宇宙は、これを中心として他の諸宇宙とそれぞれ霊線をもって蜘蛛の巣のごとく四方八方に連絡し相通じている」（109頁）

宇宙は、親宇宙から子、子から孫へと次々に小宇宙が誕生します。これら小宇宙は、霊線（引力）により調和を保ちながら膨張し現在の宇宙が形成されますが、これは大宇宙の組織、マルチバース（多宇宙）と呼ばれます。

そしてこの中の銀河が時折り超新星爆発を起こす場合があります。「中国の記録では、1054年（日本では天喜二年・後冷泉天皇の時代）にカニ星雲で起きた爆発は、5000光年も離れているにもかかわらず、数ヶ月も肉眼で見ることができ、昼にも観測ができ、夜にも読書ができるほど明るかった」といいます。（『ホーキング宇宙を語る』）

このように天に大きな異変が起きると、宇宙の電磁波に異変が生じる原因にもなりかねません。

(一〇)「星の光の☆のごとく五光射形に見ゆるは火の分量の多き星にして、✡のごとく六光射形に見ゆるは水の分量の多き星なり」(116頁)

「いろいろな星の形は人類が考案した図案で、星型のトゲが何本あるかは、どんな思想を表現するかによって決るそうです。☆は五芒星《ごぼうせい》・ペンタグラムと云われ、五つのトゲをもち、東洋ではこのマークの成り立ちである五行(木、火、土、金、水)を表わし、古代バビロニアでは金星を意味したが、これは金星が初めて宵の明星もしくは明けの明星として見えた日の位置を黄道に記して順番につなぐと五芒星になるといわれます。✡の星はヘキサグラムと云われ、火を表す△と水を表わす▽を組み合わせてできたものので、星の形はそれぞれの文化や宗教的な意味合いによって変ります。」

(石坂千春著『宇宙がわかる』参照)

出口聖師はこの五光射形、六光射形を「火」「水」の分量の含有を表していますが、これはプリズム効果、つまり鉱石を精錬する溶鉱炉や陶器を焼く窯の温度を色で判断するのと同じ要領です。

○

それから「七曜」と云うのがありますが、これは五行の五惑星と太陽と月を合わせて「七曜」（月・火・水・木・金・土・日）をあらわします。

本書の扉の写真「七曜の大本」は「七曜を大本として一年を十月に分ち地上を照らさむ」とあります。この「七曜」を元としたのが「十ケ月暦」（恒天暦・北斗暦）です。

『古事記』に、イザナギの尊（日の神霊）・イザナミ尊（月の神霊）が天の大神より天《あま》の瓊矛《ぬほこ》を賜《たまわ》り、天浮橋《あめのうきはし》に立ちて漂へる泥海の世界をコオロ〳〵にかき鳴らし、修理固成したということがあります。瓊矛《ぬほこ》とは北斗七星のことで、そこから垂落る国、真下の国から「暦」を造りて順次治められたという。そしてそれは国常立尊の黄金の柱（本書

72頁）を天の御柱として廻り、太陰・太陽暦を作ったが欠点も多く「十ヶ月暦」がよい、ということです。

（一一）**「大地が熱して暖かいから、それが黒点となって太陽面に現われている…」**（185頁）

太陽の表面にはしばしば黒点が現れます。黒点は通常太陽の赤道をはさんで5～40度の範囲に出現し、大きさは直系１０００km程度から地球の直系をはるかに越える数万kmにもなるそうです。その温度は４０００度で、周りより２０００度低い状態で、その出現の原因は現在も判りません。

（一二）**「大地の自動的傾斜問題」**（99頁）

大地は小傾斜、中傾斜、大傾斜、大々傾斜、そして極大傾斜のあるときは大地および地球に大変動が起るとあります。地球は過去に六回の極大変動があり、次に起れば七回目であると警告します。

地球の温暖化、気候変動への関心が高まる中、過去の変化を掌握するために深海や南極の氷山でのボーリングによる堆積物、プランクトンなどの調査、それにマントル・地核を調査するため、人工的に地震を起しP波、S波による測定が行なわれております。

気候の変動は、200万年、62万年、10万年前以後の周期を持つミランコビッチ周期と云うのがあります。地球の気候は比較的温暖な間氷期《かんぴょうき》と、非常に寒冷な氷期があり、現在は間氷期だそうです。これを離心率、地軸傾斜、歳差運動の三つの天文学的要素の変動から説明されています。

①離心率　太陽を廻る地球の公転軌道は常に円ではなく、離心率が0・01〜0・05までの楕円形軌道で廻り、太陽の日射量が変動します。その周期は10万年です。

地球の公転には、太陽からの距離が遠いときと近いときで約500万キロの差があります。近づくのは冬の1月4日頃、遠くなるのは夏の7月6日頃です。従って、地球から見た太陽の大きさも冬より夏が3％小さくなり、巡るスピードも冬が早く、夏が遅くなるそうです。

②地軸傾斜　地軸の傾斜は現在23・４度です。この傾きは22度から24・５度で周期的に変化し、傾きが大きくなると夏、冬の差が激しくなります。ただしその周期は４１、０００年です。

③歳差運動　地軸は黄道面（＝地球が太陽を廻る面。）に対して一定ではなく大きな円を描きながら回転しています。これは地軸が傾いているためで、倒れかけのコマのような運動を「歳差」と云い、周期は２５、９２０年です。地軸が動いているので現在の北極星は、天の北極から０・85度のところに位置し、２１００年頃には０・45度まで接近すると云われております。地軸の移動は、日周運動の中心が変わってしまうことを意味し、氷山が氷解し地球に大きな異変が起ります。

（一三）「地球は神示によれば円球ならずしてむしろ地平なり」（98頁）

地球が丸いことは、皆既月食《かいきげつしょく》で太陽と月の間に地球が入るので判ります。ところがここでは地球は「地平」となっております。それも「眼の玉が丸いから」と……。ですが「地球は大地表面の中心にありて」とあるので、大地と地球は次元が少し違うようです。

科学によると、大宇宙の年齢は137億年±2億年（2003年米のNASA発表）です。この宇宙は、原初にインフレーションにより拡大したとき、宇宙の平坦性問題がありました。このときの宇宙は、高温・高圧でドロドロの世界です。これをスープ状とも云い、光も通さない宇宙だそうです。そしておよそ30万年後に、宇宙の温度が3000度に下がると物質（元素）が次第に結合を始め、透明度が出てきます。これを宇宙の晴れ上りと云い、この晴れ上がり以後は観測可能ですが、これ以前は観測できません。宇宙の平坦性問題は、微小宇宙が一瞬に膨張し、これで宇宙はほぼ平坦になってしまいます。無から有を生じるそれが無限大に膨張したので宇宙は無限の平坦と考えるのです。

地平線問題は、地球が丸いのにわれわれの足元の地面はどうみても真っ平なのと同じ

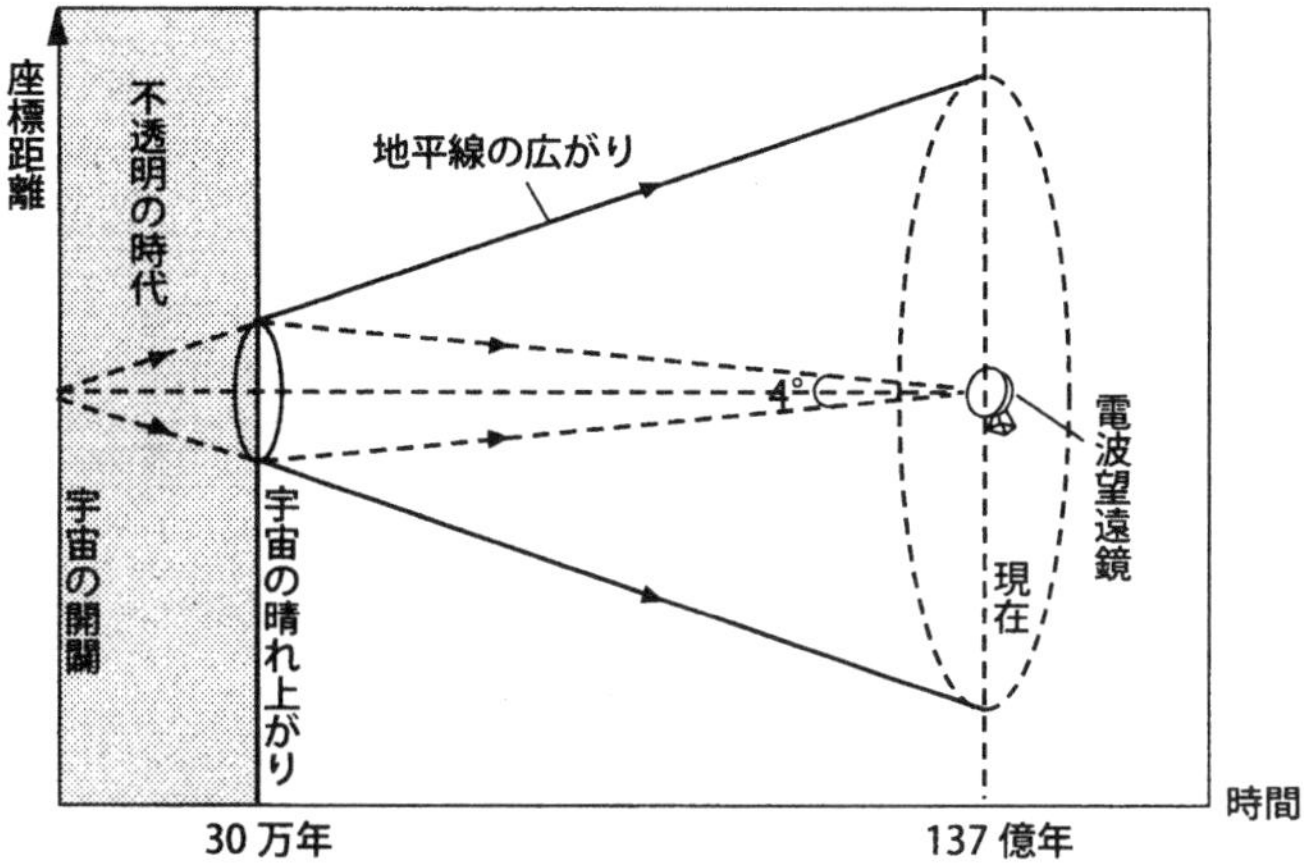

地平線問題の図
（佐藤勝彦著『宇宙はこうして誕生した』より）

です。本当は曲がっていてもわからないのです。ビックバンによる膨張で、現在の地平線、すなわち因果関係を持つことが出きる領域はインフレーションの始まる前と同じ地平線の中だったのです。もともと地平線の領域だったので、その内部が一様なのです、と説明されています。

○

大宇宙の開闢について、ビヤリG・ガモフ（＝ロシア生まれの米物理学者、1904～68）が称えた「ビックバン理論」で火の玉が膨張してドロドロの世界が冷たくなると、その結果宇宙には電磁波（＝マイクロ波、宇宙初期の化石。）が充ちているはずで、それをガモフは予言します。

１９６４年にアメリカのA・ペンジャスとR・ウイルソンの二人が通信衛星のアンテナ実験中に、宇宙のあらゆる方向からマイクロ波がやってくることに気づき、ガモフの予言が裏付けられます。これを宇宙背景放射、宇宙マイクロ波背景放射とも云います。電磁波にはいろいろ種類があり背景放射の起源や性質を探ることは、科学にとって重要だというのです。また宇宙の初期はすべての物質が溶けてミクロの極限である素粒子のガスになっているので、素粒子の理論が必要とされています。

〇

宇宙には果てはありません。しかし、「わが小宇宙の高さは縦に五十六億七千万里（約２２２億㎞）あり、横に同じく五十六億七千万里あり、小宇宙を大空と大地とに二大別す。しかして大空の厚さは、二十八億三千五百万里あり、大地の厚さも同じく二十八億三千五百万里あり。」と示されます。

北極を気垂《きた》として地球の中心に、南極を地平の果てとして宇宙と接触しているとの説は、仏教の主張する「本来無東西、向処有南北」を顕しているようです。地平が氷山でできていて南極の山がことさら峻険で宇宙と接しているとの説は、独特な発想です。

(98頁第三図)

(一四)スサノオ尊とアマテラス大神の誓約《うけい》

余談になりますが、神前結婚式には州浜《すはま》台の上に松竹梅や尉《じょう》と姥《うば》を飾った島台が出て来ます。この尉はイザナギ尊、姥がイザナミ尊で、これを御柱として廻る習慣がありま す。「進左退右」の法則により新郎(日)が先に左から、新婦が後《あと》から右に廻るのです。

また座席についても「進左退右」が原則で3月3日の内裏雛《だいりびな》の原形は内裏(アマテラス・変性男子)と雛(スサノオ・変性女子)の姿を形どったもので、本来は上座が男雛(神前に向って右側。)、下座が女雛(神前に向って左側。)です。左大臣(=今でいう首相・総理大臣。)、右大臣(=防衛・軍事大臣。)は、内裏を中心に左と右に別れます。

明治になって小さな国イギリスが大英帝国として世界に君臨した。そのイギリス王室のマナーを学び、今では右と左、上座・下座が逆になっており、神道の祭式にのみ現在この習慣が残っております。

そして3月3日の「女の節句」はスサノオとアマテラスの「誓約《うけい》」により三女神と五男神が生れたのがその濫觴《らんしょう》で、三女神が三人官女、五男神が五人囃子です。

○

そしてこのスサノオ(地上物質界)とアマテラス(高天原)の「誓約」を別解すると、「四季循環の神事」として次のように書かれている。

「須界之大王《すさのをのかみ》の御身《おんみ》は大地球《だいちきゅう》に遍満《へんまん》し給《たま》いて、千古《せんこ》の神事《しんじ》を現時《げんじ》の事証《じしょう》に顕《あら》わし給《たも》う也《なり》。即《すなわ》ち冬間地中《とうかんちちゅう》に籠《こも》る温気《おんき》は、春《はる》に至《いた》って漸次《ぜんじ》天《てん》に冲《ちゅう》せんとして、先《ま》ず地気《ちき》を中天《ちゅうてん》に登《のぼ》らしむ。これ春《はる》の空《そら》の霞《かす》み霞《かす》みて靉靆《あいたい》(=かすみや雲がたなびく。)たる所以也《ゆえんなり》。地気《ちき》の上登《しょうとう》するや、天気《てんき》これに応《おう》じて地中《ちちゅう》に入《い》らんとして、茲《ここ》に黄（地）青（天）相交《あいまじ》って、地上《ちじょう》の万艸《ばんそう》（＝草木）、一望《ぼう》悉《ことごと》く麹塵《きくじん》（＝淡い黄緑色。）の色《いろ》を呈《てい》し、樹木《じゅもく》一時《じ》に緑芽《りょくが》を着《つ》け、また紅紫爛漫《こうしらんまん》の花《はな》を綴《つづ》る。この時《とき》万有《ばんゆう》の情交密《じょうこうみつ》にして、駘蕩《たいとう》（＝のどかなさま。）として春《はる》の光《ひかり》にぞ酔《よ》うなる。『古事記《こじき》』に記《しる》して須佐之男命《すさのをのみこと》が、天照大御神《あまてらすおおみかみ》に謁《えつ》せんが為《ため》に、天上《てんじょう》に登《のぼ》ると在《あ》るはこの事也《ことなり》。

春花花収《しゅんかはなおさ》まって次《つぎ》に果実《かじつ》を結《むす》ぶ。果実《かじつ》の中《なか》、己《おのれ》に未来《みらい》の種子《しゅし》を宿《やど》して、霊体一実《れいたいいちじつ》（＝真実の理。）、吾人《ごじん》をして転《うた》た（＝ますます。）天理自然《てんりしぜん》の妙用《みようよう》（＝不思議な作用）に喫驚《きつきょう》（＝驚くこと。）せしむ。天《あめ》のまないの御神事《ごしんじ》は、年毎《としごと》に無情《むじょう》の草木《そうもく》にすら宿《やど》り来《き》って、この行事《ぎょうじ》を取《と》り営《いとな》まさせ給《たま》う也《なり》。誰《だれ》か神代《かみよ》を遼遠《りようえん》（＝はるかに遠いこと。）の過去《かこ》たりと謂《い》うや。

夏季《かき》に入《はい》って地上《ちじょう》に妖気多《ようきおお》し。妖気《ようき》は即《すなわ》ち須佐之男《すさのを》の御《おん》すさび也《なり》。妖気単《ようきたん》に妖気《ようき》にあらず。必然《ひつぜん》のすさびを必然《ひつぜん》にすさび給《たま》うが「須佐《すさ》びの神《かみ》」の神業《しんぎょう》たる也《なり》。

天神《てんしん》の怒《いか》って天岩戸《あまのいわと》に隠《かく》れさせ給《たも》うは、即《すなわ》ち温気地下《おんきちか》に入《はい》って、寒天凄殺《かんてんせいさつ》として木枯《こがらし》吹《ふ》きすさび、風雪空《ふうせつくう》に荒《あら》るる也《なり》。蛇蛙等《へびかえるなど》この時《とき》に当《あた》って深《ふか》く地中《ちちゅう》に潜《ひそ》みて、地下熱《ちかねつ》の慈恵《じけい》にぞ褥《しとね》暖《あたたか》く眠《ねむ》るなる。天岩戸《あまのいわと》の御隠《おんかく》れまた貴《とうと》き御神事《ごしんじ》にあらずや。寒風《かんぷう》のすさむが為《ため》に、土壌《どじょう》の中分解《ぶんかい》せられて草木《くさき》深《ふか》く根《ね》を下《くだ》す也《なり》。厳寒《げんかん》なかりせば春暖《しゅんだん》の好季《こうき》は来《きた》らざる也《なり》。

貴《とうと》きかな二神《にしん》の御神事《ごしんじ》や。吁々《ああ》己《ここ》に無情《むじょう》の草木《そうもく》にすら、神代《かみよ》の儘《まま》の御行事《おんぎょうじ》は営《いとな》まれて微小《びしょう》の者《もの》と雖《いえ》ども、一として神《かみ》の恩恵《おんけい》に漏《も》るる者《もの》なし。」

（『皇典釈義・素盞嗚尊と近江の神々』）

これを科学的に解すると、水の元素はH_2O、H_2は水素$_2$で陰性、Oは酸素で陽性。この水の粒子が、ガモフが予言したという太陽や宇宙からのマイクロ波により振動すると温熱を発する。この振動こそ出口聖師の提唱するスサノオとアマテラスの「誓約」によるもので春・夏・秋・冬の四季が生れ、呼吸作用をつかさどる。それ故、スサノオ尊を「鼻の神」という。

○

ちなみに電波にはAMラジオ、FMラジオ、短波ラジオがある。マイクロ波はテレビ・電子レンジ・風呂の温水器・レーダーに利用し、赤外線はレーザー・暖房器・調理器具に利用する。紫外線になると可視光となり、エックス線は医療機器、ガンマ線は原子力となる。これらを電磁波といい、量子力学の分野です。要するに陰陽の力を利用したもので、そこに不思議な神力あるいは御意志・想念・一霊四魂・言霊《ことたま》が存在し、この神を認めるか否かにより宗教と科学は分れます。

先の太陽と地球の距離が冬が近く、夏が遠いのに暑くなるのは、この「誓約」の強弱による。また地球が太陽を廻る地軸の傾斜、夏至《げし》になっても猛暑にならず、遅れて暑くなること等、不思議が沢山あります。人間は宇宙の本源たる神様の活動力、その原理を開発利用し、みろくの世を建設するのが人生の目的です。

（一五）「五十六億七千万年」（89・180頁）

あるお経に釈迦入滅後五十六億七千万年を経て、この世に弥勒（ミロク）が出現し民衆を済度することが述べられている。この数は実数ではないことは明らかで、今の科学でもこの地球がその頃にはどうなっているか疑問です。そして釈迦入滅後まだ２５００年でしかありません。それ故、出口聖師は、この世初まってから五十六億七千万年であるといい、これはミロクの神を表す数字です。

今日の科学では、いわゆる真空の世界から物質が出現し、太初の宇宙が誕生してから１３７億年±２億年、地球ができてから46億年ですので、随分差があります。

我々の太陽系を小宇宙と呼び、大宇宙はこの小宇宙が五十六億七千万個あるとの指摘は、それだけ宇宙は大きいと云うことと、長い年月をかけて宇宙を完成させた尊い時間がかかっていることです。

（一六）「人間は宇宙の縮図であって天地の移写である」（123頁）

出口聖師は、不思議にも人間の細胞の数だけ星があり、世界の人口がある、と云われます。そして人体は、宇宙と同じ機能が備わり、心臓は太陽、肺臓は月に相応し呼吸作用を行い、心臓が鼓動することにより血液は動脈を通り、毛細血管を通り静脈から心臓に帰ります。動脈は暖流、静脈は寒流に相応すると云われ沢山の共通点があります。

（一七）「宇宙間には神霊原子というものがあり。また単に霊素と言ってもよい、一名火素ともいう。火素は万物一切のうちに包含されてあり、空中にも沢山に充実せり。また体素と云うものありて単に水素ともいう。火素水素相抱擁帰一して、精気なるもの宇宙に発生する。……この精気より電子生まれ、電子は発達して宇宙間に電気を発生し、一切の万物活動の原動力となるのである。そしてこの霊素を神界にて高皇産霊神《たかみむすびのかみ》といい、体素を神皇産霊神《かむみむすびのかみ》という」（120頁）

神霊原子、霊素、火素、体素と云う言葉は、一般にはありません。現在電子は多岐にわたり、開発されて私達の生活に重要な役割を果しております。

出口聖師はミロクの世になると電柱もいらなくなると云われ、21世紀は宇宙がまさに大発展する時代です。しかし科学で霊妙な「霊気や精気」は造れません。「電気の浪費により人間その他生物を軟弱ならしめ、精神的に退化せしめ、邪悪の気宇宙に充ちれば満るほど、空気は濁り悪病発生し、害虫が増加する」と電気浪費による害を警告します。

現代では「天災地妖《てんさいちよう》と人事とは、少しも関係無しというもの多けれども、地上神人の精神の悪化は、地上一面に妖邪《ようじや》の気を発生し、宇宙を混濁《こんだく》せしめ、天地の霊気を腐穢《ふえ》し、かつ空気を変乱せしめたるより、自然に天変地妖《てんぺんちよう》を発生するに至るものなり。すべて宇宙の変事は、宇宙の縮図たる人心の悪化によりて宇宙一切の悪化するは、あたかも時計の竜頭《りゆうず》破損《はそん》して、時計全体のその用をなさざると同じごときものなり。」(物語第6巻・第15章「大洪水」)と、記され人心と科学と神の神力とは切っても切り離せない関係があります。

第二次世界大戦は「悪魔と悪魔の戦い」で、人類にとって不幸な出来事でした。今度は「神と悪魔の戦い」である、との発言もあります。

（一八）京都に原爆投下の予約

出口聖師は、大国美都雄氏を、原爆投下後の広島へ派遣しその威力を確かめるとともに、科学の最先端を行く京都帝国大学の講座（昭和20年12月）を受けるように指示し、科学的根拠と宇宙真相の整合性を試みるなど、霊界と現界のできごとに細心の注意を注いでおられます。

昭和17年（1942）8月7日、第二次大本弾圧事件の未決より6年8ヶ月ぶりに出所され、亀岡の「熊野館」に帰られ、「わしをこんな目にあわせておいて、これから日本は敗け始めじゃ」と、事実日本はこの日を期してガダルカナルの海戦から敗戦へと進んで行きます。

（亀岡市では、毎年8月7日に「亀岡平和祭」が盛大に執行されます。これは出口聖師の出所された日、悪魔に勝った日として、祝されたのが濫觴《らんしょう》です。）

昭和20年（1945）のある日、奉仕者が「庭に木を植えましょうか」と尋ねると、出口聖師は「イヤまて、京都に爆弾が落ちるかもしれん。そうなると庭にテントを張らねばならん」とおっしゃられる。………それからしばらくして「昨夜アメリカの悪魔の少将が出てきて、もう爆弾は落としませんから許してください」と夢の中に出てくる……。

この話を昭和55年（1980）に設立された「(株) いづとみの会」（みいづ舎の前身）の社長・坂田三郎氏から私は何度も聞きました。ですが意味がよくわからないのです。

ところが平成4年（1992）11月14日付の「朝日新聞」に樟蔭女子短期大学（奈良県香芝市）の吉田守男助教授（当時）の論文から「京都原爆＝終戦前日まで投下を計画」の見出しで、米国の情報公開資料の記事が掲載されました。

「対日戦、原爆製造投下責任を担っていた米国陸軍省は、昭和20（1945）年8月の最初の好天日に原爆投下が可能になる、との見通しから、同年5月10、11の両日、原爆関係者・軍人による極秘の「目標地委員会」を、原爆開発拠点のニューメキシコ州のロス・アラモス研究所で開き、京都、広島、横浜、小倉の四都市の「予約」リハーサルを決めた。……」、「本州、四国に投下された模擬爆弾五十発のうち十九発は、京都投下のリハーサルだった」、「吉田助教授は、京都が本格的に原爆の爆撃を免れたのは、米軍上層部と文民長官の確執のうちに終戦になったからだ」と八段抜きの大きな記事でした。

この記事から推測するに、悪魔の少将とあるのは米軍側責任者・グローブズ少将で、文民陸軍長官・スチムソンは親日家でもあったと云われます。いずれにしても京都投下は最初から計画され、予定が何度も変更されるうちに終戦になった、といいます。

(一九) 神を殺すものとは

原子の中心には原子核があり、そのまわりに電子群が存在しています。さらにこの原子核を分割すると陽子と中性子に分けることができ、この陽子の数によって元素が決るそうです。そして物質には質量があり、ウラン２３８になると大きな結合エネルギーをもちます。

原子力は、これらの陽子と中性子（素粒子）がどういう力で結合して原子核をつくるのかを考えて生まれたのが、湯川秀樹博士の「中間子論」です。（＝それまでは原子が中心で、それより五ケタも小さい原子核に着想したのはこのときが初めてです。）

この原子力は、陽子と中性子を囲む電子群を原子核と云い、ウランなどの重い元素では、陽子と中性子を引きはなしたときに出る超高温のエネルギーを利用したのが「原子爆弾」で、現在の「原子力発電」もこのエネルギーを利用したものです。

「水素爆弾」は、陽子と中性子を結合させた時に出る熱を利用して陽子と中性子を今離します。広島・長崎に投下された原爆は、濃縮ウラン30グラムの質量で潰滅の被害が出ました。「水素爆弾」はその１０００倍の威力があります。現代では、米ソ冷戦時代にソ連で開発されたツアーリ・ボンバ実験（1961）は、人類史上最大出力の50メガトンの核出力の核弾頭で、相手国を根本的に破壊する超巨大爆弾であったとか。その他、沢山の核爆弾があります。

出口聖師が憂慮する「神を殺す科学」とは何か、宇宙の竜頭を壊すものは沢山あります。

一度使った「核分裂」のウランを再処理したプルトニウム・ウラン混合酸化物（ＭＯＸ）

燃料を一般の原発で使う「プルサーマル発電」へと移行されつつある。広島、長崎の原爆や福島原発事故は、人類への大反省を促す実証です。使用後の廃棄物問題など水素社会を目前にしながら、原発稼働は後世の人類にとり有難くない贈り物です。出口聖師は、早くから皇道経済を提唱し、神が準備された政治、経済、教育、科学、宗教に帰らなければ、いつまでも政治戦争、経済戦争をしていたのでは、この地球に真の平和は来るものではありません。

「中間子論」は、湯川博士が大阪帝国大学の教授時代（1934）に着想され、戦後まもない昭和24年（1949）に発表されノーベル物理学賞を受賞されました。

湯川博士は、京大の研究室におられるか、亀岡の熊野館（出口聖師晩年の住居）に出口宇知麿先生（『大地の母』の著者・出口和明氏の父）を訪ねておられるか、どちらかといわれるほど深い親交がありました。湯川博士は昭和29年（1954）米国による太平洋・ビキニ環礁の水爆実験で遠洋マグロ漁船・第五福竜丸が被曝し、乗組員を診断水爆症と推定される等、科学者として原子力発電所計画に反対され、平和運動に本気で取り組むなど、生涯をかけて核兵器と戦争をなくそうとしてきました。戦後設立された「世界連邦運動」に湯川博士が傾注されたのも、こうした核により人類を滅亡に導くことになるかも知れないと核兵器の無意味さを主張したものです。

「霊・力・体」、「三元八力」の開発利用は人類にとてつもなく大きな貢献をもたらします。これらの研究は高度の技術で進められ、みろくの世に向って前進することは間違いありません。

ただ注意すべきは、神との対話の中でみろくの世への建設でなければならないことです。

本書は、私達が神と宇宙そして科学と、人類がどう向き合うべきか、ともに考えるきっかけになることを願っております。

二〇一五年三月

みいづ舎編集　山口勝人

凡例

一、本書の編集にあたり出口王仁三郎書籍以外に次の書籍を参考にさせていただきました。

佐藤文隆著　『宇宙物理への道』　岩波ジュニア新書

佐藤勝彦編著　『宇宙はこうして誕生した』ウエッジ発行

眞淳平著・松井孝典監修　『人類が生まれるための十二の偶然』岩波ジュニア新書

渡辺潤一著　『新しい太陽系』「最先端の天文学で解き明かされた惑星たちの謎」新潮新書

渡辺潤一編著　『最新・月の科学』「残された謎を解く」　NHK・BOOKS発行

渡部潤一著　『新しい太陽系』新潮社

スティーヴン・ホーキング、レナード・ムロデナウ著　佐藤勝彦訳　『ホーキング、宇宙のすべてを語る』　ランダムハウス講談社

石坂千春著　『宇宙がわかる』「星空が好きなあなたのための、この宇宙と私たちを知る宇宙論入門」　技術評論
小野昌弘著　『元素がわかる』技術評論社
松井健一著　『水の不思議』日刊工業新聞社

二、「大本略義」の詳細は『世界更正』③「スサノオの霊性」に掲載されています。是非参照下さい。

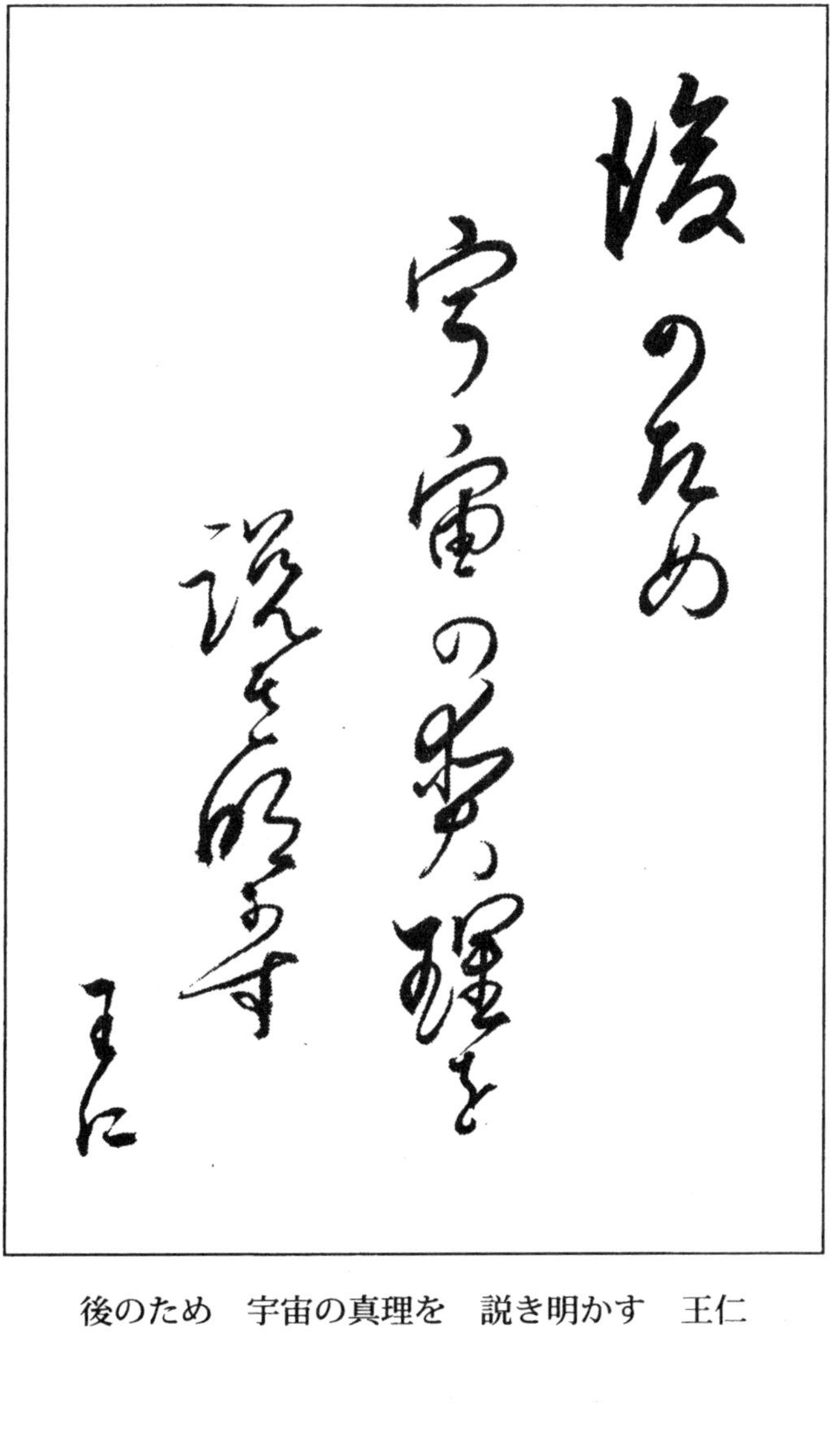

後のため　宇宙の真理を　説き明かす　王仁

出口王仁三郎　神示の宇宙

平成22年 3月 1日　第1版第1刷発行
平成30年 6月18日　第5版第1刷発行

著　　者　出口王仁三郎
発 行 者　山 口 勝 人
編集・発行　み い づ 舎
〒621-0855 京都府亀岡市中矢田町岸の上27-6
電話 0771(21)2271　FAX 0771(21)2272
http://www.miidusha.jp/
郵便振替 00950-1-189324

ISBN978-4-900441-87-3 C0014

出口王仁三郎　みいづ舎編集

素盞嗚尊の平和思想

◉世界平和を祈る人々のために！

国と国、民族と民族、人種、言語、宗教間には高い垣根がある。その最大なるものは軍備の増強にして、これを撤廃するにはスサノオ尊の提唱する万教同根思想に基づく強い宗教心と和合を必要をする。戦後日本国憲法が施行され、これを守る愛善運動・みろく運動・友愛運動が猛烈に展開された。自由平等、人権尊重、戦争放棄の平和憲法を守るための「画龍点睛」を考察し、恒久平和への真諦を説く必読の書、第一弾！

B六判／330頁／定価（本体2000円＋税）

出口王仁三郎　みいづ舎編集

愛善主義と平和

◉スサノオ尊に神習《かむなら》い治《おさ》めるのではなく治まる世の中を創造する。戦前の法律へのプレイバックは危険！

地球は一つ。人口増加に伴い生存競争、愛国、自己欲のため戦争や闘争の歴史は繰返されて来た。日本が選択する道は平和か戦争か、いや平和か滅亡か。真理は一つ、大海原《おおうなばら》を知食《しろしめ》すスサノオ尊の平和経綸《けいりん》（教）を考察する。平和への第二弾！

B六判／309頁／定価（本体2000円＋税）